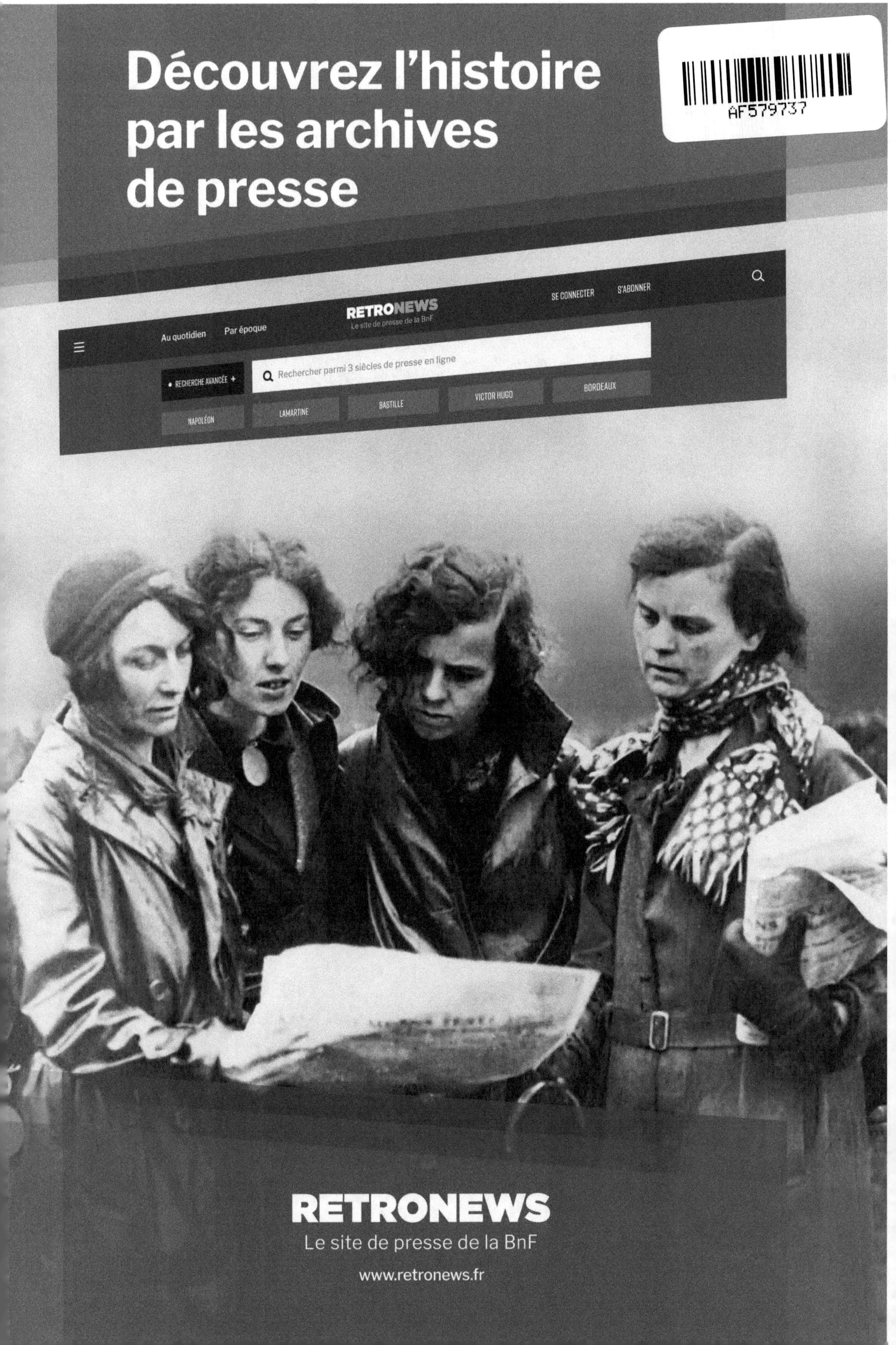

DEUXIÈME TABLE GÉNÉRALE

DE LA

REVUE HISTORIQUE

(1881 A 1885 INCLUSIVEMENT)

Rédigée par Camille COUDERC.

PARIS
ANCIENNE LIBRAIRIE GERMER BAILLIÈRE ET Cie
FÉLIX ALCAN, Éditeur
108, BOULEVARD SAINT-GERMAIN
AU COIN DE LA RUE HAUTEFEUILLE
1887

Cette table est remise gratuitement aux abonnés de l'année 1887.

Elle est vendue 3 fr. aux non abonnés et 1 fr. 50 aux abonnés postérieurs à 1887.

La table des cinq premières années est en vente aux mêmes conditions.

SECONDE TABLE GÉNÉRALE

DE LA

REVUE HISTORIQUE

(1881 A 1885 INCLUSIVEMENT)

Rédigée par Camille COUDERC.

PARIS
ANCIENNE LIBRAIRIE GERMER BAILLIÈRE ET Cie
FÉLIX ALCAN, Éditeur
108, BOULEVARD SAINT-GERMAIN
AU COIN DE LA RUE HAUTEFEUILLE
1887

SECONDE TABLE GÉNÉRALE

DE

LA REVUE HISTORIQUE

I. — LISTE DES COLLABORATEURS[1].

Anonymes. Art. crit. XV, 171, 172, 465, 471. XVII, 417. XVIII, 183, 189. XIX, 461, 464. XXII, 159. XXIII, 181, 422. XXIV, 403, 417, 419. XXV, 169, 179. XXVII, 154.

Adams (H.). Napoléon Ier et Saint-Domingue. XXIV, 92.

Allen (W. F.). Bulletin historique. États-Unis. XX, 159. XXVI, 108. XXIX, 124.

Ammann (A.). Art. crit. XXVI, 169.

Arbois de Jubainville (H. d'). Art. crit. XXII, 154, 156.

Aubé (B.). Les faillis et les libellatiques pendant la persécution de Dèce. XXIV, 1.

Aumale (H. d'Orléans, duc d'). Les combats devant Fribourg, 1644. XXIX, 1.

Avenel (vicomte G. d'). La fortune de la noblesse sous Louis XIII. XXI, 291. XXII, 1.

Babeau (A.). La représentation du tiers état aux assemblées pour la rédaction des coutumes au xvie siècle. XXI, 91. — L'armement des nobles et des bourgeois au xviie siècle dans la Champagne méridionale. XXV, 288. — Art. crit. XV, 471. XXII, 183. XXIX, 191.

Barbier de Meynard. Art. crit. XVI, 197.

Barthélemy (Ad.). Art. crit. XVIII, 443.

Basset (R.). Art. crit. XXVIII, 399.

Bauer (Ad.). Bulletin historique. Allemagne et Autriche : Histoire grecque. XXVI, 363.

Bayet (Ch.). Y a-t-il eu des états généraux en l'an 1313? XVII, 327. — Remarques sur le caractère et les conséquences du voyage d'Etienne III en France. XX, 88. — Les élections pontificales sous les Carolingiens au viiie et au ixe siècle, 757-885. XXIV, 49. — Réponse à la lettre de M. Toussaint. XXIV, 361. — Art. crit. XXI, 406. XXII, 170. XXIV, 391. XXV, 161. XXVIII, 411. XXIX, 417.

Beauvois (E.). Art. crit. XIX, 437. XX, 425. XXI, 199, 438. XXIII, 171. XXIV, 186. XXVI, 427. XXVII, 157, 160.

Bellet (l'abbé). Réponse au compte-rendu fait par M. Pilot de Thorey de la *Notice historique sur Aimon Ier de Chissé*. XVII, 204.

Bémont (Ch.). Réponse à la lettre de M. Glasson. XXII, 150. — Art. crit. XVI, 204. XVIII, 200. XXI, 433. XXVI, 428. XXIX, 158. — Bulletin historique. France. XIX, 102. XX, 136, 378. XXI, 366. XXII, 376. XXIII, 373. XXIV, 365. XXV, 359. XXVI, 323. XXVII, 358. XXVIII, 339. XXIX, 379.

Berger (Élie). Art. crit. XX, 414.

Bezold (F. von). Art. crit. XVII, 203. XX, 428, 429. XXI, 414. XXV, 171.

Bikélas (D.). Art. crit. XX, 404. XXIV, 400.

Black (J. G.). Bulletin historique. Angleterre : moyen âge. XXV, 132. XXVI, 328. XXIX, 388.

Blanchère (R. de la). Excidium Montisfortini, 1557. XXII, 344.

Bloch (G.). Art. crit. XXIV, 165.

1. Cette liste est rédigée d'après l'ordre alphabétique du nom des auteurs.

XXVIII, 402. XXIX, 147. Voy. Monod (G.).
Blok (P.-J.). Art. crit. XXIX, 431. — Bulletin historique. Pays-Bas. XXIX, 137.
Boislisle (A. de). Fragments inédits de Saint-Simon. XV, 333. XVI, 103.
Bondois (P.). Art. crit. XVII, 418. XXII, 435.
Bonet Maury. Art. crit. XXIV, 183.
Boucher (Léon). Art. crit. XVII, 437. XIX, 191. XXIII, 185.
Bougier (Louis). Art. crit. XVII, 186, 428. XIX, 455. XXIII, 183. XXV, 185, 187.
Bourgeois (Ém.). De la constitution carthaginoise. XX, 327. — Art. crit. XXV, 183. XXVII, 436. XXIX, 182.
Bournon (F.). Art. crit. XIX, 428.
Bréard (Ch.). Art. crit. XVII, 196.
Bricka (C.-F.). Art. crit. XV, 199.
Broglie (duc de). Le cardinal de Fleury et la *Pragmatique sanction*. XX, 257.

Callery (A.). Les douanes avant Colbert et l'ordonnance de 1664. XVIII, 49, 272. — Réponse à M. J. Flammermont. XVIII, 432. — Art. crit. XVIII, 204.
Cipolla (C.). — Bulletin historique. Italie : moyen âge. XIX, 391. — Centenaire des vêpres siciliennes. XXI, 135.
Clédat (L.). Réponse à M. Novati au sujet de la Chronique de Salimbene. XXIV, 224. Cf. XXIII, 484.
Cordier (H.). Bulletin historique. Chine. XVIII, 143.
Cosci (A.). Art. crit. XXII, 421.
Coville (A.). Observations sur deux sources du règne de Louis VII. XXVII, 351.

Dardier (C.). Jean de Serres, historiographe du roi ; sa vie et ses écrits, 1540-98. XXII, 291. XXIII, 28. — Art. crit. XVIII, 462. XIX, 438. XXII, 417.
Darmesteter (J.). Art. crit. XVI, 199. XVII, 165. XIX, 187.
Decrue (Fr.). Les idées politiques de Mirabeau. XXI, 257. XXII, 41, 329. — Art. crit. XIX, 449. XXIV, 188.
Delaborde (H.-François). Art. crit. XVIII, 186.
Douen (O.). Art. crit. XVI, 440. XVIIII, 455.
Du Casse (baron). Documents inédits relatifs au premier empire. Napoléon et le roi Jérôme. XV, 110, 382. XVI, 130, 359. XVII, 103, 330. XVIII, 358. XIX, 83. XX, 120, 345. XXI, 100, 322. — Art. crit. XXVIII, 183. XXIX, 178. — La bataille de Sedan. XXVI, 303. — Le dernier mot sur la charge de Sedan. Rapport du général de Galliffet. XXVII, 100.

Fagnan (E.). Art. crit. XVIII, 196.
Fagniez (G.). Le commerce extérieur de la France sous Henri IV. XVI, 1. — Les archives du ministère de la marine. XVI, 145. — L'industrie en France sous Henri IV. XXIII, 77, 249. — La mission du Père Joseph à Ratisbonne en 1630. XXVII, 138, 241. XXVIII, 33. — Bulletin historique. France. XV, 142. XVI, 145. XVII, 122. XVIII, 92. — Art. crit. XV, 478. XXVIII, 415. — et G. Monod. Une apologie du régicide attribuée aux Jésuites. XVIII, 338.
Falletti-Fossati (Pio Carlo). Lettre au sujet du compte-rendu de son livre : *Il tumulto dei Ciompi*. XXVII, 149. — Bulletin historique. Italie : temps modernes. XV, 432. XXVIII, 358. — Art. crit. XXIX, 146, 175.
Favre (Ed.). Art. crit. XV, 476. XXI, 426. XXII, 183. — Bulletin historique. Suisse : moyen âge. XXIV, 143.
Fernique (E.). Art. crit. XV, 178. XX, 413.
Firth (Ch.). Bulletin historique. Angleterre : XVIIe-XIXe siècles. XXIX, 110.
Flammermont (J.). Réponse à la lettre de M. Callery. XVIII, 436. — Les papiers de Soulavie. XXV, 107. — Art. crit. XVIII, 206. XXI, 421.
Forneron (H.). Louise de Kéroualle, duchesse de Portsmouth, 1649-1734. XXVIII, 1, 273. XXIX, 21, 488.
Fournier (M.). Les affranchissements du Ve au XIIIe siècle. Influence de l'église, de la royauté et des particuliers sur la condition des affranchis du Ve au XIIIe siècle. XXI, 1. — Art. crit. XVIII, 450.
Frederico (Paul). Art. crit. XXI, 194. XXV, 427. XXVIII, 179. — Bulletin historique. Belgique. XVIII, 100.
Fustel de Coulanges. Étude sur l'immunité mérovingienne. XXII, 249. XXIII, 1. — Réponse à M. A. Prost. XXIV, 359. XXV, 358.

Gaffarel (Paul). Art. crit. XVII, 414. XVIII, 445. XX, 442.
Gardiner (S. R.). Bulletin historique. Angleterre : temps modernes. XV, 162.
Gasquet (Am.). L'empire d'Orient et l'empire d'Occident. De l'emploi du mot *Basileus* dans les actes de la chancellerie byzantine. XXVI, 281.
Gazier (A.). Grégoire et l'Église de

France, 1792-1802. XV, 47, 283. — Art. crit. XV, 210. XVII, 416. XXI, 193, 436. XXIII, 182, 189.

Gebhart (Ém.). Art. crit. XXV, 166.

George (H. B.). Bulletin historique. Angleterre : temps modernes. XX, 143. XXII, 395.

Gérando (A. de). Art. crit. XX, 497.

Girard. Le *Campus Mauriacus*. Nouvelle étude sur le champ de bataille d'Attila. XXVIII, 321. — Passerat et la Satire Ménippée. XXIX, 340.

Girard (Paul). Bulletin historique. France : antiquité grecque. XXIX, 357.

Giry (A.). Jules Quicherat. XIX, 241. — Art. crit. XV, 186. XVII, 427.— Voy. Monod (G.).

Glasson. Lettre au sujet du compte-rendu fait par M. Bémont de son livre sur l'*Histoire du droit et des institutions de l'Angleterre*. XXII, 150.

Goll (J.). Bulletin historique. Bohême. XVI, 173. XIX, 422. XXIII, 381. XXVIII, 152.

Gonzenbach. Lettre au sujet du compte-rendu de son livre sur Jean-Louis d'Erlach. XV, 222.

Grandjean (Ch.). Art. crit. XXII, 438. XXIX, 423, 426.

Grammont (H. de). Études algériennes. La course, l'esclavage et la rédemption à Alger. XXV, 1. XXVI, 1. XXVII, 1.

Graux (Charles). Art. crit. XVIII, 172.

Guerrier (L.). Art. crit. XVIII, 446. XXI, 426.

Guiraud (P.). De la réforme des comices centuriates au IIIe siècle avant Jésus-Christ. XVII, 1. — Art. crit. XIX, 184. XXII, 156. XXIII, 169. XXV, 152. XXVI, 145, 422. XXIX, 415.

Hammond (R.). Le rétablissement des relations diplomatiques entre la France et la Prusse après la guerre de Sept ans. XXV, 69.

Hanotaux (G.). Les premiers intendants de justice. XIX, 1, 308. XX, 73. XXI, 59.— Art. crit. XXV, 173.

Harris (H.). Art. crit. XXVI, 162. XXIX, 189.

Hartwig (Otto). La question de Dino Compagni. XVII, 64, 487. XVIII, 494. — Art. crit. XVI, 433, 436, 445. XVII, 178. XX, 192. XXI, 174. XXVI, 179.

Haupt (Hermann). Art. crit. XV, 459. XXVI, 138. — Bulletin historique. Allemagne : antiquité grecque. XVI, 419. XXIII, 129. — Histoire romaine. XVII, 386. XXII, 114. XXVII, 122, 379. XXVIII, 129.

Havet (J.). Mémoire adressé à la dame de Beaujeu sur les moyens d'unir le duché de Bretagne au domaine du roi de France. XXV, 275. XXVI, 232. — Lettre au sujet des *Vindiciae Loyolidum*. XIX, 234. — Art. crit. XXI, 412.

Hellot (A.). Étude critique sur les sources du *Rosier des guerres*. XIX, 75.

Henry (Ch.). Frédéric le Grand d'après des lettres inédites de d'Alembert à Mlle de Lespinasse. XXVI, 64.

Hildebrand (E.). Bulletin historique. Suède. XXI, 148.

Holm (Ad.). Art. crit. XIX, 159. XX, 402. XXI, 171. XXVIII, 157.

Hunziker (J.). Henri IV, les Suisses et la Haute-Italie. XXIII, 355. — Art. crit. XXI, 416.

Joret (Ch.). Art. crit. XXVI, 164.

Jullian (C.). De la réforme provinciale attribuée à Dioclétien; étude de géographie administrative. XIX, 331. — Art. crit. XVII, 166. XVIII, 178. XX, 403. XXI, 173, 174, 404. XXIII, 408. XXV, 156, 406. XXVI, 145, 147.

Jusserand (J.). La vie nomade et les routes d'Angleterre au moyen âge (XIVe siècle). XIX, 265. XX, 1.

Kaulek (J.). Louis XI est-il l'auteur du *Rosier des guerres ?* XXI, 312.

Kohler (C.). Art. crit. XX, 418. XXII, 416. XXIV, 398.

Lallier (R.). Art. crit. XV, 457. XVIII, 171. XIX, 240. XX, 178. XXI, 169. XXII, 413.

Lamansky (V.). L'assassinat politique à Venise du XVe au XVIIIe siècle. Analyse de pièces allant du 3 juillet 1415 au 26 septembre 1768. XX, 105.

Lange (A.). Art. crit. XV, 202. XXII, 161.

Lavisse (E.). Étude sur le pouvoir royal au temps de Charles V. XXVI, 233.

Lécrivain (Ch.). Art. crit. XXVI, 144. XXIX, 192.

Leger (L.). Art. crit. XV, 220. XVII, 179, 195, 433. XX, 427. XXI, 418, 424, 437. XXII, 189, 190. XXIV, 421. XXV, 190. XXVI, 177.

Levasseur (E.). Art. crit. XX, 197.

Leroux (Alf.). Art. crit. XVI, 205. XVIII, 452. XX, 188. XXIII, 423, 427. XXIV, 180, 196. XXV, 417. XXVI, 150, 151, 423. XXIX, 156, 157.

LIVET (C.). Un épisode de l'histoire des Jésuites. L'autodafé du Père Malagrida. XVIII, 323.
LOISELEUR (J.). Les nouvelles controverses sur la Saint-Barthélemy. XV, 83.
LORIQUET (M.). Art. crit. XV, 185, 474. XIX, 188.
LOTH (J.). Art. crit. XXVII, 444.
LOUTCHISKY (J.). Bulletin historique. Russie. XIX, 117. — et Ph. TAMIZEY DE LARROQUE. Lettres inédites de Marguerite de France. XVI, 304. XVII, 89.
LUCE (Siméon). De l'élection au scrutin de deux chanceliers de France. XVI, 91.

MAITRE (L.). Art. crit. XV, 195, 208.
MARTIN (A.). Art. crit. XXII, 412. XXIII, 161.
MEYER VON KNONAU (G.). Art. crit. XXIII, 430.
MICHAUD (E.). Lettre au sujet du compte-rendu fait de son livre sur *Louis XIV et Innocent XI*. XXII, 151.
MICHEL (A.). Une correspondance politique de Mallet du Pan avec la cour de Vienne, 1794-98. XXIV, 303.
MOIREAU (A.). Art. crit. XXIV, 423.
MOLINIER (A.). Étude sur la réunion de Montpellier au domaine royal. XXIV, 249. — Art. crit. XVII, 174. XVIII, 185. XX, 184. XXIV, 394.
MOLINIER (Ch.). Guillem Bernard de Gaillac et l'enseignement des Dominicains à la fin du XIIIe siècle. XXV, 241. — Art. crit. XXV, 468.
MOLINIER (E.). Art. crit. XV, 469.
MONOD (G.). — Les réformes accomplies par le conseil supérieur (1881). XV, 413. — Le comité des travaux historiques. XVI, 387. — De la place à faire dans l'enseignement à l'histoire des religions. 390. — Écoles du Caire, de Rome. 393. — Les épreuves de la licence historique. XVII, 351. — Le congrès des sociétés savantes (1882). XIX, 375. — Les cours libres dans les Facultés. XXI, 366. — L'enseignement supérieur. XXII, 101. XXIV, 131. XXVII, 358. — La loi de recrutement militaire et l'enseignement supérieur. XXV, 119. — L'agrégation d'histoire; la demande de M. Drapeyron d'une école et d'une agrégation de géographie. XXV, 360. — Les réformes de l'enseignement secondaire. XXVI, 94. — M. Joseph Fabre et la fête de Jeanne d'Arc. XXVI, 96, 464. — La réforme des examens de baccalauréat et d'agrégation. XXVIII, 112. — La question du baccalauréat; les examens d'agrégation. XXIX, 92. — Études sur l'histoire de Hugues Capet. XXVIII, 241. — Le *Saint Martin* de M. Lecoy de la Marche. XVI, 177. — Art. crit. XV, 169, 175. — Bulletin historique. France. XV, 413. XVI, 387. XVII, 351. XVIII, 386. XIX, 375. XXI, 123, 366. XXII, 101. XXIII, 122. XXIV, 131. XXV, 118, 359. XXVI, 93, 318. XXVII, 106. XXVIII, 112. XXIX, 89. — BLOCH, ROY et GIRY. Indications bibliographiques relatives aux thèses à préparer par les candidats à l'agrégation d'histoire en 1885. XXVII, 205.
MOREL-FATIO (Alfred). Art. crit. XVII, 421. XXI, 179.
MOSSMANN (X.). Un fonctionnaire d'empire alsacien au XIVe siècle : Bernard de Bebelnheim. XXII, 66. — Art. crit. XXII, 415.
MULLINGER (J. Bass). L'enseignement supérieur en Angleterre et la création à Manchester de la Victoria University. XVII, 372. — Bulletin historique. Angleterre : antiquité et moyen âge. XVII, 370.
MUSTON (A.). Art. crit. XX, 421.

NEUVILLE (D.). Art. crit. XV, 177. XXVI, 419.
NOVATI. La chronique de Salimbene. XXIV, 224.

PAILLARD (Ch.). Art. crit. XV, 172.
PAOLI (Cesare). Le rapport de M. Vazio sur les archives d'État italiennes. XXVI, 228. — Art. crit. XV, 183. XVI, 437, 443. XX, 193. XXII, 157. XXV, 418. XXVI, 156. XXVII, 163. XXVIII, 414. XXIX, 163, 420, 421. — Réponse à la lettre de M. Falletti-Fossati. XXVII, 151.
PARIS (Paulin). Louise de Savoie et Semblançay. XVIII, 1. XIX, 240.
PAWINSKY (A.). Bulletin historique. Pologne. XVII, 152.
PERRENS (F.-T.). Art. crit. XXII, 164.
PILOT DE THOREY. Art. crit. XV, 472. XXII, 185.
PINGAUD (L.). Le président de Vezet, 1743-1816. XX, 282. — Art. crit. XVII, 423. XX, 431. XXII, 173. XXIII, 435. XXIV, 409, 412. XXV, 181. XXVII, 442.
PLATON (G.). Art. crit. XXVIII, 175. XXIX, 150.
POGNON (H.). Art. crit. XXI, 167.
PORT (Célestin). Art. crit. XVII, 170.
PROST (A.). Lettre au sujet de l'article de M. Fustel de Coulanges sur l'*Immunité*. XXIV, 357. XXV, 356.
PUAUX (F.). La dernière requête des

protestants de France à Louis XIV avant la révocation de l'édit de Nantes (janvier 1685). XXVII, 68. — La responsabilité de la révocation de l'édit de Nantes. XXIX, 241. — Art. crit. XXII, 188.

QUICHERAT (Jules). Documents nouveaux sur Jeanne d'Arc. XIX, 60.

REINACH (J.). Dépêches inédites de Gambetta adressées de Tours et de Bordeaux au gouvernement de la Défense nationale. XXIV, 329.
RENAN (Ernest). Les premiers martyrs de la Gaule. XVII, 303.
REUSCH (F.-H.). Art. crit. XXIII, 172.
REUSS (Rod.). Réponse à une lettre de M. de Gonzenbach. XV, 223. — Marie Stuart, Bothwell et Darnley. XXVI, 45. — Bulletin historique. Alsace. XV, 154. — Art. crit. XXIV, 417. XXVI, 159.
REYNALD (H.). Le baron de Lisola. Sa jeunesse; sa première ambassade en Angleterre, 1613-1645. XXVII, 300. — Art. crit. XVII, 194. XVIII, 197.
RIVIER (Alp.). Art. crit. XXII, 175.
ROBIOU (Félix). Art. crit. XVII, 199.
ROMAN (J.). Art. crit. XV, 468. XX, 439. XXV, 165.
ROY. (J.). Voy. MONOD (G.).
RUELLE (C. E.). Art. crit. XVI, 189.

SABATIER (A.). Art. crit. XV, 462.
SAUTEREAU. Lettre au sujet du général de Wimpffen. XXVII, 153.
SAYOUS (Ed.). Art. crit. XXIV, 420. XXV, 415.
SCHÆFER (A.). Art. crit. XV, 447. XIX, 171. XXIII, 413.
SCHLUMBERGER (G.). Deux chefs normands des armées byzantines au XIe siècle, Hervé et Roussel de Bailleul. XVI, 289. — Notice nécrologique sur M. F. de Saulcy. XV, 251.
SCHŒNBERG (Gustave). Art. crit. XIX, 186. XX, 190.
SEJUS. L'origine de Christophe Colomb. XXIX, 316.
SOHM (R.). Art. crit. XVII, 168. XX, 183. XXIV, 182.
SOREL (A.). Vergennes et sa politique. XV, 273. — L'Autriche et le comité de salut public. XVII, 25. — La neutralité du nord de l'Allemagne en 1795. XVII, 257. — Le comité de salut public et la question de la rive gauche du Rhin en 1795. XVIII, 273. — La diplomatie française et le comité de salut public : les frontières constitutionnelles en 1795. XIX, 21. — La mission de Poterat à Vienne (1795-96). XXIX, 280. — Art. crit. XV, 208, 214, 216, 217, 218. XVI, 447. XVII, 201, 202, 431, 437. XX, 432. XXIII, 437. XXIV, 190. XXV, 177.
STEENSTRUP (Johannes). Art. crit. XXI, 419. — Bulletin historique. Danemark. XVIII, 420. XXV, 391.
STEIN. Les archives nationales à Buda-Pesth et l'exposition faite par la Société historique hongroise. XX, 492.
STEPHENS (H. Morse). Les cahiers de 1789 au British Museum. XXIV, 468.
STERN (Alfred). Les mémoires de Metternich. XVI, 333. — Notice nécrologique sur Reinhold Pauli. XIX, 497. — Documents sur le premier empire. XXIV, 308. XXV, 82. — Une lettre de Davout adressée à Napoléon. XXVI, 302. — Deux lettres inédites de Mirabeau. XXIX, 82. — Art. crit. XV, 204. XIX, 426. XX, 191, 433, 503. XXIV, 415. XXV, 188, 425. — Bulletin historique. Allemagne : histoire de la réforme. XVIII, 407. XXIV, 380. — Publications relatives au centenaire de Luther. XXVI, 125.
STORM (G.). Bulletin historique. Norvège. XVIII, 139.

TAINE (H.). Document inédit sur Latour d'Auvergne. XXII, 98.
TAMIZEY DE LARROQUE (Ph.). Voyez LOUTCHISKY (J.).
TARDIF (E. J.). Art. crit. XXIX, 168.
TESSIER (J.). Le général Decaen aux Indes. XV, 349. — Art. crit. XXIV, 406.
THÉVENIN (M.). Art. crit. XIX, 433.
TIVIER. Relations de la France et de la Franche-Comté pendant la Fronde. Négociations de Jean de Mairet. XXV, 43.
TOURNEUX (M.). Diderot. Essai historique sur la police. XXV, 298.
TOUSSAINT (V.). Lettre au sujet d'un passage des annales dites d'Éginhard. XXIV, 361.
TRATCHEWSKY (A.). La France et l'Allemagne sous Louis XVI. XV, 1. — Vergennes et ses apologistes. Réponse à M. Sorel. XVI, 327. — Art. crit. XIX, 463.

VALOIS (Noël). Lettre à M. Viollet au sujet du compte-rendu de l'histoire de *Guillaume d'Auvergne*. XXI, 400.
VAN DER HAEGHEN (Ph.). Examen des droits de Charles VIII sur le royaume de Naples. XXVIII, 89.
VAST (Henri). Art. crit. XVIII, 192.

XX, 421. XXI, 190. XXVI, 156. XXVIII, 185. XXIX, 428.
Vaucher (P.). Calvin et les Genevois. XV, 267. — Not. nécrol. sur Maurice de Stürler. XIX, 504. — Art. crit. XV, 219.
Vernes (M.). Art. crit. XXV, 151, 407.
Vidal-Lablache (P.). Art. crit. XVI, 185.
Viollet (Paul). Réponse à une lettre de M. N. Valois. XXI, 400. — Art. crit. XV, 479. XVI, 201. XVIII, 213, 444, 454. XXI, 175. XXV, 158, 160.

Wertheimer (E.). Documents inédits relatifs à Marie-Antoinette. XXV, 322.
Wijnne (S. A.). Art. crit. XXVIII, 417. — Bulletin historique. Pays-Bas. XVII, 136. XX, 388.
Willems (P.). Art. crit. XXVIII, 164.

X. X. Art. crit. XXIV, 179.
Xénopol (A.-D.). Les démembrements de la Moldavie. XVI, 49, 257. — Découverte du portrait d'Étienne le Grand, prince de Moldavie. XIX, 148. — De l'origine du peuple roumain; examen critique de quelques théories récentes. XXIII, 98. — Inauguration de la statue d'Étienne le Grand. — L'Église roumaine. La question du Danube. XXV, 374. — L'enseignement en Roumanie. XXVIII, 377. — Art. crit. XXV, 186. — Bulletin historique. Roumanie. XV, 439. XIX, 148. XXII, 408. XXV, 374. XXVIII, 377.

Zahn (J. von). Bulletin historique. Autriche. XVI, 155. — Frioul. XXI, 383.

II. — TABLE DES ARTICLES[1].

ANTIQUITÉ.

De la réforme des comices centuriates au IIIe siècle avant Jésus-Christ, par P. Guiraud. XVII, 1.
De la constitution carthaginoise, par Ém. Bourgeois. XX, 327.
Les faillis et les libellatiques pendant la persécution de Dèce, par B. Aubé. XXIV, 1.
De la réforme provinciale attribuée à Dioclétien; étude de géographie administrative, par C. Jullian. XIX, 331.

MOYEN AGE.

Les premiers martyrs de la Gaule, par E. Renan. XVII, 303.
Le *Campus Mauriacus*. Nouvelle étude sur le champ de bataille d'Attila, par Girard. XXVIII, 321.
Étude sur l'immunité mérovingienne, par Fustel de Coulanges. XXII, 249. XXIII, 1. Voy. aussi XXIV, 359. XXV, 358.
Les affranchissements du Ve au XIIIe siècle. Influence de l'Église, de la royauté et des particuliers sur la condition des affranchis du Ve au XIIIe siècle, par M. Fournier. XXI, 1.
Remarques sur le caractère et les conséquences du voyage d'Étienne III en France, par Ch. Bayet. XX, 88.
Les élections pontificales sous les Carolingiens au VIIIe et au IXe siècle, par Ch. Bayet. XXIV, 49, 361.
L'empire d'Orient et l'empire d'Occident. De l'emploi du mot *Basileus* dans les actes de la chancellerie byzantine, par A. Gasquet. XXVI, 281.
Études sur l'histoire de Hugues Capet, par G. Monod. XXVIII, 241.
Deux chefs normands des armées byzantines au XIe siècle. Hervé et Roussel de Bailleul, par G. Schlumberger. XVI, 289.
Observations sur deux sources du règne de Louis VII, par A. Coville. XXVII, 351.
La question de Dino Compagni, par Otto Hartwig. XVII, 64, 487. Voy. aussi XVIII, 494.
Guillem Bernard de Gaillac et l'enseignement des Dominicains à la fin du XIIIe siècle, par Ch. Molinier. XXV, 241.
Y a-t-il eu des états généraux en 1313? par Ch. Bayet. XVII, 327.
Étude sur la réunion de Montpellier au domaine royal, par A. Molinier. XXIV, 249.
La vie nomade et les routes d'Angleterre au moyen âge, par J. Jusserand. XIX, 265. XX, 1.
Un fonctionnaire d'empire alsacien au XIVe siècle. Bernard de Bebelnheim, par X. Mossmann. XXII, 66.

1. Cette table comprend les articles de fond et les articles de mélanges autres que les documents, qui font l'objet d'une division particulière. Elle est rédigée d'après l'ordre chronologique.

TEMPS MODERNES.

L'origine de Christophe Colomb, par Sejus. XXIX, 316.
De l'élection au scrutin de deux chanceliers de France, par Siméon Luce. XVI, 91.
Étude sur le pouvoir royal au temps de Charles V, par E. Lavisse. XXVI, 233.
Étude critique sur les sources du *Rosier des guerres*, par A. Hellot. XIX, 75.
Louis XI est-il l'auteur du *Rosier des guerres?* par J. Kaulek. XXI, 312.
Examen des droits de Charles VIII sur le royaume de Naples, par Ph. Van der Haeghen. XXVIII, 89.
Louise de Savoie et Semblançay, par Paulin Paris. XVIII, 1. XIX, 240.
Marie Stuart, Bothwell et Darnley, par Rod. Reuss. XXVI, 45.
Les nouvelles controverses sur la Saint-Barthélemy, par J. Loiseleur. XV, 83.
Passerat et la satire Ménippée, par Girard. XXIX, 340.
La représentation du tiers état aux assemblées pour la rédaction des coutumes au XVIe siècle, par A. Babeau. XXI, 91.
Jean de Serres historiographe du roi; sa vie et ses écrits (1540-98), par C. Dardier. XXII, 291. XXIII, 28.
Henri IV, les Suisses et la Haute-Italie, par J. Hunziker. XXIII, 355.
Le commerce extérieur de la France sous Henri IV, par G. Fagniez. XVI, 1.
L'industrie en France sous Henri IV, par G. Fagniez. XXIII, 77, 249.
Les premiers intendants de justice, par G. Hanotaux. XIX, 1, 308. XX, 73. XXI, 59.
La mission du père Joseph à Ratisbonne en 1630, par G. Fagniez. XXVII, 138, 241. XXVIII, 33.
La fortune de la noblesse sous Louis XIII, par le vicomte G. d'Avenel. XXI, 291. XXII, 1.
Le baron de Lisola. Sa jeunesse, sa première ambassade en Angleterre, par H. Reynald. XXVII, 300.
Les combats devant Fribourg, par le duc d'Aumale. XXIX, 1.
Relations de la France et de la Franche-Comté pendant la Fronde. Négociations de Jean de Mairet, par Tivier. XV, 43.
Les douanes avant Colbert et l'ordonnance de 1644, par A. Callery. XVIII, 49, 272.
La dernière requête des protestants de France à Louis XIV avant la révocation de l'édit de Nantes (janvier 1685), par F. Puaux. XXVII, 68.
La responsabilité de la révocation de l'édit de Nantes, par F. Puaux. XXIX, 241.
L'armement des nobles et des bourgeois au XVIIe siècle dans la Champagne méridionale, par A. Babeau. XXV, 288.
Louise de Kéroualle, duchesse de Portsmouth (1649-1734), par H. Forneron. XXVIII, 1, 273. XXIX, 21, 488.
Le cardinal de Fleury et la *Pragmatique sanction*, par le duc de Broglie. XX, 257.
Frédéric le Grand, d'après des lettres inédites de d'Alembert à Mlle de Lespinasse, par Ch. Henry. XXVI, 64.
Le rétablissement des relations diplomatiques entre la France et la Prusse après la guerre de Sept ans, par R. Hammond. XXV, 69.
Les papiers de Soulavie, par J. Flammermont. XXV, 107.
L'assassinat politique à Venise du XVe au XVIIIe siècle, par V. Lamansky. XX, 105.
Un épisode de l'histoire des jésuites : l'autodafé du P. Malagrida, par C. Livet. XVIII, 323.
Les démembrements de la Moldavie, par A.-D. Xénopol. XVI, 49, 257.
De l'origine du peuple roumain; examen critique de quelques théories récentes, par A.-D. Xénopol. XXIII, 98.
Vergennes et sa politique, par A. Sorel. XV, 273. Voy. aussi XVI, 327.
La France et l'Allemagne sous Louis XVI, par A. Tratchevsky. XV, 1.
Les idées politiques de Mirabeau, par Fr. Decrue. XXI, 257. XXII, 41, 329.
L'Autriche et le comité de salut public, par A. Sorel. XVII, 25.
La neutralité de l'Allemagne du Nord en 1795, par A. Sorel. XVII, 257.
Le comité de salut public et la question de la rive gauche du Rhin en 1795, par A. Sorel. XVIII, 273.
La diplomatie française et le comité de salut public; les frontières constitutionnelles en 1795, par A. Sorel. XIX, 21.
La mission de Poterat à Vienne (1795-96), par A. Sorel. XXIX, 280.
Une correspondance politique de Mallet Du Pan avec la cour de Vienne (1794-98), par A. Michel. XXIV, 303.
Grégoire et l'église de France, par A. Gazier. XV, 47.
Le général Decaen aux Indes, par J. Tessier. XV, 349.

Napoléon Ier et Saint-Domingue, par H. Adams. XXIV, 92.
Le président de Vezet (1743-1816), par L. Pingaud. XX, 282.
Études algériennes. La course, l'esclavage et la rédemption à Alger, par H. de Grammont. XXV, 1. XXVI, 1, XXVII, 1.
Les mémoires de Metternich, par A. Stern. XVI, 333.
La bataille de Sedan, par le baron du Casse. XXVI, 303.
Le dernier mot sur la charge de Sedan. Rapport du général de Galliffet, par le baron du Casse. XXVII, 100.
Les réformes accomplies par le conseil supérieur (1881), par G. Monod. XV, 413. Voy. Monod (G.) dans la table des collaborateurs, pour ses autres articles sur l'enseignement.
L'enseignement supérieur en Angleterre et la création à Manchester de la Victoria University, par J. B. Mullinger. XVII, 372.
L'enseignement en Roumanie, par A.-D. Xénopol. XXVIII, 377.

III. — TABLE DES DOCUMENTS[1].

Documents nouveaux sur Jeanne d'Arc, p. p. J. Quicherat. XIX, 60.
Analyses d'extraits des registres des délibérations du Conseil des Dix relatifs à l'assassinat politique à Venise (1415-1768), p. p. V. Lamansky. XX, 108.
Lettres inédites de Marguerite de France, p. p. Loutchisky et Tamizey de Larroque. XVI, 304. XVII, 89.
1557. *Excidium Montisfortini* et autres pièces se rapportant au même événement, p. p. R. de la Blanchère. XXII, 355.
Avis du conseil secret de Maximilien de Bavière au sujet du Père Joseph, p. p. G. Fagniez. XXVIII, 60.
Mémoire pour le sieur de Lisle allant a l'assemblée de Leipzig, p. p. G. Fagniez. XXVIII, 72.
Mémoire pour l'instruction du sieur de Saint-Etienne allant en Allemagne, p. p. G. Fagniez. XXVIII, 79.
Arcus triumphalis fratri Josepho capucino legato cardinalis de Richelieu extructus, p. p. G. Fagniez. XXVIII, 85.
1631. Mémoire pour l'instruction du sieur de Gournay, p. p. G. Fagniez. XXVIII, 76.
1631, janv. Mémoire sur l'état des affaires d'Allemagne, p. p. G. Fagniez. XXVIII, 68.
1631, 29 janv. Mémoire pour le sieur de Gournay allant à l'assemblée de Francfort, p. p. G. Fagniez. XXVIII, 77.
1631, 2 févr. Description sommaire de la cour de France par Sébastien Lustrier, p. p. G. Fagniez. XXVIII, 58.
1635, 29 oct. Art. 1er du traité conclu entre le duc Bernard de Saxe-Weimar et le roi de France, p. p. M. de Gonzenbach. XV, 223.
1685, janv. La dernière requête des protestants de France à Louis XIV avant la révocation de l'édit de Nantes, p. p. F. Puaux. XXVII, 71.
Fragments inédits de Saint-Simon, p. p. A. de Boislisle. XV, 333. XVI, 103.
Une apologie du régicide attribuée aux Jésuites, p. et trad. par G. Fagniez et G. Monod. XVIII, 338.
Lettres inédites de d'Alembert à Mlle de Lespinasse, p. p. Ch. Henry. XXVI, 67.
Diderot. Essai historique sur la police, p. p. M. Tourneux. XXV, 299.
Documents inédits relatifs à Marie-Antoinette, p. p. E. Wertheimer. XXV, 322.
1786, 28 nov.; 1787, 28 mars. Deux lettres de Mirabeau, p. p. A. Stern. XXIX, 83.
1793, 7 nov. Un document inédit sur Latour d'Auvergne. Lettre de Darbault au citoyen Desforgues, ministre des affaires étrangères, p. p. Taine. XXII, 98.
Le général Decaen aux Indes d'après ses papiers, dont il est donné des extraits, p. p. J. Tessier. XV, 349.
Napoléon Ier et Saint-Domingue. Lettres diverses p. p. H. Adams. XXIV, 94.
1808, 31 décembre. Lettre de Davout à Napoléon, p. p. A. Stern. XXVI, 302.
Documents inédits sur le premier empire, p. p. A. Stern. XXIV, 308.
Documents inédits relatifs au premier

1. Cette table est dressée d'après l'ordre chronologique des documents.

empire, publiés par le baron du Casse. Napoléon et le roi Jérôme. XV, 110, 382. XVI, 130, 359. XVII, 103, 330. XVIII, 358. XIX, 83. XX, 120, 345. XXI, 100, 322.
Documents inédits sur la bataille de Sedan, p. p. le baron du Casse. XXVI, 303.
Rapport du général de Galliffet sur la bataille de Sedan, p. p. le baron du Casse. XXVII, 101.
Dépêches inédites de Gambetta adressées de Tours et de Bordeaux au gouvernement de la Défense nationale à Paris, p. p. J. Reinach. XXIV, 329.

IV. — BULLETINS HISTORIQUES[1].

Allemagne. — Antiquité grecque, par H. Haupt. XVI, 419. XXIII, 129. — Histoire grecque, par Ad. Bauer. XXVI, 363. — Histoire romaine, par H. Haupt. XVII, 386. XXII, 114. XXVII, 122, 379. XXVIII, 129. — Histoire de la réforme, par A. Stern. XVIII, 407. XXIV, 380. — Publications relatives au centenaire de Luther. XXVI, 125. — XVIIe et XVIIIe siècles, par Rod. Reuss. XXIII, 387.
Alsace, par Rod. Reuss. XV, 154.
Angleterre. — Antiquité et moyen âge, par J.-B. Mullinger. XVII, 370. — Moyen âge, par J.-G. Black. XXV, 132. XXVI, 328. XXIX, 388. — Temps modernes, par S. R. Gardiner. XV, 162. — Temps modernes, par H.-B. George. XX, 143. XXII, 395. — XVIIe-XIXe siècles, par Ch. Firth. XXIX, 110.
Autriche-Hongrie, par J. von Zahn. XVI, 155. — Histoire grecque, par Ad. Bauer. XXVI, 363. — Histoire romaine, par H. Haupt. XXVII, 122, 379. XXVIII, 129.
Belgique, par P. Frédéricq. XVIII, 100.
Bohême, par J. Goll. XVI, 173. XIX, 422. XXIII, 381. XXVIII, 152.
Chine, par H. Cordier. XVIII, 143.
Danemark, par J. Steenstrup. XVIII, 420. XXV, 391.
États-Unis, par W. F. Allen. XX, 159. XXVI, 108. XXIX, 124.
France, par G. Monod. XV, 413. XVI, 387. XVII, 351. XVIII, 386. XIX, 375. XXI, 123, 366. XXII, 101. XXIII, 122. XXIV, 131. XXV, 118, 359. XXVI, 93, 318. XXVII, 106. XXVIII, 112. XXIX, 89. — Par G. Fagniez. XV, 142. XVI, 145. XVII, 122. XVIII, 92. — Par Ch. Bémont. XIX, 102. XX, 136, 378. XXI, 366. XXII, 376. XXIII, 373. XXIV, 365. XXV, 359. XXVI, 323. XXVII, 358. XXVIII, 339. XXIX, 379. — Antiquité grecque, par P. Girard. XXIX, 357.
Italie. — Temps modernes, par C. Falleti-Fossati. XV, 432. XXVIII, 358. — Moyen âge, par C. Cipolla. XIX, 391. — Centenaire des Vêpres siciliennes. XXI, 135. — Frioul, par J. von Zahn. XXI, 383.
Norvège, par G. Storm. XVIII, 139.
Pays-Bas, par J.-A. Wijnne. XVII, 136. XX, 388. — Par P. J. Blok. XXIX, 137.
Pologne, par A. Pawinski. XVII, 152.
Roumanie, par Ad. Xénopol. XV, 439. XIX, 148. XXII, 408. XXV, 374. XXVIII, 377.
Russie, par J. Loutchisky. XIX, 117.
Suède, par E. Hildebrand. XXI, 148.
Suisse. — Moyen âge, par E. Favre. XXIV, 143.

V. — RECUEILS PÉRIODIQUES ET SOCIÉTÉS SAVANTES[2].

FRANCE.

Académie des beaux-arts. XXVI, 215.
Académie des belles-lettres, sciences et arts de Lyon. XXIV, 460.
Académie des belles-lettres, sciences

1. Cette table est dressée d'après l'ordre alphabétique des noms de pays.
2. Cette table est dressée par pays, et dans chaque pays d'après l'ordre alphabétique du titre des recueils et du nom des sociétés savantes.

et arts de la Rochelle. XVIII, 223.
Académie française. Concours et prix. XVI, 475. XVII, 238. XIX, 490. XX, 235. XXII, 474. XXIII, 228. XXV, 468. XXVIII, 222, 455.
Académie des inscriptions et belles-lettres. XV, 232. XVI, 217, 452. XVII, 214, 444. XVIII, 220, 472. XIX, 199, 472. XX, 211, 449. XXI, 206, 449. XXII, 199, 447. XXIII, 193, 446. XXIV, 199, 432. XXV, 203, 446. XXVI, 187, 436. XXVII, 174, 452. XXVIII, 194, 436. XXIX, 205, 443. — Concours, prix et élections. XVI, 244, 475. XVII, 238. XIX, 226, 491. XX, 236. XXI, 231. XXII, 474. XXIII, 229. XXIV, 228, 459. XXV, 468. XXVI, 215, 216, 453. XXVII, 214. XXVIII, 222, 454. XXIX, 228, 466.
Académie des jeux floraux. Concours et prix. XVII, 239.
Académie de Mâcon. XX, 479.
Académie nationale des sciences, arts et belles-lettres de Caen. XVI, 478. XXIII, 450. XXIX, 447.
Académie de Nîmes. Concours et prix. XVII, 239.
Académie des sciences, belles-lettres et arts de Besançon. XVIII, 255. XXI, 211. XXIV, 200. XXVI, 189, 215.
Académie des sciences morales et politiques. XV, 234. XVI, 217, 452. XVII, 214, 444. XVIII, 220, 472. XIX, 201, 473. XX, 211, 450. XXI, 207, 449. XXII, 199, 447. XXIII, 194, 447. XXIV, 432. XXV, 204, 446. XXVI, 187. XXVII, 174, 453. XXVIII, 195, 437. XXIX, 206, 444. — Concours, prix et élections. XVI, 244, 474. XVII, 239, 473. XIX, 491, 493. XX, 235, 479. XXII, 474. XXIV, 228, 458. XXV, 468. XXVI, 453. XXVII, 215.
Académie de Stanislas. XVI, 457, 475.
Annales de la Faculté des lettres de Bordeaux. XV, 231. XVI, 219, 454. XVII, 214, 443. XVIII, 219. XIX, 199, 473. XX, 220, 447. XXI, 202. XXIII, 200. XXIV, 437. XXVII, 173. XXIX, 442, 468.
Annales de la Faculté des lettres de Caen. XXVIII, 197, 224.
Annales de philosophie chrétienne. XVI, 456.
Annales de la Société académique de Nantes. XVIII, 224, 450.
Annales de la Société d'émulation de l'Ain. XVI, 456. XIX, 475. XXI, 211, 450. XXII, 451. XXIV, 201, 435. XXV, 450. XXVI, 191. XXVII, 176. XXVIII, 196. XXIX, 208.
Annales de la Société historique et archéologique du Gâtinais. XXV, 202. XXVII, 176. XXVIII, 439.
Annales de la Société des lettres, sciences et arts des Alpes-Maritimes. XXIII, 451.
Annuaire de l'association pour l'encouragement des études grecques en France. XVI, 454. XIX, 201. XXVIII, 438.
Annuaire de l'Aube. XVII, 477. XXV, 476. XXIX, 230.
Annuaire-Bulletin de la Société de l'histoire de France. XVI, 215. XVIII, 221. XX, 214. XXII, 201. XXV, 206.
Annuaire de la Faculté des lettres de Lyon. XXII, 203. XXVI, 185. XXIX, 442.
Annuaire de la Société des études juives. XXII, 448. XXV, 445.
Archives historiques de la Gironde. XV, 231. XXVII, 473.
Archives historiques du Poitou. XV, 486. XXIV, 436. XXV, 443.
Archives historiques de la Saintonge et de l'Aunis. XVI, 453. XXI, 205. XXIV, 436.
Archives des missions scientifiques et littéraires. XVII, 213. XVIII, 261. XXI, 443. XXIII, 230. XXV, 198. XXVIII, 190.
Association littéraire internationale. XXVII, 221.
Bibliothèque de l'École des chartes. XV, 227. XVI, 210, 448. XVII, 209, 440. XVIII, 214. XIX, 194, 465. XX, 205, 443. XXI, 201. XXII, 194, 441. XXIII, 439. XXIV, 193. XXV, 193, 436. XXVI, 431. XXVII, 166, 446. XXVIII, 427. XXIX, 434.
Bulletin de l'Académie delphinale. XXIII, 451. XXVII, 474.
Bulletin de l'Académie du Var. XVI, 460.
Bulletin d'archéologie chrétienne. XIX, 197, 468. XX, 209. XXI, 204. XXIII, 192, 442. XXV, 440. XXVII, 169.
Bulletin archéologique et historique de Tarn-et-Garonne. XV, 485. XVII, 443.
Bulletin des bibliothèques et des archives. XXVII, 169. XXVIII, 189.
Bulletin du Comité d'histoire et d'archéologie de Paris. XXII, 449. XXIX, 446.
Bulletin du Comité des travaux historiques et scientifiques. XIX, 469. XXI, 443. XXIII, 194. XXIV, 198, 433. XXV, 199, 439. XXVI, 188. XXVII, 448. XXIX, 205, 445.
Bulletin de correspondance africaine. XX, 480. XXV, 443, 471. XXVI, 186, 215, 435. XXIX, 203.
Bulletin de correspondance hellénique. XVII, 214. XVIII, 215. XIX, 197,

469. XX, 209. XXI, 441. XXII, 196, 443. XXIII, 193, 443. XXV, 196, 441. XXVI, 185, 435. XXVIII, 190, 430. XXIX, 437.

Bulletin critique. XIX, 195. XXI, 202, 445. XXII, 195, 444. XXIII, 189, 441. XXIV, 195, 430. XXV, 196, 438. XXVI, 184, 432. XXVII, 168, 448. XXVIII, 429. XXIX, 199, 436.

Bulletin épigraphique de la Gaule. XVI, 245.

Bulletin d'histoire ecclésiastique et d'archéologie religieuse des diocèses de Valence, Gap, Grenoble et Viviers. XVI, 216. XIX, 205, 474. XX, 209. XXI, 204. XXII, 206, 451. XXIII, 446. XXIV, 198. XXV, 203, 444. XXVI, 191. XXVII, 172. XXVIII, 196, 435. XXIX, 437.

Bulletin mensuel des récentes publications françaises entrées à la Bibliothèque nationale. XX, 238.

Bulletin de la réunion des officiers. XVIII, 220. XXI, 449. XXII, 449. XXV, 443. XXIX, 208.

Bulletin de la Société académique de Brest. XVIII, 223. XXI, 210.

Bulletin de la Société académique de Laon. XVIII, 225.

Bulletin de la Société d'agriculture, sciences et arts de la Sarthe. XVIII, 224.

Bulletin de la Société des antiquaires de Normandie. XVI, 455. XX, 216. XXV, 449.

Bulletin de la Société des antiquaires de l'Ouest. XVI, 216. XVIII, 223. XIX, 204, 473. XXI, 450. XXIII, 448. XXIV, 436. XXV, 237. XXVI, 191. XXVII, 175. XXVIII, 195, 439. XXIX, 450.

Bulletin de la Société archéologique de Béziers. XVIII, 227.

Bulletin de la Société archéologique de Nantes. XXIII, 450.

Bulletin de la Société archéologique de Tarn-et-Garonne. XVIII, 474. XIX, 202. XX, 218, 451. XXI, 451. XXII, 206. XXIII, 448. XXIV, 201. XXV, 206, 450. XXVI, 439. XXVII, 176. XXVIII, 196. XXIX, 447.

Bulletin de la Société archéologique de Touraine. XVIII, 224.

Bulletin de la Société archéologique du Vendômois. XXIII, 448.

Bulletin de la Société archéologique et historique de la Charente. XXIX, 449.

Bulletin de la Société archéologique et historique du Limousin. XIX, 201. XXIII, 449.

Bulletin de la Société archéologique et historique de l'Orléanais. XVI, 459.

Bulletin de la Société archéologique et historique de Soissons. XVIII, 225.

Bulletin de la Société des bibliophiles bretons et de l'histoire de Bretagne. XVI, 457. XVIII, 223.

Bulletin de la Société du département de l'Ariège. XXI, 236.

Bulletin de la Société départementale d'archéologie et de statistique de la Drôme. XV, 485. XXII, 205.

Bulletin de la Société d'études d'Avallon. XXIII, 449.

Bulletin de la Société d'études des Hautes-Alpes. XXII, 205.

Bulletin de la Société des études scientifiques et archéologiques de Draguignan. XVI, 246.

Bulletin de la Société de l'histoire de Normandie. XVIII, 223. XX, 216, 451. XXI, 450. XXII, 203. XXIII, 196. XXIV, 200. XXV, 450. XXVII, 175.

Bulletin de la Société de l'histoire de Paris. XVI, 215. XVII, 444. XVIII, 472. XX, 216. XXI, 208. XXII, 202. XXIII, 196. XXV, 205. XXVII, 175. XXIX, 451.

Bulletin de la Société d'histoire du protestantisme français. XV, 234, 485. XVI, 216, 245, 451. XVII, 213. XVIII, 221, 473. XIX, 201. XX, 213, 450. XXI, 208, 449. XXII, 201, 448. XXIII, 195, 448. XXIV, 200, 435. XXV, 206, 448. XXVI, 190, 438. XXVII, 174, 453. XXVIII, 195, 438. XXIX, 207, 446.

Bulletin de la Société historique et archéologique de l'Orne. XXIX, 447.

Bulletin de la Société historique de Compiègne. XXIII, 450. XXIX, 448.

Bulletin de la Société nivernaise des lettres, des sciences et des arts. XVI, 459. XVIII, 226.

Bulletin de la Société des sciences et arts de Bayonne. XVIII, 227.

Bulletin de la Société des sciences de l'Yonne. XV, 235. XVI, 454, 480. XVIII, 226. XX, 217. XXI, 210. XXII, 450. XXIV, 200. XXVI, 190. XXVIII, 439. XXIX, 471.

Bulletin de la Société de statistique du département de l'Isère. XXII, 206.

Bulletin trimestriel des antiquités africaines. XXVIII, 431.

Le Cabinet historique. XV, 227. XVI, 211, 450. XVII, 210, 440. XVIII, 256, 468. XIX, 194. XX, 205. XXI, 201, 442. XXII, 441. XXIII, 190, 440. XXV, 194, 437.

Comité d'histoire vosgienne. XIX, 232. XXV, 451.

Commission historique et archéologique de la Mayenne. XVI, 460.

Congrès archéologique de France. XXVI, 454. XXVIII, 455.
Congrès international des sciences anthropologiques. 1878. XV, 257.
Le Contemporain. XX, 482. XXI, 448. XXII, 198, 446. XXIII, 191, 445. XXIV, 196, 431. XXV, 201, 442.
La Controverse et le Contemporain. XXV, 443. XXVI, 184, 435. XXVII, 171, 451. XXVIII, 193, 434. XXIX, 441.
Le Correspondant. XV, 230, 483. XVI, 214, 451. XVII, 212. XVIII, 217, 471. XIX, 198, 471. XX, 211, 448. XXI, 206, 447. XXII. 198, 446. XXIII, 191, 444. XXIV, 196, 431. XXV, 201, 442. XXVI, 187, 435. XXVII, 171, 450. XXVIII, 193, 434. XXIX, 201, 441.
Le Curieux. XXVII, 448. XXVIII, 430. XXIX, 438.
L'Economiste francais. XXIX, 203.
Gazette archéologique. XXII, 474. XXVI, 456.
Gazette des beaux-arts. XXVI, 456. XXVII, 449. XXIX, 202, 441.
Journal des savants. XV, 228. XVI, 213. XVII, 211, 441. XIX, 199, 466. XX, 208, 446. XXI, 204, 442. XXII, 196, 443. XXIII, 191, 442. XXIV, 195, 429. XXV, 198, 441. XXVI, 184, 433. XXVII, 168. XXVIII, 192, 429. XXIX, 200, 436.
Les Lettres chrétiennes. XVI, 456. XIX, 466. XXI, 203.
Le Livre. XX, 220. XXVIII, 190.
Mélanges d'archéologie et d'histoire (École francaise de Rome). XVII, 215. XVIII, 470. XIX, 196, 468. XX, 445. XXI, 441. XXII, 442. XXIV, 197. XXV, 197. XXIX, 467.
Mémoires de l'Académie d'Arras. XXIII, 448.
Mémoires de l'Académie de Dijon. XVIII, 225.
Mémoires de l'Académie des sciences, belles-lettres et arts de Clermont-Ferrand. XVI, 459.
Mémoires de l'Académie des sciences, belles-lettres et arts de Savoie. XVI, 218.
Mémoires de l'Académie des sciences, inscriptions et belles-lettres de Toulouse. XVI, 218. XVIII, 227. XXIX, 449.
Mémoires du comité archéologique de Senlis. XVIII, 225. XXIX, 448.
Mémoires publiés par les membres de la mission archéologique du Caire. XXVII, 218.
Mémoires de la Société académique de l'arrondissement de Boulogne-sur-Mer. XV, 235. XX, 217. XXI, 210.
Mémoires de la Société académique du Cotentin. XVIII, 224.
Mémoires de la Société académique de l'Oise. XXIX, 448.
Mémoires de la Société agricole, scientifique et littéraire des Pyrénées-Orientales. XVI, 460.
Mémoires de la Société d'agriculture, d'archéologie et d'histoire naturelle du département de la Manche. XVIII, 223.
Mémoires de la Société d'agriculture, commerce, sciences et arts de la Marne. XVI, 458.
Mémoires de la Société d'agriculture, sciences, belles-lettres et arts d'Orléans. XVIII, 224.
Mémoires de la Société des antiquaires de France. XXVI, 456. XXVII, 220.
Mémoires de la Société des antiquaires de Normandie. XVII, 242.
Mémoires de la Société des antiquaires de l'Ouest. XV, 234. XVIII, 474. XXIV, 436.
Mémoires de la Société des antiquaires de Picardie. XXII, 204.
Mémoires de la Société archéologique et historique de l'Orléanais. XVI, 458. XVIII, 446.
Mémoires de la Société archéologique d'Ille-et-Vilaine. XVI, 460. XXIX, 474.
Mémoires de la Société d'archéologie lorraine. XV, 501. XVI, 455. XVIII, 226. XIX, 203. XXII, 450. XXV, 450.
Mémoires de la Société éduenne. XVII, 445. XX, 217. XXIII, 196. XXVI, 439. XXIX, 449.
Mémoires de la Société d'émulation de Cambrai. XV, 235.
Mémoires de la Société d'émulation du Doubs. XV, 485. XXI, 204.
Mémoires de la Société historique et archéologique de l'arrondissement de Pontoise et du Vexin. XXIX, 447.
Mémoires de la Société historique du Cher. XX, 451.
Mémoires de la Société de l'histoire de Paris et de l'Ile-de-France. XVI, 452. XX, 214. XXV, 448. XXIX, 207.
Mémoires de la Société des lettres, sciences et arts de l'Aveyron. XVI, 459.
Mémoires de la Société des lettres, sciences et arts de Bar-le-Duc. XVI, 458.
Mémoires de la Société nationale d'agriculture, sciences et arts d'Angers. XVI, 460. XXIX, 448, 473.
Mémoires de la Société polymathique du Morbihan. XVI, 460.
Mémoires de la Société des sciences naturelles et archéologiques de la Creuse. XXIII, 449.
Mémoires de la Société de statistique,

sciences, lettres et arts du département des Deux-Sèvres. XIX, 204.
Mémoires de la Société des sciences morales, des lettres et des arts de Seine-et-Oise. XVI, 218. XXVIII, 439.
Nemausa. XXII, 206.
La Nouvelle Revue. XV, 230. XVI, 214. XVII, 211. XVIII, 217, 471. XIX, 471. XX, 210, 448. XXI, 447. XXII, 197, 446. XXIII, 190, 444. XXIV, 196. XXV, 201, 442. XXVI, 187, 434. XXVII, 171. XXVIII, 193, 434. XXIX, 201, 440.
Nouvelle Revue historique de droit français et étranger. XV, 228, 483. XVI, 212, 450. XVII, 211. XVIII, 217. XIX, 198, 468. XX, 208. XXI, 446. XXII, 196, 445. XXIII, 193, 442. XXIV, 198, 429. XXV, 199, 439. XXVI, 433. XXVII, 170, 451. XXVIII, 191, 433. XXIX, 200, 439.
Polybiblion. XXI, 445. XXII, 443. XXIII, 443. XXV, 196, 443. XXVIII, 190. XXIX, 200, 436.
Recueil de travaux de la Société d'agriculture, sciences et arts d'Agen. XXII, 451. XXIII, 451. XXIX, 449.
Répertoire des travaux historiques. XXII, 445. XXV, 439.
Répertoire des travaux de la Société de statistique de Marseille. XVIII, 227.
La Révolution française. XVII, 245. XVIII, 218, 470. XIX, 470. XX, 210, 447. XXI, 204, 446. XXII, 197, 445. XXIII, 192, 443. XXIV, 196, 431. XXV, 200, 439. XXVI, 184, 433. XXVII, 166, 450. XXVIII, 192, 430. XXIX, 201, 436.
Revue africaine. XXIII, 445. XXIV, 199, 432. XXV, 202, 444. XXVI, 192, 436. XXVII, 172, 452. XXVIII, 435. XXIX, 204, 439.
Revue de l'Agenais. XXII, 451. XXIII, 197, 445. XXIV, 199, 438. XXV, 202, 444. XXVI, 191, 436. XXVII, 172, 451. XXVIII, 196, 435. XXIX, 204, 443.
Revue de l'Anjou. XVI, 456. XVIII, 219. XXIX, 473.
Revue archéologique. XV, 482. XVI, 212, 450. XVII, 211, 441. XVIII, 468. XIX, 196, 465. XX, 206, 446. XXI, 203, 441. XXII, 442. XXIII, 192, 442. XXIV, 195, 429. XXV, 194, 440. XXVI, 433. XXVII, 169, 449. XXVIII, 432. XXIX, 438.
Revue de l'Art français. XXV, 201. XXVI, 435. XXVII, 172. XXVIII, 191, 433. XXIX, 440.
Revue d'Auvergne. XXVII, 219.
Revue des Basses-Pyrénées et des Landes. XXII, 207, 231, 452. XXV, 444.
Revue bourbonnaise. XXIV, 235, 435. XXV, 202. XXVI, 192, 436. XXVII, 172. XXVIII, 196. XXIX, 204.
Revue de Bretagne et de Vendée. XVI, 457.
La Revue catholique. XVIII, 472.
Revue celtique. XV, 482. XVII, 440. XIX, 195. XXI, 445. XXIII, 441. XXVII, 451. XXIX, 438, 466.
Revue de Champagne et de Brie. XXIII, 198.
Revue critique. XV, 227, 482. XVI, 211, 449. XVII, 210, 441, 486. XVIII, 215, 469. XIX, 194, 467. XX, 206, 444. XXI, 201, 444. XXII, 195, 444. XXIII, 188, 440. XXIV, 193. XXV, 194, 437. XXVI, 183, 432. XXVII, 167, 447. XXVIII, 189, 428. XXIX, 199, 435.
Revue critique internationale. XVII, 241.
Revue du Dauphiné et du Vivarais. XV, 484. XVI, 215. XVII, 241. XVIII, 219.
Revue des Deux-Mondes. XV, 229, 483. XVI, 213, 450. XVII, 442. XVIII, 217, 471. XIX, 471. XX, 210. XXI, 206, 446. XXII, 197, 446. XXIII, 190, 444. XXIV, 196, 431. XXV, 200, 441. XXVI, 186, 434. XXVII, 170, 450. XXVIII, 192, 434. XXIX, 200, 440.
Revue des documents historiques. XVI, 211. XVIII, 216. XX, 446.
Revue de l'enseignement secondaire et de l'enseignement supérieur. XXIV, 458.
Revue des études juives. XV, 169, 482. XVI, 451. XVII, 213. XXI, 442. XXII, 449. XXIII, 193. XXIV, 198, 430. XXV, 445. XXVI, 434. XXVII, 170. XXVIII, 192. XXIX, 202, 439.
Revue de l'Extrême-Orient. XIX, 466. XXI, 205. XXII, 445. XXV, 443. XXIX, 202, 439.
Revue de France. XV, 230, 484. XVI, 214. XVII, 212.
Revue de Gascogne. XV, 232, 484. XVII, 212, 444. XVIII, 474. XIX, 474. XXI, 209, 448. XXII, 206, 452. XXIII, 197, 446. XXIV, 199, 438. XXV, 202, 445. XXVI, 191, 436. XXVII, 173, 451. XXVIII, 197, 435. XXIX, 204, 443.
Revue générale de droit. XV, 483. XVI, 212. XVIII, 217. XIX, 198. XXI, 446. XXIII, 192, 443. XXV, 199, XXVIII, 191, 433. XXIX, 439, 486.
Revue de géographie. XIX, 199. XXII, 446. XXIII, 193, 442. XXIV, 196. XXV, 439. XXVIII, 192, 433. XXIX, 201, 440.
Revue d'histoire nobiliaire et d'archéologie héraldique. XVIII, 495.

Revue de l'histoire des religions. XV, 431. XVIII, 218. XIX, 466. XXI. 196. XXII, 445. XXIII, 443. XXIV, 430. XXV. 198, 439. XXVII, 170. XXVIII, 191, 434. XXIX, 201, 439.
Revue historique et archéologique du Maine. XV, 231. XVI, 215, 453. XVII. 443. XVIII. 219, 473. XIX, 206, 473. XX, 219, 451. XXI, 210. XXII, 205, 449. XXIII, 445. XXIV, 435. XXV, 202, 445. XXVI, 191. XXVII, 173, 452. XXVIII, 197, 436. XXIX, 204.
Revue historique du Béarn et de la Navarre. XX, 219. XXII, 231.
Revue historique nobiliaire. XVIII, 214.
Revue historique de l'Ouest. XXVII, 474.
Revue internationale de l'enseignement. XV, 431. XXVI, 184.
Revue du Lyonnais. XV, 232, 484.
Revue maritime et coloniale. XIX, 471. XXVIII, 194, 432. XXIX, 203, 441, 468.
Revue numismatique. XXII, 231. XXVI, 457.
Revue poitevine et saintongeaise. XXVII, 220.
Revue politique et littéraire. XV, 228, 482. XVI, 213. XVII, 442. XX, 448. XXI, 205, 447. XXII, 198. XXIII, 191. XXIV, 195. XXV, 200. XXVI, 187. XXVII, 171. XXVIII, 194.
Revue des questions historiques. XV, 226, 481. XVI, 448. XVII, 209, 439. XVIII, 467. XIX, 193. XX, 204, 443. XXI, 440. XXII, 193. XXIII, 187, 438. XXIV, 428. XXV, 192. XXVI, 182. XXVII, 165, 446. XXVIII, 188. XXIX, 198, 433.
Revue rétrospective. XXIX, 232.
Revue des sociétés savantes des départements. XVI, 453. XVIII, 221. XIX, 206. XX, 218.
Romania. XVIII, 468. XXI, 205. XXII, 196. XXIV, 197. XXVI, 434. XXVIII, 457. XXIX, 438.
Société académique de l'Aube. XVII, 473. XXIV, 462.— Mémoires. XVIII, 225. XXVI, 218. XXIX, 230.
Société d'agriculture, sciences et arts de Meaux. XVIII, 257.
Société des anciens textes français. XXI, 476. XXVII, 220. — Bulletin. XXV, 207, 448.
Société des antiquaires de la Morinie. XX, 482.
Société des archives historiques de la Gironde. XXII, 474.
Société asiatique. XXIV, 459.
Société des bibliophiles bretons. XVIII, 256.
Société des bibliophiles français. XVII, 241.
Société bourguignonne de géographie et d'histoire. XXIX, 230.
Société d'enseignement supérieur. XV, 255.
Société des études historiques. — Concours et prix. XVII, 239. XIX, 235.
Société de géographie de Toulouse. XX, 480.
Société de l'histoire de l'Art français. XXVIII, 226.
Société de l'histoire de France. Ses publications. XVI, 244. XVII, 239. XIX, 227. XXIII, 229. XXV, 468. Vol. du Cinquantenaire. XXVIII, 113.
Société de l'histoire de Normandie. XXI, 476. XXIII, 229.
Société de l'histoire de Paris. XIX, 227.
Société de l'histoire du protestantisme français. XXIV, 233.
Société de l'histoire de la Révolution française. XXVIII, 455.
Société historique (Cercle Saint-Simon). — Sa fondation. XX, 237. — Bulletin. XXV, 205. XXVI, 189. — Conférences. XXI, 472. XXIX, 474.
Société historique de Gascogne. XXI, 472. XXVI, 217. XXIX, 466.
Société nationale des antiquaires de France. XX, 212. XXI, 451. XXII, 200, 448. XXIII, 195. XXIV, 199, 433. XXV, 204, 447. XXVI, 189, 438. XXVII, 174, 453. XXVIII, 437. XXIX, 206.
Société de l'Orient latin. XV, 255.
Sociétés savantes (Congrès des). — 1882. XVIII, 254. — 1883. XX, 236. XXII, 229. — 1884. XXIII, 229. XXV, 469. — 1885. XXVII, 216. XXVIII, 222.
Le Spectateur militaire. XV, 229, 484. XVI, 451. XVIII, 220. XIX, 472. XXI, 207, 448. XXII, 199, 447. XXIII, 200, 444. XXIV, 201, 432. XXV, 201, 443. XXVI, 185, 435. XXVII, 172, 451. XXVIII, 435. XXIX, 203, 441.
Le Temps. XVI, 476. XVIII, 495.
Travaux de l'Académie nationale de Reims. XVI, 458. XVIII, 224. XIX, 205.
Union géographique du nord de la France. XVI, 219.
L'Université. XXIV, 458.

ALLEMAGNE.

Abhandlungen der K. Akademie der Wissenschaften zu Berlin. XV, 241. XIX, 478. XX, 463. XXVII, 185. XXIX, 220.
Abhandlungen der K. bayerischen Akademie der Wissenschaften zu München. XVI, 224, 225. XVII, 456. XX,

230. XXII, 461. XXIV, 210. XXIX, 458.
Abhandlungen der K. Gesellschaft der Wissenschaften zu Gœttingen. XVII, 456. XX, 456. XXVIII, 210.
Abhandlungen der K. Sæchsischen Gesellschaft der Wissenschaften. XXIV, 210. XXVII, 464.
Académie de Berlin. Travaux, concours et prix. XIX, 499. XX, 486. XXI, 478. XXIV, 465. XXV, 482. XXVIII, 464. XXIX, 236.
Académie des sciences de Bavière. Concours et travaux. XVI, 482. XVIII, 263. XIX, 236. XXI, 243. XXII, 479. XXIV, 240. XXVII, 230. XXVIII, 232.
Alemannia. XV, 491. XVI, 227, 467. XVIII, 243. XX, 466. XXI, 216. XXIV, 205, 449. XXVII, 179, 459.
Das Alte Contanz, Stadt und Diœcese. XX, 465.
Altpreussische Monatschrift. XVII, 223. XVIII, 240. XIX, 217. XXI, 221.
Annalen des hist. Vereins für den Niederrhein, insbesondere die alte Erzdiœcese Kœln. XV, 494. XVIII, 481. XXIII, 206. XXIV, 211. XXV, 461. XXVII, 189.
Annalen des Vereins für Nassauische Alterthumskunde. XXIII, 461.
Anzeiger für deutsches Alterthum und deutsche Literatur. XIX, 477. XXIII, 210.
Anzeiger für Kunde der deutschen Vorzeit. XIX, 212. XXIII, 210.
Archiv für Anthropologie und Ethnologie. XVIII, 478. XIX, 210. XXIV, 446. XXV, 457. XXVII, 463.
Archiv für die Artillerie und Ingenieur-Officiere des deut. Reichsheeres. XXIII, 214. XXIV, 209.
Archiv für Frankfurts Geschichte und Kunst. XX, 465. XXV, 459.
Archiv für Geschichte und Alterthumskunde von Oberfranken. XVIII, 246. XXII, 217. XXIII, 217.
Archiv für hessische Geschichte und Alterthumskunde. XVIII, 245. XXI, 218.
Archiv des historischen Vereins von Unterfranken und Aschaffenburg. XVII, 459. XX, 467. XXVI, 204. XXIX, 218.
Archiv für katholisches Kirchenrecht. XV, 492. XVII, 453. XXI, 461. XXII, 214. XXIII, 210. XXIV, 445. XXV, 211, 456. XXVI, 445. XXVIII, 204, 445. XXIX, 215.
Archiv für Literatur und Kirchengeschichte des Mittelalters. XXVIII, 465.
Archiv des Vereins für Geschichte und Alterthümer der Herzogthümer Bremen und Verden. XXI, 466.
Archivalische Zeitschrift. XVII, 226. XX, 225. XXII, 455. XXV, 454. XXVIII, 203.
Auf der Hœhe. XVIII, 238. XIX, 214. XX, 463. XXI, 463. XXII, 215. XXIII, 204. XXIV, 209. XXV, 211. XXVI, 197. XXVII, 180, 458. XXVIII, 199.
Aus allen Zeiten und Landen. XXI, 215, 463. XXIII, 205, 457. XXIV, 205. XXVII, 457. XXVIII, 199.
Baltische Studien. XVII, 224. XVIII, 241. XXIV, 217. XXVII, 463.
Beiheft zum Militær-Wochenblatt. XVI, 462. XVII, 229. XVIII, 236. XIX, 215. XXI, 215. XXIII, 214. XXIV, 209, 241. XXVI, 200. XXVII, 182, 462. XXVIII, 204.
Beitræge zur Anthropologie und Urgeschichte Baierns. XX, 465. XXI, 217. XXIII, 459. XXV, 458. XXVII, 191. XXIX, 457.
Beitræge zur Geschichte der deutschen Sprache und Literatur. XXIX, 214.
Beitræge zur Geschichte der Stadt Duisburg. XVIII, 482.
Beitræge zur Geschichte von Stadt und Stift Essen. XVIII, 482.
Beitræge zur Saechsischen Kirchengeschichte. XX, 470.
Bericht über Bestand und Wirken des historischen Vereins zu Bamberg im Jahre 1879. XVI, 227. — 1880. XVIII, 246.
Berichte über die Verhandlungen der K. Sæchischen Gesellschaft der Wissenschaften zu Leipzig. XVII, 221. XX, 469. XXIII, 217. XXV, 457. XXIX, 222.
Berlinische Chronik. XXI, 222.
Blætter zur næhren Kunde von Westfalen. XVIII, 482.
Bremisches Jahrbuch der histor. Gesellschaft des Künstlervereins. XXIV, 214.
Commission pour l'histoire de Bade. XXIII. 239.
Correspondenz-Blatt der deutschen Gesellschaft für Anthropologie, Ethnologie und Urgeschichte. XXII, 457.
Correspondenzblatt des Gesammtvereins der deutschen Geschichts- und Alterthumsvereine. XVI, 225. XVIII, 247. XX, 469.
Deutsches Archiv für Geschichte der Medicin. XXVII, 463.
Deutsche Revue. XVII, 217. XVIII, 237, 478. XIX, 213. XX, 462. XXI, 216. XXII, 215. XXIII, 202. XXIV, 204. XXV, 211. XXVI, 197. XXVII, 458. XXVIII, 447.
Deutsche Rundschau. XV, 490. XVI, 221. XVII, 217. XVIII, 236. XX, 224. XXI, 215, 462. XXII, 214. XXIII, 202, 457. XXIV, 204, 442.

XXV, 209, 453. XXVI, 198, 443. XXVII, 179. XXIX, 452.
Ephemeris epigraphica. XXII, 121. XXVII, 462.
Forschungen zur deutschen Geschichte. XV, 238. XVI, 220, 249. XVII, 215. XVIII, 229, 475. XIX, 476. XX, 455. XXI, 457. XXII, 454. XXIV, 203, 440. XXV, 208. XXVII, 178, 455. XXVIII, 442.
Franconia. XXII, 217.
Freiburger Diœcesan-Archiv. XVII, 219. XX, 466. XXV, 459.
Germania. XVII, 218. XVIII, 233. XIX, 477. XXV, 218. XXVI, 450. XXVII, 466. XXVIII, 445.
Geschichtsblætter für die mittelrheinischen Bisthümer. XXIV, 242.
Geschichts-Blætter für Stadt und Land Magdeburg. XVI, 229. XVII, 461. XVIII, 240. XIX, 219. XXI, 219. XXIV, 213. XXV, 214. XXVI, 205.
Gœrres Gesellschaft. XXVIII, 465. XX, 486.
Gœttingische gelehrte Anzeigen. XV, 489. XVI, 222. XVII, 216, 454. XVIII, 239, 476. XX, 229, 456. XXI, 212, 458. XXII, 211, 457. XXIII, 202, 453. XXIV, 204, 441. XXV, 209, 452. XXVI, 442. XXVII, 179, 455. XXVIII, 199, 442. XXIX, 211, 452.
Die Grenzboten. XVII, 218. XVIII, 238. XIX, 214. XX, 463.
Hansische Geschichtsblætter. XVI, 223. XXIV, 216. XXVII, 187.
Hennebergischer alterthumsforschender Verein. XXII, 219. XXV, 457.
Hermes. XV, 490. XVI, 466. XVIII, 233. XIX, 209. XX, 226, 457. XXI, 458. XXII, 458. XXIII, 207. XXIV, 442. XXV, 209. XXVI, 201. XXVII, 460. XXVIII, 201, 443. XXIX, 213, 454.
Historisch politische Blætter für das katholische Deutschland. XV, 239. XVIII, 230. XX, 227, 460. XXII, 214. XXIV, 207. XXVI, 445. XXVII, 183. XXVIII, 445.
Historische Zeitschrift. XV, 237, 489. XVI, 220, 461. XVII, 450. XVIII, 229, 474. XIX, 208, 475. XX, 223, 454. XXI, 212, 456. XXII, 207, 452. XXIII, 201, 452. XXIV, 201, 439. XXV, 207, 451. XXVI, 195, 440. XXVII, 177, 454. XXVIII, 440. XXIX, 208.
Historisches Jahrbuch d. Gœrres-Gesellschaft. XV, 491. XVI, 222. XVII, 217, 452. XVIII, 230. XX, 224, 460. XXII, 209, 219. XXIII, 215, 454. XXIV, 441. XXV, 453. XXVI, 196, 442. XXVII, 458. XXVIII, 200, 441. XXIX, 209, 222.
Historisches Taschenbuch. XVI, 465. XXII, 456. XXIII, 204. XXV, 454. XXVII, 477. XXIX, 210.
Historischer Verein zu Bamberg. XXI, 465.
Historischer Verein zu Heilbronn. XXV, 460.
Historischer Verein für Niederbayern. XX, 467. XXVII, 191.
Historischer Verein von Oberbayern. XXIV, 210.
Im neuen Reiche. XVIII, 237.
Internationale Revue über die gesammten Armeen und Flotten. XX, 486.
Jahrbücher für classische Philologie. XVI, 468. XXII, 212. XXIII, 207. XXIV, 443. XXVII, 182. XXIX, 213.
Jahrbücher für die deutsche Armee u. Marine. XV, 492. XVI, 462. XVIII, 236. XIX, 215. XX, 462. XXI, 214, 462. XXIII, 213. XXIV, 209. XXV, 210. XXVI, 200. XXVII, 462.
Jahrbücher und Jahresbericht des Vereins für meklenburgische Geschichte und Alterthumskunde. XVI, 230. XVIII, 484. XXIV, 215. XXV, 213.
Jahrbücher der K. Akademie gemeinnütziger Wissenschaften zu Erfurt. XXIV, 448.
Jahrbücher für Nationalœkonomie und Statistik. XV, 240. XIX, 214. XXI, 462.
Jahrbücher für protestantische Theologie. XIX, 214.
Jahrbücher des Vereins von Alterthumsfreunden im Rheinlande. XVI, 225. XXIV, 450. XXVIII, 207.
Jahresbericht des Altmærkischen Vereins für vaterlændische Geschichte und Industrie zu Salzwedel. XXVII, 186.
Jahresbericht der Geschichtswissenschaft zu Berlin. XVIII, 502. XXIII, 240. XXVIII, 232.
Jahresbericht über den historischen Verein zu Brandenburg an der Havel. XVII, 462.
Jahresbericht des historischen Vereins für Mittelfranken. XVIII, 246.
Jahresbericht des Museumvereins zu Bregenz. XXV, 218.
Jahresbericht des oberhessischen Vereins für Localgeschichte. XVII, 457. XXIV, 448.
Jahresbericht der Schlesischen Gesellschaft für vaterlændische Cultur. XVI, 231. XVIII, 484. XXI, 466. XXVII, 186.
Jahresbericht des Vogtlændischen Alterthumsforschenden Vereins zu Hohenleuben und Jahresbericht des Geschichts- und Alterthumsfor-

schenden Vereins zu Schleiz. XVII, 222. XXIII, 465.
Der Katholik. XVII, 228. XVIII, 232. XIX, 477. XXIII, 212.
Korrespondenzblatt der Westdeutschen Zeitschrift. XXVI, 203.
Leipziger Studien zur classischen Philologie. XXII, 212, 460. XXIV, 444. XXVIII, 210.
Literaturblatt für orientalische Philologie. XXIII, 479.
Mærkische Forschungen. XVII, 223. XXI, 222.
Militærische Blætter. XXV, 210.
Mittelrheinisches Diœcesan-Archiv. XXI, 478.
Mittheilungen des Alterthumsvereins zu Plauen. XVI, 232.
Mittheilungen der Badischen historischen Commission. XXVI, 458.
Mittheilungen des deutschen archæologischen Instituts in Athen. XV, 490. XVI, 224. XVII, 454. XVIII, 233. XIX, 211. XX, 226, 461. XXII, 213, 460. XXIII, 214. XXIV, 207. XXVI, 202, 443. XXVIII, 202, 444. XXIX, 217, 455.
Mittheilungen der deutschen Gesellschaft zur Erforschung vaterlændischer Alterthümer. XX, 470.
Mittheilungen von dem Freiberger Alterthumsverein. XVIII, 247. XXI, 220. XXIV, 217. XXVI, 448.
Mittheilungen aus dem Gebiete der Geschichte Liv- Est- und Kurlands. XVI, 234.
Mittheilungen der Geschichts- und Alterthumsforschenden Gesellschaft des Osterlandes. XXII, 462. XXIII, 462.
Mittheilungen des Geschichts-und Alterthumsvereins zu Leisnig in Sachsen. XIX, 218.
Mittheilungen des Hanauer Bezirksvereins für hessische Geschichte und Landes-Kunde. XVI, 228.
Mittheilungen des historischen Vereins der Pfalz. XVII, 458. XX, 467. XXIII, 460.
Mittheilungen der K. Central-Commission zur Erforschung und Erhaltung der Kunst und historischen Denkmale. XVI, 232. XIX, 480. XX, 473. XXI, 224.
Mittheilungen an die Mitglieder des Vereins für Geschichte und Alterthumskunde in Frankfurt a. Main. XVI, 227. XVIII, 244, 480. XXVIII, 210.
Mittheilungen des Vereins für Anhaltische Geschichte und Alterthumskunde. XVI, 228. XIX, 220. XXI, 466.
Mittheilungen des Vereins für Chemnitzer Geschichte. XXI, 220.
Mittheilungen des Vereins für die Geschichte und Alterthumskunde von Erfurt. XV, 493. XX, 470.
Mittheilungen des Vereines für Geschichte und Alterthumskunde in Hohenzollern. XV, 494. XVIII, 242. XXIII, 461. XXV, 460. XXVII, 191.
Mittheilungen des Vereins für Geschichts- und Alterthumskunde zu Kahla und Roda. XVII, 462. XIX, 220. XXVI, 449.
Mittheilungen des Vereins für Geschichte der Stadt Meissen. XXI, 466.
Mittheilungen des Vereins für Geschichte der Stadt Nürnberg. XV, 495. XXI, 465. XXVII, 465.
Mittheilungen des Vereins von Gechichtsfreunden zu Rheinberg. XVI, 468.
Mittheilungen des Vereins für hamburgische Geschichte. XV, 495. XVI, 465. XIX, 219. XXIV, 214.
Monatsbericht der K. preussischen Akademie der Wissenschaften zu Berlin. XV, 241. XVII, 455. XVIII, 239, 479.
Monatschrift für die Geschichte Westdeutschlands. XV, 243. XVII, 220, 456. XVIII, 243. XIX, 220. XX, 468.
Monatschrift des Vereins für Geschichte von Düsseldorf und Umgegend. XIX, 221.
Münster-Blætter. XXV, 460.
Museumverein für das Fürstenthum Lüneburg. XXI, 219. XXVI, 205.
Nachrichten von der K. Gesellschaft der Wissenschaften zu Gœttingen. XV, 490. XVII, 216, 456. XVIII, 239, 476. XX, 229. XXIII, 202, 454. XXIV, 441. XXVIII, 199, 442. XXIX, 452.
Neue Jahrbücher für Philologie und Pædagogik. XV, 240. XVI, 223. XVII, 229, 453. XVIII, 250. XIX, 209. XX, 458. XXI, 459. XXII, 458. XXIII, 208, 454. XXIV, 205, 443. XXV, 210. XXVI, 444. XXVII, 182, 461. XXVIII, 444. XXIX, 455.
Neue militærische Blætter. XV, 492. XVI, 462. XVII, 229. XIX, 215. XXI, 215, 462. XXIII, 214. XXIV, 209. XXVI, 200. XXVII, 182, 462. XXVIII, 204.
Neue Mittheilungen aus dem Gebiete historischantiquarischer Forschungen. XV, 493. XXIII, 465.
Neuer Anzeiger für Bibliographie und Bibliothekwissenschaft. XXIV, 242.
Neues Archiv. XV, 490. XVI, 462. XVII, 451. XIX, 208. XX, 455. XXII, 210, 454. XXIII, 453. XXIV, 440. XXV, 452. XXVI, 441. XXVIII, 198, 224. XXIX, 212, 451.
Neues Archiv für Sæchsische Geschichte und Alterthumskunde. XV,

241. XVI, 229. XVII, 221, 461. XVIII, 247. XIX, 217. XX, 469. XXI, 220, 465. XXII, 460. XXIV, 447. XXV, 458. XXVI, 205, 448. XXVII, 187. XXVIII, 210. XXIX, 220.
Neues Lausitzisches Magazin. XVII, 461. XIX, 217. XXI, 466. XXIV, 215. XXV, 458.
Neuenburger Kollektaneen - Blatt. XXIV, 211.
Nord und Süd. XV, 493. XVI, 221. XXI, 216. XXII, 216. XXIII, 206. XXIV, 205. XXV, 211, 457. XXVII, 180, 459.
Oberbayerisches Archiv für vaterlændische Geschichte. XVIII, 479. XXIV, 210.
Petermanns Mittheilungen. XIX, 477. XXII, 212. XXIII, 214, 457. XXIV, 446. XXVII, 180. XXVIII, 204.
Philologus. XVI, 223, 466. XVII, 452. XVIII, 477. XIX, 209. XX, 226, 458. XXII, 211. XXIII, 208. XXIV, 206, 442. XXV, 455. XXVII, 181. XXVIII, 200. XXIX, 214.
Preussische Jahrbücher. XVII, 223. XVIII, 238. XIX, 213. XX, 462. XXI, 462. XXII, 215. XXIII, 216. XXIV, 218. XXV, 212. XXVI, 206. XXVII, 186, 464. XXVIII, 206.
Publicationen aus dem K. Preussischen Staatsarchiven. XXV, 177.
Quartalblætter des historischen Vereins f. das Grossherzogthum Hessen. XVI, 228. XVIII, 245.
Rheinisches Archiv. XX, 487. XXI, 244.
Rheinisches Museum für Philologie. XV, 239. XVI, 223. XVII, 228, 452. XVIII, 234. XIX, 210. XX, 457. XXI, 212, 459. XXII, 459. XXIII, 209. XXIV, 206, 442. XXV, 455. XXVI, 201. XXVII, 181, 461. XXVIII, 201, 443.
Rhenus. XXII, 480.
Schau- ins- Land. XX, 465. XXV, 460. XXVI, 197.
Schriften des Vereins für Geschichte der Baar. XVIII, 480.
Schriften des Vereins für Geschichte des Bodensee's und seiner Umgebung. XVI, 467. XXI, 217. XXIV, 212.
Schriften des Vereins für die Geschichte der Stadt Berlin. XVI, 231. XX, 470.
Sitzungsberichte der... K. bayerischen Akademie der Wissenschaften zu München. XV, 242. XVII, 218, 456. XIX, 215. XX, 464. XXI, 464. XXIII, 459. XXV, 215. XXVI, 203. XXVII, 190, 465. XXIX, 221.
Sitzungsberichte der Kurlændischen Gesellschaft für Literatur und Kunst. XVI, 234.
Sitzungsberichte der K. Preussische Akademie der Wissenschaften. XXI, 463. XXII, 216. XXIII, 216, 458. XXIV, 446. XXVI, 203, 446. XXVII, 186, 464. XXVIII, 206. XXIX, 221, 458.
Société allemande d'anthropologie. XX, 486.
Société pour l'histoire de la réforme (Magdebourg). XXII, 237.
Société historique de la Haute-Bavière. XVIII, 263.
Société Jablonowski (Leipzig). XVI, 482. XIX, 501. XXIII, 239. XXV, 481. XXVII, 230. XXVIII, 463.
Société des sciences de Gœttingue. XX, 245, 486.
Société des sciences de la Haute-Lusace. XXII, 479.
Staats- und Social-Wissenschaftliche Forschungen. XXVI, 198.
Steiermærkische Geschichtsblætter. XXI, 468. XXII, 465. XXIII, 219, 468. XXIV, 451. XXVI, 210. XXVII, 196, 470.
Stimmen aus Maria-Laach. XVII, 227. XVIII, 231. XIX, 214. XX, 228, 460. XXI, 461. XXIII, 213, 455. XXIV, 208, 445. XXVI, 198, 445. XXVII, 180, 459. XXVIII, 204. XXIX, 216, 452.
Theologische Quartalschrift. XV, 492. XVIII, 232. XIX, 477. XX, 459. XXI, 214, 461. XXIII, 456. XXIV, 208, 445. XXVI, 199. XXVII, 184, 460. XXIX, 216.
Theologische Studien und Kritiken. XV, 492. XVII, 227. XVIII, 232. XIX, 215. XX, 228. XXI, 214. XXII, 214. XXIII, 213. XXV, 211, 456. XXVI, 200. XXVII, 184. XXVIII, 205, 446. XXIX, 216.
Université de Greifswald. Concours. XXI, 479.
Unsere Zeit. XV, 493. XVII, 218. XVIII, 238. XIX, 213. XX, 463. XXI, 462. XXIII, 206. XXIV, 204. XXVI, 198. XXVII, 180, 459. XXVIII, 199.
Verein für deutsche Literatur. XXII, 238.
Verein für Hessische Geschichte. Festschrift. XX, 487.
Verein für den Niederrhein. XX, 487. XXIII, 239.
Verhandlungen des historischen Vereins für Nieder-Bayern. XXV, 215.
Verhandlungen des historischen Vereins von Oberpfalz und Regensburg. XV, 242. XVIII, 246. XXI, 465. XXIII, 460. — Festschrift. XV, 243.
Vierteljahrschrift für Kultur und Litteratur der Renaissance. XXVIII, 232.
Vierteljahrschrift für Volkswirth-

schaft, Politik und Kulturgeschichte. XVII, 229. XVIII, 235.
Westdeutsche Zeitschrift für Geschichte und Kunst. XVII, 250. XVIII, 480. XX, 467. XXI, 218. XXII, 219. XXIII, 217. XXIV, 449. XXVI, 202, 447. XXVII, 189. XXVIII, 206, 447. XXIX, 456, 478, 482.
Würtembergische Vierteljahrhefte für Landesgeschichte. XVI, 462. XVII, 459. XXI, 464. XXII, 220. XXIII, 459. XXV, 214, 458. XXVI, 203. XXVII, 189. XXIX, 219.
Zeitschrift des Aachener Geschichtsvereins. XV, 494. XVIII, 481. XXIII, 463. XXV, 213. XXVII, 188.
Zeitschrift für ægyptische Sprache und Alterthumskunde. XVII, 225, 454. XIX, 210. XX, 461. XXI, 213. XXII, 213. XXIII, 457. XXIV, 446. XXV, 455. XXVII, 460. XXIX, 456.
Zeitschrift für allgemeine Geschichte, Cultur, Literatur und Kunstgeschichte. XXVII, 455. XXIX, 212.
Zeitschrift für die alttestamentliche Wissenschaft. XVII, 479. XX, 459. XXII, 213. XXIV, 445. XXVIII, 205.
Zeitschrift des Bergischen Geschichts-Vereins. XVI, 228. XVIII, 481.
Zeitschrift für deutsches Alterthum und deutsche Literatur. XVIII, 235. XXI, 460. XXIII, 209. XXVI, 444. XXVII, 462. XXIX, 215.
Zeitschrift der deutschen morgenlændischen Gesellschaft. XV, 240. XVII, 453. XVIII, 478. XX, 462. XXI, 213. XXIII, 215. XXIV, 446. XXV, 212. XXVII, 184. XXIX, 217.
Zeitschrift des Deutschen Palestina-Vereins. XVII, 225. XIX, 211. XXIII, 215, 456. XXIV, 446. XXVI, 202, 444. XXVII, 185. XXVIII, 204. XXIX, 218, 456.
Zeitschrift für deutsche Philologie. XVII, 228. XVIII, 235. XIX, 210. XXI, 459. XXV, 210. XXVI, 444. XXIX, 455.
Zeitschrift für die gesammte Staatswissenschaft. XV, 493. XVIII, 235. XIX, 214. XX, 458. XXI, 214. XXIII, 212, 455. XXIV, 444. XXVIII, 205. XXIX, 215.
Zeitschrift für Geschichte und Landeskunde der Provinz Posen. XX, 470. XXVI, 207.
Zeitschrift für die Geschichte des Oberrheins. XV, 243. XVI, 227. XVII, 219. XVIII, 243, 479. XX, 465. XXI, 464. XXIV, 212, 449. XXV, 460. XXVI, 447, 458. XXVII, 465. XXIX, 218, 457.
Zeitschrift der Gesellschaft für Anthropologie, Ethnologie u. Urgeschichte zu Berlin. XX, 470.
Zeitschrift der Gesellschaft für Beforderung der Geschichts-Alterthums- und Volkskunde von Freiburg im Breisgau und den angrenzenden Landschaften. XVI, 227. XX, 465. XXIV, 212. XXVIII, 209.
Zeitschrift der Gesellschaft für Schleswig-Holstein-Lauenburgische Geschichte. XVII, 463. XXIV, 213. XXVI, 448.
Zeitschrift für das Gymnasial-Wesen. XVI, 467.
Zeitschrift des Harz-Vereins für Geschichte und Alterthumskunde. XV, 495. XVII, 458. XX, 467. XXIII, 466. XXV, 212.
Zeitschrift des historischen Vereins für Niedersachsen. XVI, 229. XIX, 218. XXII, 218.
Zeitschrift des historischen Vereins für den Regierungs-Bezirk Marienwerder. XVIII, 242. XXI, 222. XXIV, 218. XXVII, 186.
Zeitschrift des historischen Vereins für Schwaben und Neuburg. XVII, 220. XVIII, 479. XXIII, 462. XXV, 214.
Zeitschrift für katholische Theologie, XIX, 477. XXIX, 453.
Zeitschrift für Keilschrift-Forschung und verwandte Gebiete. XXIV, 466.
Zeitschrift für Kirchengeschichte. XV, 491. XVII, 228. XVIII, 476. XX, 459. XXI, 460. XXIII, 211. XXIV, 207. XXVI, 200. XXVII, 183. XXVIII, 446. XXIX, 453.
Zeitschrift für Kirchenrecht. XVII, 228, 453. XX, 459. XXI, 461. XXIII, 211. XXIV, 444. XXVI, 200. XXVIII, 446.
Zeitschrift für Lübeckische Geschichte und Alterthumskunde. XVIII, 484.
Zeitschrift für preussische Geschichte und Landeskunde. XV, 244. XVI, 230. XVII, 222, 462. XVIII, 240. XIX, 216. XX, 231, 470. XXI, 221. XXII, 217. XXVI, 206.
Zeitschrift der Savigny-Stiftung für Rechts Geschichte. XVIII, 235, 477. XX, 458. XXI, 460. XXIII, 456. XXIV, 444. XXVII, 182. XXVIII, 202. XXIX, 454.
Zeitschrift für vaterlændische Geschichte und Alterthumskunde Westphalens. XVIII, 482. XXIII, 464. XXIV, 448. XXVII, 188.
Zeitschrift für Geschichte und Alterthumskunde Westfalens. XXVII, 188.
Zeitschrift des Vereins zur Erforschung der Rheinischen Geschichte und Alterthümer. XXIV, 211.
Zeitschrift des Vereins für Geschichte und Alterthum Schlesiens. XIX, 217. XXIV, 447. XXVI, 208, 449.
Zeitschrift des Vereins für Hambur-

gische Geschichte. XVIII, 483. XXIV, 214.
Zeitschrift des Vereins für Hennebergische Geschichte. XVIII, 484. XXIV, 448.
Zeitschrift des Vereins für Hessische Geschichte. XIX, 220. XXIII, 206.
Zeitschrift des Vereins für Thüringische Geschichte und Alterthumskunde. XVI, 464. XVIII, 484. XXII, 219.
Zeitschrift für vergleichende Rechtswissenschafft. XV, 492. XVIII, 236. XXIII, 211. XXV, 456.
Zeitschrift des Westpreussischen Geschichts-Vereins zu Danzig. XVIII, 241. XX, 470.
Zeitschrift für Wissenschaftliche Geographie. XVII, 229. XIX, 211.

ALSACE.

Jahresbericht des Vereins für Erdkunde in Metz. XVIII, 480.
Revue d'Alsace. XV, 487. XVI, 219, 461. XVIII, 227. XIX, 207. XXI, 211. XXII, 207. XXIV, 201, 438. XXV, 451. XXVII, 177. XXIX, 208, 451.
Revue catholique d'Alsace. XX, 489.
Université de Strasbourg. XXIX, 235.

AMÉRIQUE DU SUD.

Anuario bibliografico de la Republica Argentina. XXI, 255, 485. XXVIII, 239.
Revista de la biblioteca publica de Buenos Aires. XXI, 255, 485.

ANGLETERRE.

The Academy. XV, 236, 261, 487. XVI, 234, 469. XVII, 233, 445, 482. XVIII, 228, 485. XIX, 224, 480. XX, 221, 452. XXI, 224, 453. XXII, 223, 240, 466. XXIII, 219, 469. XXIV, 222. XXV, 218, 462, 479. XXVI, 192, 450. XXVII, 196, 470. XXVIII, 212, 448. XXIX, 225, 459.
Antiquary. XXVIII, 231.
Archæological Journal. XXVI, 361.
Archæological and topographical Association (comté d'York). XXIV, 246.
The Athenæum. XV, 236, 488. XVI, 235, 469. XVII, 233, 446. XVIII, 228, 486. XIX, 223, 481. XX, 220, 451, 491. XXI, 225, 454. XXII, 223, 241, 468. XXIII, 220, 468. XXIV, 222. XXV, 219, 462. XXVI, 193, 225, 451. XXVII, 197, 470. XXVIII, 212, 449. XXIX, 225, 460.
Ayr and Wigton archæological association. XXVII, 479.
Camden Miscellany. XXII, 241, 482. XXIX, 111.
Camden Society. XXI, 247. XXII, 240, 482. XXIX, 246. XXV, 479. XXVII, 233. XXVIII, 467.
Chetham Society. XXI, 248.
The Contemporary review. XV, 237. XX, 222, 453. XXI, 455. XXIII, 220, 470. XXIV, 223. XXV, 463. XXVI, 194. XXVII, 471.
The English historical review. XXVIII, 467. XXIX, 237.
The fortnightly review. XV, 488.
Genealogist. XXVI, 225.
Hakluyt Society. XVII, 481. XXVI, 225. XXVII, 484.
Harleian Society. XXVIII, 230.
Journal of the archæological association. XXVI, 360.
Journal of hellenic studies. XV, 510.
Longman's Magazine. XX, 491.
The nineteenth century. XV, 488. XX, 453. XXI, 455. XXII, 468. XXVII, 197. XXVIII, 213, 450. XXIX, 461.
Norfolk antiquarian Miscellany. XXVIII, 231.
Oxford Historical Society. XXVII, 479.
Palæografical Society. XVI, 250. XVII, 248. XXVI, 460. XXVII, 232.
Pipe-roll Society. XXII, 481. XXIV, 477. XXVIII, 231, 467. XXIX, 237, 481.
Record Society. XXII, 482.
Société des anciens textes écossais. XXI, 248.
Société archéologique de Glasgow. XXVIII, 231.
Société archéologique de Kent. XXII, 482.
Société archéologique de Sussex. XXVIII, 467.
Société des archives des comtés de Lancastre et de Chester. XXVIII, 231.
Société jersiaise. XVI, 470.
Société pour la propagation de l'évangile dans les pays étrangers. XXIX, 238.
Society for promoting christian knowledge. XXII, 242.
Sussex archæological collection. XXVI, 362.
Transaction of the Royal historical Society. XXVI, 194, 451.
The Westminster Review. XV, 488. XVII, 233. XIX, 482. XXI, 455. XXIII, 220. XXVI, 194. XXVII, 471. XXVIII, 449. XXIX, 225.
Wyclif Society. XXIV, 468. XXV, 479.

AUTRICHE-HONGRIE.

Abhandlungen der K. Bœhmischen Gesellschaft der Wissenschaften. XVII, 468. XXI, 469.

Académie de Vienne. Travaux. XXIV, 244.

Almanach der K. Akademie der Wissenschaften zu Wien. XXIV, 219.

Archaeologisch-epigraphische Mittheilungen aus Œsterreich. XVII, 232. XXVII, 192.

Archeografo Triestino. XV, 249. XVI, 237. XVII, 449. XIX, 486. XX, 476. XXI, 471. XXIII, 219. XXV, 224. XXVII, 201. XXIX, 227.

Archiv für œsterreichische Geschichte. XVI, 231, 468. XVIII, 250, 502. XX, 472. XXI, 223. XXII, 462. XXV, 217. XXVII, 467. XXVIII, 211. XXIX, 458.

Archiv des Vereins für Siebenburgische Landeskunde. XV, 246. XXI, 469.

Beitræge zur Kunde steiermærkischer Geschichtsquellen. XVI, 232. XXI, 468. XXIV, 221. XXVI, 450.

Bericht über das Museum Francisco-Carolinum. XXI, 467.

Blætter des Vereins für Landeskunde von Nieder-Œsterreich. XVII, 467. XXI, 468. XXIV, 220.

Casopis Musea Kralovstoi Ceského (Revue du Museum tchèque). XVI, 234. XXII, 466. XXIV, 452. XXIX, 224.

Compte rendu de la Société royale des sciences de Bohême. XXIX, 224.

Denkschriften der K. Akademie der Wissenschaften zu Wien. XVII, 232. XXIX, 459.

Deutsche Rundschau für Geographie und Statistik. XIX, 211, 480. XX, 462. XXI, 466. XXVIII, 447.

Egyetertès (la Concorde). XX, 493.

Matiça (Laybach). XXVI, 225.

Mittheilungen der anthropologischen Gesellschaft in Wien. XVIII, 248. XIX, 479. XX, 472. XXII, 222. XXV, 461. XXVII, 468. XXIX, 224.

Mittheilungen des historischen Vereins für Steiermark. XVI, 233. XXI, 468. XXIV, 221. XXVI, 450.— Fetschrift zur Erinnerung an die Feier der vor 700 Jahren stattgefundenen Erhebung der Steiermark zum Herzogthume. XVI, 469.

Mittheilungen des Instituts für œsterreichische Geschichtsforschung. XVI, 485. XVII, 229, 463. XIX, 221, 237. XX, 471, 492. XXI, 222. XXII, 220, 462. XXV, 216, 461. XXVI, 209. XXVII, 191, 466. XXVIII, 448.

Mittheilungen des K. K. Kriegs-archivs. XIX, 222. XX, 473.

Mittheilungen des Vereins für Geschichte der Deutschen in Bœhmen. XV, 246. XVI, 233. XVII, 232, 468. XVIII, 485. XIX, 480. XX, 474. XXI, 224. XXII, 465. XXIII, 467. XXIV, 452. XXVII, 193. XXVIII, 211. XXIX, 223.

Œsterreichische Militær - Zeitschrift. XV, 495.

OEsterreichische Rundschau. XXII, 221, 463. XXIII, 218. XXIV, 219, 451.

Organ des militær-wissenschaftlichen Vereins Œsterreichs. XVIII, 250. XX, 473.

Rechenschafts-Bericht des Ausschusses des Vorarlberger Museums-Vereins in Bregenz. XVI, 232. XVIII, 251.

Sbornik historicky. XXII, 466, 481. XXIV, 453. XXIX, 224.

Sitzungsberichte der K. Akademie der Wissenschaften zu Wien XV, 245. XVII, 465. XVIII, 248. XIX, 479. XX, 231, 473. XXI, 467. XXII, 222, 464. XXIII, 466. XXIV, 218. XXV, 218. XXVII, 468. XXVIII, 206. XXIX, 222.

Sitzungsberichte der K. bœhmischen Gesellschaft der Wissenschaften in Prag. XV, 245. XVII, 468. XX, 474. XXII, 466.

Société pour l'étude de la Transylvanie. XV, 508.

Société historique hongroise. XX, 493.

Société israélite de Vienne. XXIX, 479.

Streffleur's œsterreichische militærische Zeitschrift. XVI, 468. XVIII, 251. XIX, 222. XX, 473. XXI, 224, 467. XXIII, 219. XXIV, 219. XXV, 218. XXVI, 210. XXVII, 468.

Südslavische Revue. XVIII, 504.

Szazàdok. XXII, 222.

Ungarische Revue. XX, 473.

Wiener Studien. XX, 472. XXII, 463. XXIII, 218. XXIV, 220.

Wissenschaftliche Studien und Mittheilungen aus dem Benediktiner-Orden. XVII, 227, 464. XVIII, 250, 485. XX, 228. XXII, 463.

Zeitschrift des Ferdinandeums für Tirol und Vorarlberg. XVI, 232. XVIII, 251. XXIII, 195, 469.

Zeitschrift für die œsterreichischen Gymnasien. XXIV, 220. XXVII, 195.

BELGIQUE.

Académie royale de Belgique. — Mémoires, concours et prix. XV, 264, 511. XVII, 253, 482. XVIII, 505, 506. XIX, 496. XX, 244, 498. XXI, 481. XXIII, 237, 238. XXIV, 237. XXV, 483. XXVII, 229.

Bulletin archéologique de Liège. XV, 511.

Bulletin mensuel de numismatique et

d'archéologie. XX, 498. XXVII, 227.

Bulletin Rubens. XIX, 496.

Bulletin de la Société liégeoise de littérature wallonne. XXII, 236.

Commission d'histoire des églises wallonnes. XXIX, 470.

Congrès néerlandais tenu à Bruges. XXVII, 227.

Messager des sciences historiques de Belgique. XV, 236, 487. XVI, 461. XVII, 215. XVIII, 227. XIX, 207, 475. XX, 220. XXI, 453. XXII, 207. XXIII, 200. XXIV, 201, 453. XXV, 207. XXVI, 439. XXVII, 176. XXVIII, 198, 440. XXIX, 451.

Revue de Belgique. XXVI, 192. XXVII, 454. XXVIII, 462.

Société d'art et d'histoire du diocèse de Liège. XIX, 494.

Société belge de géographie. XXIV, 473.

Société belge pour le progrès des études philologiques et historiques. XXIV, 474.

Société des bibliophiles flamands de Gand. XXVIII, 462.

Société de l'histoire de Belgique. XXIV, 472.

Société des sciences, des arts et des lettres du Hainaut. XV, 264.

Université de Louvain. XXV, 483, 484.

DANEMARK.

Aarbœger for nordisk Oldkyndighed og historie. XXIII, 227, 485. XXIV, 453. XXVII, 204. XXVIII, 453.

Aarsberetninger fra det K. Geheimearchiv. XV, 498. XIX, 489. XXIII, 227.

Blandinger udgivne af Universitets-Jubilœts danske Samfund. XXVII, 204.

Danske Magasin. XVI, 473.

Historisk Tidsskrift. XV, 498. XVI, 473. XVIII, 492. XIX, 489. XXIII, 227. XXIV, 453. XXVII, 204. XXVIII, 452.

Oversigt over det K. Danske Videnskabernes Selskabs Forhandlinger. XXVII, 204.

Personalhistorisk Tidsskrift. XVI, 473.

ESPAGNE.

R. Academia de la historia (Madrid). XX, 499.

Boletin de la Sociedad geografica (Madrid). XX, 499.

Revista de archivos museos y bibliotecas. XXII, 484.

Revista de Ciencas historicas. XV, 511.

Revista de Valencia. XVI, 253.

ÉTATS-UNIS.

American antiquarian Society. XXIII, 243.

American historical association. XXVII, 483.

American Journal of Archæology. XXVII, 483.

Archæological Institute of America. XVI, 254. XVIII, 509. XXVII, 483.

Historical society (Massachusetts). XXVII, 483.

Hopkins (J.) University. XXIII, 242. XXV, 238. XXVI, 463. XXVIII, 235, 467. XXIX, 481.

Huguenot Society of America. XXIII, 243.

Magazine of american history. XVI, 254. XXIV, 476.

Magazine of Western history. XXVIII, 235.

Maryland historical society. XXIV, 246.

The Nation. XV, 250. XVI, 235. XVII, 233, 447. XVIII, 228, 486. XIX, 224, 482. XX, 222, 453. XXI, 225, 456. XXII, 224, 468. XXIII, 221, 470. XXIV, 223. XXV, 219, 463. XXVI, 195, 452. XXVII, 197, 471. XXVIII, 213, 450. XXIX, 225, 461.

State historical society of Wisconsin. XX, 250.

GRÈCE.

Société historique et ethnologique de la Grèce. XX, 500.

ITALIE.

Accademia di conferenze storico-giuridiche. XXVII, 233. XXVIII, 469.

Accademia dei Lincei. XV, 497, 513. XVI, 472. XVII, 450. XXII, 245, 472. XXVI, 227.

Accademia Lucchese di scienze, lettere ed arti. XXII, 245. XXVII, 481.

Accademia di scienze (Turin). XV, 497, 514.

Accademia di Udine. XV, 497.

Archivio paleografico italiano. XVI, 252. XXI, 484.

Archivio della società romana di storia patria. XVII, 235. XVIII, 489. XIX, 488. XX, 233. XXI, 226. XXII, 470. XXIII, 472. XXVIII, 217. XXIX, 462.

Archivio storico, artistico, archeologico e letterario (p. Gori). XXII, 226, 471.

Archivio storico, artistico, archeologico e letterario della città e provincia di Roma. XV, 247. XVI, 238.

Archivio storico italiano. XV, 246, 496. XVI, 236, 470. XVII, 234, 447. XVIII, 486. XIX, 482. XX, 232, 475. XXI, 226, 470. XXII, 224, 469. XXIII, 222, 471. XXIV, 455. XXV, 220, 464, 485. XXVI, 212. XXVII, 198. XXVIII, 215, 450. XXIX, 226.

Archivio storico lombardo. XV, 247. XVI, 237, 470. XVII, 448. XIX, 484. XXI, 227, 470. XXII, 471. XXIII, 223, 471. XXV, 222. XXVI, 212. XXVII, 198, 481. XXVIII, 216.

Archivio storico marchigiano. XV, 248. XVI, 472.

Archivio storico per le provincie napoletane. XV, 496. XVI, 471. XVII, 448. XVIII, 489. XIX, 485. XX, 233. XXI, 470. XXII, 470. XXIII, 223. XXIV, 454. XXV, 221, 464. XXVI, 213. XXVII, 200. XXVIII, 217, 450. XXIX, 462.

Archivio storico per Trieste, l'Istria ed il Trentino. XVII, 253. XIX, 487. XX, 233. XXII, 225. XXIII, 468. XXIV, 457. XXVII, 201.

Archivio storico siciliano. XVI, 236. XVII, 447. XVIII, 488. XIX, 485. XXIII, 224. XXV, 223, 465. XXVII, 200.

Archivio per lo studio delle tradizioni popolari. XVIII, 269.

Archivio della società romana di storia patria. XVI, 237. XXV, 221.

Archivio Trentino. XXII, 239.

Archivio Veneto. XV, 497. XVII, 235. XVIII, 487. XIX, 484. XX, 232. XXII, 225, 469. XXIII, 472. XXIV, 453. XXV, 465. XXVII, 199. XXVIII, 451. XXIX, 226, 463.

Bullettino archeologico sardo. XXV, 236.

Bullettino di numismatica e sfragistica per la storia d'Italia. XXI, 252.

Commission municipale d'histoire de Carpi. XXVIII, 469.

Commissione per i testi di lingua (Bologne). XXVIII, 468.

La Cultura. XVIII, 268.

Curiosità e ricerche di storia subalpina. XVII, 236. XVIII, 490. XXI, 228. XXIII, 225.

Deputazione municipale di storia patria (Ferrare). XXVII, 234.

Deputazione di storia patria (Lombardie). XV, 265. XVI, 252. XXIII, 244. XXVI, 226, 227. XXIX, 239.

Deputazione di storia patria (Modène). XXVI, 225.

Deputazione di storia patria per le provincie dell' Emilia. XVII, 450. XIX, 410.

Deputazione di storia patria per le provincie di Romagna. XVI, 472. XVII, 450. XVIII, 490. XXIII, 225. XXIV, 455, 457. XXVI, 213. XXVII, 202. XXVIII, 219, 452. XXIX, 463. — Documenti e studi, XXV, 484. XXVII, 234.

Deputazione di storia patria (Toscane, Ombrie et Marches). XVIII, 507. XXII, 245. XXVI, 461. XXVII, 482.

Deputazione di storia patria (Turin). XXVII, 481.

Deputazione di storia Veneta. XVIII, 507. XXV, 237. XXVI, 226. XXVIII, 469.

Giornale degli eruditi e curiosi. XXI, 484.

Giornale ligustico. XXVIII, 451. XXIX, 464.

Giornale storico della letteratura italiana. XXI, 484. XXIII, 484. XXIV, 224. XXVIII, 219.

Istituto lombardo di scienze e lettere. XV, 514. XIX, 238. XXVIII, 236.

Istituto storico italiano. XXV, 235. XXVI, 226. XXVIII, 236.

Istituto di studi superiori (Florence). XXVIII, 468.

Istituti technico e nautico (Livourne). XV, 513.

Istituto veneto. Travaux et concours. XVIII, 490, 506. XXIII, 484. XXIV, 245. XXVII, 234. XXVIII, 236.

Italia. XIX, 394.

Miscellanea di storia italiana. XIX, 488. XXIII, 221. XXVI, 211. XXVIII, 218.

Museo italiano di antichità classica. XXV, 237.

Nuove Effemeridi siciliane. XV, 248, 497. XVI, 237. XVII, 448.

Pompei. XVII, 483.

La Rassegna nazionale. XXVII, 202.

Rassegna settimanale. XV, 249. XVI, 238, 472. XVII, 236, 449. XVIII, 491.

Rivista critica della letteratura italiana. XXVII, 234.

Rivista europea. XV, 248, 497. XVI, 238. XVII, 236. XVIII, 492. XX, 476. XXII, 471. XXIII, 222. XXIV, 457.

Rivista storica italiana. XXV, 237. XXVI, 210. XXVIII, 213. XXIX, 226.

Rivista storica mantovana. XXVIII, 236.

Società ligure di storia patria. XIX, 237. XXII, 484. XXVIII, 468.

Società di storia patria (Rome). XXVIII, 237.

Société des bibliophiles de Turin. XXVII, 481.

Studi e documenti di storia e diritto. XIX, 486. XX, 233. XXI, 471. XXII, 227. XXIII, 222. XXIV, 455. XXV, 465. XXVI, 214. XXVIII, 218, 452. XXIX, 463.

NORVÈGE.

Christiania bidenskabsselskabs Forhandlinger. XV, 515, XVIII, 492.

PAYS-BAS.

Archief van het bisdom Utrecht. XXVII, 488.
Archief van het bisdom Haarlem. XXVII, 488.
Archief voor Nederlandsche Kerkgeschiedenis. XXVII, 488.
Bijdragen en mededeelingen van het historisch genootschap, gevestigd te Utrecht (Contributions et communications de la Société historique d'Utrecht). XVII, 142. XX, 388, 389. XXIX, 143.
Bijdragen voor Vaderlandsche Geschiedenis en Oudheidkunde (Contributions à l'histoire et aux antiquités nationales). XVII, 144.
Handelingen (Annales du 17e congrès néerlandais à Malines). XVIII, 506.
Onze Wachter. XXVIII, 471.
Oud-Holland. XXVII, 488.
Société d'histoire d'Utrecht. XXVIII, 470.
Société de théologie de Teyler à Harlem. XXVIII, 238.
Société de Zélande. XXIX, 482.
Supplement op het Register van Academische dissertation en oratien bettreffende de geschiedenis des vaderlands (Supplément à la table des dissertations et discours académiques concernant l'histoire nationale). XXVIII, 179.
Verslagen en mededeelingen der K. Akademie van Wetenschaffen. XX, 394.

POLOGNE.

Archives de l'histoire de la littérature et de la civilisation en Pologne. XVII, 161.
Ateneum (de Varsovie). XVI, 241.
Biblioteka Warszawska (Bibliothèque de Varsovie). XVI, 241.
Pamietniki Akademii Umiejetnosci w Krakowie (Mémoires de l'Académie des sciences de Cracovie. Section philos. histor.). XVI, 240.
Przeglad Polski (Revue polonaise de Cracovie). XVI, 242.
Przewodnik naukowy i literacki (Guide scientifique et littéraire). XVI, 242.
Rozprawy i sprawozdania Akademii Umiejetnosci w Krakowie (Travaux et comptes rendus de l'Académie des sciences à Cracovie). XVI, 240.

ROUMANIE.

Columna lui Traian, revista mensuala pentru istorie, filologie si psicologie poporana. XXII, 408.
Convorbiri literare. XV, 443.
Revista pentru istorie, archeologie si filologie. XXII, 247, 409.

RUSSIE.

Bulletin de l'Académie impériale des sciences de Saint-Pétersbourg. XVI, 234. XVIII, 493.
Comptes rendus de la Commission impériale archéologique de Saint-Pétersbourg. XV, 496. XVIII, 493. XX, 478.
Historiallinen Arkisto. XX, 500.
Journal du ministère de l'instruction publique (Russie). XVI, 486.
Messager du gouvernement d'Orlof (Orlov Vijestnik). XV, 267.
Revue du ministère de l'instruction publique. XXVII, 238.
Russische Revue. XV, 496. XIX, 223. XXII, 472. XXIII, 227. XXIV, 223, 451.
Sbornik archeologitcheskaho instituta. XIX, 130.
Sbornik rousskaho istoritcheskaho obstchestva (Recueil de la Société historique russe). XVI, 486. XIX, 126.
Sitzungsberichte der gelehrten Estnischen Gesellschaft zu Dorpat. XVIII, 492. XXIV, 223.
Société de littérature finnoise. XVI, 254. XX, 500.
Verhandlungen der gelehrten Estnischen Gesellschaft zu Dorpat. XVIII, 493. XXV, 467.

SUÈDE.

Bulletin de la bibliothèque royale de Stockholm. XV, 270.
Nordisk Revy. XXII, 485.

SUISSE.

Archiv des historischen Vereins des Kantons Bern. XIX, 225. XXII, 228.
Argovia. XVII, 470. XXVIII, 220.
Beitræge zur vaterlændischen Geschichte... von der histor. Gesellschaft in Basel. XX, 478.
Bibliothèque universelle et Revue suisse. XXII, 472.
Bollettino storico della Svizzera italiana. XXI, 228. XXII, 228, 472. XXIII, 227. XXIV, 455. XXV, 224, 466. XXVIII, 221, 452. XXIX, 464.
Bulletin de l'Institut national genevois. XX, 478. XXIII, 473. XXVIII, 221.

Étrennes chrétiennes. XV, 517. XVI, 240. XIX, 225. XXV, 467. XXVIII, 221.
Étrennes genevoises. Hommes et choses du temps passé. XXV, 467.
Der Geschichtsfreund. XIX, 225. XX, 477. XXV, 466. XXVIII, 220.
Jahrbuch des historischen Vereins des Kantons Glarus. XVI, 240. XIX, 225. XXII, 228. XXV, 466. XXVIII, 220.
Jahrbuch für schweizerische Geschichte. XVII, 469. XX, 477. XXIII, 473. XXVII, 203. XXIX, 484.
Indicateur d'histoire suisse. XVI, 239. XVII, 254, 470. XX, 234. XXII, 227. XXVII, 203. XXVIII, 470. XXIX, 464.
Mémoires et documents publiés par la Société d'histoire et d'archéologie de Genève. XVII, 470. XXII, 228. XXIX, 469.
Mémoires et documents publiés par la Société d'histoire de la Suisse romande. XVI, 240. XX, 478. XXV, 466.
Mémoires de l'Institut national genevois. XXV, 467.
Mittheilungen der antiquarischen Gesellschaft in Zurich. XVI, 239. XIX, 225. XXII, 228. XXV, 466. XXVIII, 220.
Mittheilungen des historischen Vereins des Kantons Schwyz. XXII, 228. XXVIII, 220.
Mittheilungen zur vaterlændischen Geschichte (des Kantons Sanct-Gallen). XIX, 489. XX, 234. XXVIII, 220.
Musée neuchatelois. XXV, 466.
Neue Zürcher-Zeitung. XX, 477.
Quellen zur Schweizergeschichte. XVI, 239. XVII, 470. XIX, 225. XXIII, 226. XXVII, 203.
Société pour la conservation des monuments historiques. XXI, 254.
Société générale d'histoire suisse. XVII, 485. XX, 247. XXIII, 483. XXVI, 461. XXIX, 484.
Société d'histoire de Saint-Gall. XXVII, 484.
Thurgauische Beitræge zur vaterlændischen Geschichte. XVI, 240. XIX, 225. XXII, 228. XXVIII, 220.

VI. — CHRONIQUE.

Allemagne. XV, 261, 506. XVI, 249, 482. XVII, 248, 478. XVIII, 262, 500. XIX, 236, 497. XX, 245, 485. XXI, 242, 478. XXII, 236, 477. XXIII, 238, 478. XXIV, 240, 464. XXV, 230, 480. XXVI, 221, 457. XXVII, 229, 476. XXVIII, 232, 462. XXIX, 235, 477.
Alsace-Lorraine. XVI, 248. XIX, 502. XX, 245, 489. XXII, 477. XXIII, 237.
Amérique du Sud. XXIII, 243.
Angleterre. XV, 263, 510. XVI, 249. XVII, 247, 480. XVIII, 502. XIX, 235, 496. XX, 248, 489. XXI, 247, 482. XXII, 240, 481. XXIII, 242, 482. XXIV, 246, 468. XXV, 230, 479. XXVI, 225, 460. XXVII, 232, 479. XXVIII, 230, 467. XXIX, 236, 480.
Autriche-Hongrie. XVI, 249, 483. XVII, 252. XVIII, 504. XIX. 237. XX, 246, 492. XXI, 247, 481. XXII, 239, 481. XXIII, 241, 481. XXIV, 244, 471. XXV, 235, 483. XXVI, 224, 460. XXVII, 232, 478. XXVIII, 234, 466. XXIX, 479.
Belgique. XV, 264, 511. XVI, 249, 482. XVII, 253, 482. XVIII, 505. XIX, 494. XX, 243, 498. XXI, 249, 481. XXII, 235. XXIII, 237. XXIV, 237, 471. XXV, 228, 483. XXVI, 462. XXVII, 226, 480. XXVIII, 460. XXIX, 240, 482.
Danemark. XV, 511. XVI, 253, 484. XIX, 502. XX, 499. XXI, 254, 485. XXII, 246. XXIII, 246, 485. XXIV, 474. XXVII, 236, 486. XXVIII, 471. XXIX, 484.
Espagne. XV, 511. XVI, 253. XVII, 483. XX, 499. XXI, 252, 485. XXII, 246, 484. XXIV, 247. XXV, 238, 485. XXVII, 484. XXVIII, 238. XXIX, 486.
États-Unis. XV, 265, 512. XVI, 254. XVII, 483. XVIII, 267, 508. XX, 250, 499. XXI, 252, 484. XXII, 244. XXIII, 242. XXIV, 246, 476. XXV, 238. XXVI, 463. XXVII, 483. XXVIII, 235, 467. XXIX, 238, 481.
Finlande. XX, 500.
France. XV, 251, 499. XVI, 244, 474. XVII, 238, 472. XVIII, 252, 494. XIX, 226, 490. XX, 235, 479. XXI, 229, 472. XXII, 229, 473. XXIII, 228, 474. XXIV, 228, 458. XXV, 225, 468. XXVI, 215, 453. XXVII, 205, 472. XXVIII, 222, 454. XXIX, 228, 465.
Grèce, XVIII, 267. XIX, 239. XX, 500. XXII, 485. XXV, 239. XXIX, 486.
Hollande. XX, 248.
Italie. XV, 265, 512. XVI, 250, 484.

XVII, 253, 483. XVIII, 267, 506. XIX, 237, 502. XX, 250, 500. XXI, 252, 484. XXII, 245, 483. XXIII, 243. XXIV, 245, 476. XXV, 235. XXVI, 225, 461. XXVII, 232. XXVIII, 235. XXIX, 238.
Luxembourg (grand-duché de). XXVIII, 230.
Mexique. XXII, 248. XXVIII, 238.
Norvège. XV, 515.
Pays-Bas. XXI, 253. XXII, 485. XXIII, 486. XXV, 239. XXVI, 232. XXVII, 487. XXVIII, 238, 470. XXIX, 482.
Pologne. XXII, 247.
République argentine. XXI, 255, 485. XXVIII, 239.
Roumanie. XVIII, 509. XXII, 247. XXIII, 487. XXVII, 238.
Russie. XV, 267, 515. XVI, 253, 484. XVII, 253, 484. XVIII, 270, 510. XX, 254. XXI, 253. XXII, 485. XXIII, 247. XXIV, 477. XXVII, 238. XXVIII, 471.
Serbie. XXIX, 487.
Suède. XV, 270. XVI, 484. XIX, 504. XXII, 485. XXIV, 247. XXV, 239. XXVI, 463.
Suisse. XV, 267, 515. XVII, 253, 484. XVIII, 270, 510. XIX, 238, 504. XX, 247, 502. XXI, 254, 486. XXII, 247. XXIII, 245, 482. XXIV, 245, 477. XXV, 485. XXVI, 461. XXVII, 236, 484. XXVIII, 238, 469. XXIX, 484.
Turquie. XVII, 486.

VII. — BIBLIOGRAPHIE[1].

A

1. *A. S.* et *D.* Histoire complète de l'empire de Chine. XVIII, 148.
2. *Abram (W. Al.).* Memorials of Preston Guilds. XX, 491.
3. Acta historica res gestas Poloniae illustrantia. XX, 427.
4. Acta Sanctorum. XVIII, 257. XXII, 474.
5. *Adam (M*[me] *E.).* La Patrie hongroise. XXVII, 224.
6. *Adams (Ch. Fr.).* The New-England Career of Thomas Morton. XXVI, 116.
7. *Adams (Ch. K.).* Manual of historical litterature. XXV, 143. XXVI, 109.
8. *Adams (G.-B.).* Mediaeval civilization. XXVI, 110.
9. *Adams (H.-B.).* Historical and political studies. XXVI, 115.
10. — Vie de J. Randolph de Roanoke. XXVI, 120.
11. — Marylands influence upon Land Cessions to the United States. XXVIII, 468.
12. — Methods of Historical Study. XXVI, 464. XXVIII, 468.
13. *Ademollo.* Il matrimonio di suor Maria Pulcheria, al secolo Livia Cesarini. XXVIII, 369.
14. *Adinolfi (P.).* Roma nell' età di mezzo descritta. XIX, 416.
15. *Adler (F.).* Voy. Curtius (E.).
16. *Advielle (E.).* Histoire de la ville de Sceaux. XXII, 113.
17. *Æbi.* Die Ursachen des alten Zürichkrieges in ihren Grundzügen. XXIV, 156.
18. *Ahlqvist (A.).* Not. nécrol. XXI, 148.
19. *Ahnfelt (A.).* Ur Svenska hofvets och Aristokratiens lif. XXI, 155.
20. *Airy (O.).* The Lauderdale Papers. XXIX, 116.
21. Aktensammlung aus der Zeit der helvetischen Republik. XXIX, 484.
22. Akty vilenskoj archeographitcheskoj Kommistiy. XIX, 122.
23. *Albanès* (l'abbé *J.*). Cartulaire de Saint-Maximin. XVI, 246.
24. — Armorial sigillographique des évêques de Marseille. XXVII, 219.
25. *Albert (Maurice).* De villis Tiburtinis principe Augusto. XXIII, 376.
26. — Le culte de Castor et de Pollux en Italie. XXIII, 376.
27. *Alexandre* (D[r]). Histoire chronologique des abbés-princes de Stavelot et de Malmedy par Villers. XVIII, 113.
28. *Alin.* Voy. Schinkel (colonel).
29. *Allain* (l'abbé). L'instruction primaire en France avant la Révolution. XIX, 376.
30. — Les écoles centrales de l'an III à l'an VIII. XXIII, 234.

1. Cette table contient l'indication par ordre alphabétique de tous les livres, brochures ou travaux qui ont été appréciés dans les *Bulletins*, les *Comptes rendus critiques* et la *Chronique*. Elle contient aussi le nom des auteurs qui ont été l'objet d'une notice nécrologique. — Le tiret placé en tête d'un article indique que le nom de l'auteur est le même que celui de l'article précédent.

31. *Allan* (colonel). History of the campaign of Gen. T. S. (Stonewall) Jackson in the Shenandoah valley of Virginia. XX, 177.
32. *Allard* (*P.*). Esclaves, serfs et mainmortables. XXV, 471.
33. — Histoire des persécutions pendant les deux premiers siècles, d'après les documents archéologiques. XXIX, 417.
34. *Allen* (*F.*). English cottagers in the middle ages. XVIII, 509. — Voyez Tacite.
35. — History topics for high Schools and Colleges. XXIX, 481.
36. *Allen* (*Jos. H.*). Fragments of Christian History to the foundation of the Holy Roman Empire. XX, 167.
37. Allgemeine deutsche Biographie. XXIII, 388.
38. *Almazan* (*d'*). La guerre d'Italie. XX, 385.
39. *Altmeyer*. Le xvie siècle et la réforme aux Pays-Bas. XVIII, 109.
40. *Alvarez* (*Fr.*). Voy. Stanley (lord).
41. *Alvisi* (*E.*). La battaglia di Gavinana. XXVIII, 364.
42. *Aly*. Die Quellen des Plinius im 8ten Buch der Naturgeschichte. XXVII, 392.
43. *Alzog* (*J.*). Handbuch der allgem. Kirchengeschichte neu bearb. von Fr. X. Krause. XXVIII, 149.
44. *Amari* (*Michele*). Bibliotheca arabico-sicula. XIX, 237, 421.
45. — Discours sur l'organisation de la République sicilienne en 1282. XXI, 135.
46. — Sulla origine della denominazione « Vespro siciliano ». XXI, 136.
47. — Racconto popolare del Vespro siciliano. XXI, 136.
48. — Storia del Vespro siciliano. XXIX, 239.
49. *Amati* (*G.*). Bibliografia romana. XIX, 416.
50. *Ambrosi* (*Fr.*). La Valsugana descritta al viaggiatore. XIX, 407.
51. — Trento e il suo territorio descritti al viaggiatore. XIX, 407.
52. — Profili di una storia degli scrittori e artisti Trentini. XIX, 407.
53. *Amiel* (*E.*). Juste Lipse. XXVII, 113.
54. *Amiot* (Père). Portraits des Chinois célèbres. XVIII, 166.
55. Analecta Franciscana. XXVIII, 237.
56. *Ancona* (*Al. d'*). Studi di critica e storia letteraria. XIX, 391.
57. — et *L. Monaci*. Una legenda araldica e l'epopea carolingia nell' Umbria. XIX, 391.
58. *Anderson* (*J. P.*). The book of british topography. XVIII, 266.
59. *Andræ* (*P.*). Via Appia, dens Historie og Mindesmærker. XXV, 405.
60. *André* (l'abbé *J. F.*). Not. nécrol. XVII, 472.
61. *Andrieu* (*J.*). Bibliographie générale de l'Agenais. XXIX, 229.
62. *Anemüller*. Geschichte der Verfassung Mailands in den Jahren 1075-1117. XXI, 174.
63. *Angermann*. Geographische Namen Altgriechenlands. XXVI, 382.
64. Annali della fabbrica del duomo di Milano. XIX, 396. XXIX, 239.
65. *Antonelli* (*G.*). Indice dei manoscritti della civica biblioteca di Ferrara. XXVIII, 238.
66. *Appleton* (D^{r}). Not. nécrol. XVII, 371.
67. *Appleton P. C. Griffin*. Notice bibliographique sur les ouvrages relatifs à la découverte du Mississipi. XXIV, 476.
68. *Arbaumont* (*J. d'*). Voy. Beaune (H.).
69. *Arber* (*E.*). The works of captain John Smith. XXIX, 116.
70. *Arbois de Jubainville* (*H. d'*). Études sur le droit celtique : le Senchus Môr. XVI, 481.
71. — Les Celtes et les langues celtiques. XX, 239.
72. — Introduction à l'étude de la littérature celtique. XXII, 108.
73. — Essai d'un catalogue de la littérature épique de l'Irlande. XXIII, 376.
74. — Le cycle mythologique irlandais et la mythologie celtique. XXIV, 371.
75. Archiv vorontzova. XIX, 123.
76. Archives de Bretagne. XVI, 476. XVIII, 257. XXVII, 474.
77. Archives historiques du département de la Gironde. XXVII, 473.
78. Archives historiques de la Gascogne. XXI, 472. XXIV, 463.
79. Archives des missions scientifiques et littéraires. XXIII, 230.
80. Archives de l'Orient latin. XVII, 242. XVIII, 497. XIX, 227.
81. *Arendts* (*Carl*). Not. nécrol. XVIII, 263.
82. *Armellini* (*M.*). Un censimento della cità di Roma sotto il pontificato di Leone X. XXVIII, 367.
83. *Arnaud*. Histoire des protestants de Provence du Comtat Venaissin et de la principauté d'Orange. XXIX, 102.
84. *Arneth* (*A. von*). Briefe der Kaiserin Maria-Theresia an ihre Kinder und Freunde. XXIII, 401.
85. *Arnold* (*C. F.*). Untersuchungen

über Theophanes von Mytilene und Posidonius von Apamea. XXVI, 398. XXVII, 382.
86. *Arnold* (*Th.*). Henrici archidiaconi Huntendunensis Historia Anglorum. XVII, 384. — Voy. Simeon de Durham.
87. *Arnold* (*W.*). Deutsche Geschichte. XXVII, 432.
88. — Zur Geschichte der Rheinlande XXVII, 134.
89. *Arnold* (*W.-J.*). The Roman system of provincial Administration to the accession of Constantine the Great. XVII, 381.
90. *Arrivabene* (*Giov.*). Memorie della mia vita. XV, 437.
91. *Asbach* (*J.*). Die Consulate der Julisch-Claudischen Kaiser bei Sueton. XVII, 403.
92. — Die Kaiser Domitian und Trajan am Rhein. XXVII, 425.
93. — Zur Geschichte des Consulates in der rœmischen Kaiserzeit. XXVIII, 131.
94. *Aschbach* (Dr). Not. nécrol. XVI, 483.
95. *Aschbach* (*Joseph d'*). Not. nécrol. XX, 246.
96. *Ashton*. Social life in the reign of Queen Anne. XXII, 403.
97. — English caricature and Satire on Napoleon I. XXIX, 122.
98. *Asse*. Lettres de l'abbé Galiani. XVIII, 261.
99. *Atkins* (*Th. B.*). Selections from the Archives of Nova Scotia. XXVII, 484.
100. Atlas manuel de géographie moderne. XXI, 238.
101. *Atwater* (*Ed. E.*). History of the colony of New-Haven to its absorption by Connecticut. XX, 170.
102. *Aubé*. Les chrétiens dans l'empire romain de la fin des Antonins au milieu du IIIe siècle. XVI, 402.
103. — Polyeucte dans l'histoire. XXI, 240.
104. — L'Eglise et l'État dans la seconde moitié du IIIe siècle. XXVIII, 118.
105. *Aubertin* (*Ch.*). L'éloquence politique et parlementaire en France avant 1789. XXII, 111.
106. *Aubugeois de la Ville Du Bost* (*H.*). Histoire du Dorat. XXIII, 427.
107. *Audiat* (*L.*) et *H. Valleau*. Un paquet de lettres (1576-1672), Henri IV, Henri de Condé, etc., etc. XVII, 475.
108. *Aulard*. Les orateurs de l'Assemblée constituante. XIX, 116.
109. *Auler* (*A.*). Victor de Vita et son *Historia persecutionis Africanae provinciae*. XXVII, 400.
110. *Avalle*. Notices sur les colonies anglaises. XXIII, 380.
111. *Avenel* (*G. d'*). Richelieu et la monarchie absolue. XXIV, 375.
112. *Aventinus*. Johannes Turmair's genannt Aventinus sammtliche Werke. XXIV, 386.
113. Aversa (Repertorio delle pergamene dell' Università e della città d'). XVI, 484.
114. *Ayrault* (*Pierre*). Voy. Jeanvrot (Victor).
115. *Azeglio* (marquis *E. d'*). Souvenirs historiques de la marquise Constance d'Azeglio. XXVIII, 373.

B

116. *Babeau* (*A.*). Séjours des rois de France à Troyes au XVIe siècle. XV, 501.
117. — L'école de village pendant la Révolution. XVII, 367.
118. — La publicité à Troyes, il y a cent ans. XIX, 233.
119. — Grosley magistrat. XIX, 233.
120. — Une lettre inédite de Napoléon Ier. XXI, 475.
121. — Correspondants de Grosley. XXI, 475.
122. — Les tondeurs de grandes forces. XXIII, 232.
123. — Les académies de musique de Troyes au XVIIe et au XVIIIe siècle. XXIII, 232.
124. — Un marchand de province sous Henri IV. XXIII, 232.
125. — La vie rurale dans l'ancienne France. XXI, 382. XXVIII, 459.
126. — Les voyageurs en France depuis la Renaissance jusqu'à la Révolution. XXVI, 327.
127. *Babelon* (*E.*). Voy. Lenormant (Fr.).
128. *Bacchi della Lega* (*A.*). Il Libro d'oltramare di fra Niccolo da Poggibonsi. XIX, 414.
129. *Bachmann* (Dr *A.*). Urkunden und Aktenstücke zur Œsterreichischen Geschichte im Zeitalter Kaiser Friedrichs IV und Kœnig Georgs von Podebrad. XVI, 174.
130. — Die Vœlker an der Donau nach Attila's Tode. XVII, 406.
131. *Bachman* (*R.*). Nicolas Storch der Anfænger der Zwickauer Wiedertæufer. XVIII, 418.
132. *Bachof*. Zu Herodotos. XXVI, 391.
133 *Bacourt* (*de*). Souvenirs d'un diplomate. XXI, 128.
134. *Badeau* (general *Adam*). Military history of Ulysses S. Grant from april 1861 to avril 1865. XX, 176.

135. *Bader*. Not. nécrol. XXII, 237.
136. *Badia* (*J. del*). Diario fiorentino. XXVIII, 368.
137. — Egnazio Danti cosmografo e matematico. XIX, 503.
138. *Bæchthold* (*J.*). Der glückhafte Schiff von Zürich. XV, 157.
139. — Vom Herkommen der Schwyzer und Oberhaller. XXIV, 153. — Die Stretlinger Chronik. XXIV, 161.
140. — Caspar Schweizer, ein Charakterbild aus dem Zeitalter der franzœsischen Revolution. XXVII, 486.
141. *Bædeker*. Guide de Palestine et Syrie. Voy. Socin. XVIII, 502.
142. *Bærwinkel*. Ueber Ennius und Livius. XXVII, 386.
143. *Baes* (*Edgar*). La peinture flamande et son enseignement sous le régime des confréries de Saint-Luc. XX, 244.
144. *Baille* (colonel). Voy. Rambaud (A.).
145. *Bailleu*. Preussen und Frankreich von 1795 bis 1807. XXIII, 437.
146. *Bain* (*J.*). Calendar of documents relating to Scotland. XXV, 479.
147. *Baird* (*Ch. W.*). A history of the huguenot emigration in America. XXVIII, 235.
148. *Baissac*. Histoire de la diablerie chrétienne. XXI, 129.
149. *Baker* (*W.-S.*). The engraved portraits of Washington. XX, 172.
150. — History of St John's College. XXIX, 402.
151. *Balaguer y Merino* (*A.*). Not. nécrol. XXV, 485.
152. *Balan*. Monumenta reformationis Lutheranae. XXVI, 129.
153. *Balcescou* (*N.*). Histoire des Roumains sous Michel le Brave. XXV, 387.
154. *Baldelli-Boni* (*Batt.*). Il milione di Marco Polo. XVIII, 169.
155. *Baldissera* (l'abbé *V.*). Frederico III a Gemona. XXI, 384.
156. *Balduzzi* (*L.*). Appunti. XVIII, 506.
157. *Balletti* (*A.*). Gaspare Scaruffi e la quistione monetaria nel sec. XVI. XXVIII, 366.
158. *Balzani*. Les chroniqueurs d'Italie. XXVI, 345.
159. *Banchi* (*L.*). Le prediche volgari di S. Bernardino da Siena dette nella piazza del Campo l'anno 1427. XIX, 414.
160. *Bancroft* (*G.*). History of the United States. XXII, 244. XXVI, 113. XXVII, 483.
161. *Bancroft* (*H.-H.*). Histoire des états du Pacifique. XXVI, 118.
162. *Bandelier* (*F.*). Mémoires sur les Indiens du Nouveau-Mexique et sur les ruines de Pueblo de Pecos. XX, 162.
163. — Une tournée archéologique au Mexique, en 1881. XXIX, 126.
164. *Banning* (*E.*). La conférence africaine de Berlin et l'association internationale du Congo. XXVIII, 462.
165. *Bapst* (*G.*). Inventaire de Marie-Josèphe de Saxe, dauphine de France. XXIV, 235.
166. *Baracchi* (*A.*). Not. nécrol. XXII, 245.
167. *Barack* (*K.*). Würtenberger auf der Strassburger Universitæt von 1612-1793. XV, 160.
168. — Zimmerische Chronik. XVI, 483.
169. *Barb* (*R. von*). Not. nécrol. XXIII, 242.
170. *Bardey* (*E.*). Das sechste Consulat des Marius. XXVII, 417.
171. *Bardies* (*L. de*). Administration de la Gascogne, de la Navarre et du Béarn en 1740. XVIII, 498.
172. *Bardon* (*A.*). La destruction des Jésuites. XXVI, 217.
173. *Bardonnet* (*A.*). Not. nécrol. XXIII, 475.
174. *Bardoux*. Le comte de Montlosier. XVII, 368.
175. — Pauline, comtesse de Beaumont. XXV, 130.
176. *Bardt* (*C.*). Die Legende von dem Augur Attus Navius. XXVII, 411.
177. *Baring* (*F.*). L'Anglais chez lui. Institutions politiques. XXVII, 228.
178. *Barnoutz* (*Siméon*). Dereptulu publicu alu Românilor. XV, 442.
179. *Barozzi*. Diarii di Marin Sanudo. XV, 432. XVI, 252.
180. *Barracand*. Un village au XIIe et au XIXe siècle. XVIII, 497.
181. *Barral* (comte *de*). Étude sur l'histoire diplomatique de l'Europe. XXIX, 105.
182. *Barrows* (*W.*). Oregon: the struggle for possession. XXVI, 116.
183. *Barstad* (*J.*). Militær Justites i Norge for 200 Aariden (La justice militaire en Norvège il y a deux cents ans). XVIII, 143.
184. *Barth* (*Rembry*). Histoire de la ville de Menin. XVII, 482.
185. *Barthélemy* (*A. de*). Choix de documents inédits sur l'histoire de la langue en Bretagne. XVI, 476. — Voy. Geslin de Bourgogne.
186. *Barthelemy* (*E. de*). La ville de Sézanne et l'abbaye du Reclus. XV, 471.
187. — Les correspondants de la marquise de Balleroy. XXIII, 375. XXVII, 442.
188. — Recueil des chartes de l'ab-

baye royale de Montmartre. XXIV, 134.
189. *Bartoli* (*A.*). Storia della letteratura italiana. XIX, 393.
190. — Codici Magliabecchiani. XXIII, 484.
191. — Manoscritti italiani della biblioteca nazionale di Firenze. XXVIII, 237.
192. *Bartsch* (*K.*). Voy. Diez.
193. *Baschet*. Les comédiens italiens à la cour de France sous Charles IX, Henri III, Henri IV et Louis XIII. XXI, 133.
194. *Basiner*. De bello civili Caesariano. XXVII, 383.
194 *bis*. *Bass* (*J.*). Dionysius I von Syrakus, nach den Quellen dargestellt. XXVI, 407.
195. *Bataillard*. L'importation du bronze dans le N. et l'O. de l'Europe par les Tsiganes. XV, 257.
196. *Batault* (*Henri*). Lettres du R. P. Batault, missionnaire apostolique à Alger (1676-1736). XVII, 244.
197. Bathori (Les finances et leur histoire en Pologne sous Étienne). XVII, 164.
198. *Batz-Trenquelléon* (*Ch. de*). Henri IV en Gascogne. XXVIII, 349.
199. *Baubela* (*C.*). L'Accademia degli Arcadi Romano-Sonziaci. XVI, 168.
200. *Baudel* (*J.*). Notes pour servir à l'histoire des états provinciaux du Quercy. XVII, 242.
201. *Baudian* (l'abbé). Not. nécrol. XV, 499.
202. *Baudrillart*. Histoire du luxe. XXII, 170.
203. — Les populations agricoles de la France. XXIX, 108.
204. — Les populations de la France au XVIIIe siècle. XXIX, 474.
205. *Bauer*. Einleitung zu einer Geschichte der Agrarverfassung in Nieder Œsterreich. XVI, 159.
206. *Bauer* (*Ad.*). Themistokles. XXIII, 147.
207. — Antike Ansichten über das jaehrliche Steigen des Nil. XXVI, 389.
208. — Die Kyrossage und Verwandtes. XXVI, 390.
209. *Bauer* (*L.*). Silius Italicus. XXII, 124.
210. — Das Verhæltniss der *Punica* des C. Silius Italicus zur dritten Dekade des Livius. XXVII, 389.
211. *Bauer* (Père *R.*). Not. nécrol. XXIII, 482.
212. *Baum* (*G.*). Voy. Cunitz (Ed.).
213. *Baumann*. Das Kloster Allerheiligen im Schaffausen. XXIV, 144.
214. — Zur Geschichte der Stadt Waldshut. XXIV, 385.
215.—Geschichte des Allgaeus. XXVII, 136.
216. *Baumgarten*. Vor der Bartholomæus Nacht. XIX, 501. XXIII, 477. Cf. XXIII, 248.
217. — Treitschke's Deutsche Geschichte. XXI, 479.
218. — Ueber Sleidan's Leben und Briefwechsel. XV, 156. XVIII, 411.
219. *Baumgartner* (*Ad.*). Ueber die Quellen des Cassius Dio für die æltere rœmische Geschichte. XVII, 391. XX, 403.
220. *Baumstark* (*A.*). Ausführliche Erlæuterung des besondern vœlkerschaftlichen Theiles der Germania des Tacitus. XVII, 402.
221. *Baum* (*G.*). Voy. Bèze.
222. *Bayet* (*Ch.*). L'art byzantin. XXIV, 370.
223. *Bazin*. Voy. Pauthier.
224. *Bazin*. Voy. Bénet.
225. *Bazzoni*. Correspondance de F. Galiani avec le marquis Tanucci. XVI, 252.
226. *Beauchet*. Les origines de la juridiction ecclésiastique et son développement en France jusqu'au XIIe siècle. XXIV, 460.
227. *Beaucourt* (*D. de*). Histoire de Charles VII. XVIII, 95. XXI, 129. XXIX, 472.
228. *Beaujean* (*Eug.*). Vive le jubilé du 65e anniversaire de la bataille de Waterloo... XVIII, 127.
229. *Beaune* (*H.*) et *J. d'Arbaumont*. Mémoires d'Olivier de la Marche. XXIV, 366. XXVIII, 114.
230. *Beaurepaire* (*R. de*). Journal du sire de Gouberville. XXVIII, 116.
231. — Cahiers des états de Normandie sous le règne de Henri IV. XX, 378.
232. *Beauriez* (*L. de*). Élisabeth d'Autriche, femme de Charles IX. XXVII, 368.
233. *Beautemps-Beaupré*. Coutumes et institutions de l'Anjou et du Maine antérieures au XVIe siècle. XVI, 201. XXIII, 122. XXV, 160.
234. *Beauvois* (*E.*). La Norambègue, découverte d'une quatrième colonie précolombienne dans le Nouveau-Monde. XVIII, 445.
235. — Claude Bouton, seigneur de Corberon. XIX, 386.
236. *Becher* (*H.*). Ueber die Sprache der Briefe ad Brutum. XXVII, 385.
237. *Becker*. Topographie von Nieder Œsterreich: Die alphab. Reihenfolge der Ortschaften. XVI, 157.
238. — Berg und Thal, Strassen und Stædte im œstlichen Odenwald. XXVII, 136.
239. — Versuch einer Lœsung der

Celtenfrage durch Unterscheidung der Celten- und Gallier. XXVII, 431.
240. *Becker* (*J.*). Not. nécrol. XXIV, 464.
241. *Beckurts*. Zur Quellenkritik des Tacitus, Sueton und Cassius Dio. XVII, 394.
242. *Becq de Fouquières*. Lettres critiques sur la vie et les œuvres d'A. Chénier. XVI, 477.
243. *Becquart* (*Victor*). Les communes de l'arrondissement de Lille. XV, 474.
244. *Bède*. Historia ecclesiastica gentis Anglorum. XX, 487.
245. *Beer* (*A.*). Die orientalische Politik OEsterreichs seit 1774. XXVII, 478. XXVIII, 396.
246. *Beger* (*M*[lle] *L.*). Studien zur Geschichte des Bauernkrieges. XXIV, 385.
247. *Bekker* (*E.*). Maria Stuart, Darnley, Bothwell. XXVI, 45.
248. La Belgique et le Vatican. XVIII, 114.
249. *Beljame*. Le public et les hommes de lettres en Angleterre au XVIIIe siècle. XVII, 241, 366.
250. *Bellet* (l'abbé *Ch.*). Un évêque au moyen âge. Notice historique sur Aimon Ier de Chissé, évêque de Grenoble de 1388 à 1427. XV, 150.
251. *Bellings* (*Richard*). Voy. Gilbert (John).
252. *Beloch* (*J.*). L'impero siciliano di Dionisio. XVIII, 268.
253. — Campanien. XV, 178.
254. — Der Italische Bund unter Roms Hegemonie. XVII, 399, XXI, 171.
256. — Die Weihinschrift des Dianahaines von Aricia. XXVII, 413.
257. *Belot* (*E.*). La République d'Athènes. XVI, 481. XVIII, 172.
258. *Belviglieri* (*C.*). Scritti storici. XIX, 393.
259. — Not. nécrol. XXVIII, 468.
260. *Bémont* (*Ch.*). Simon de Montfort, comte de Leicester. XXVII, 113.
261. — De Joanne cognomine sine terra. XXVII, 112.
262. *Bender* (*H.*). Rom und rœmisches Leben im Alterthum. XX, 413.
263. *Bénet*. Notes sur l'historiographie normande. XXI, 241.
264. — Les capucins et la poste aux lettres en 1728. XXI, 474.
265. — Un atelier d'imprimeur et une boutique de libraire au XVIIIe siècle. XXI, 474.
266. — La retraite et la mort de Jean-Étienne Boucher. XXI, 474.
267. — Les manuscrits des Minimes de la Guiche. XXIV, 461.
268. — et *Bazin*. Inventaire général des anciennes archives de l'abbaye de Cluny. XXIX, 472.
269. *Benfey* (*Th.*). Not. nécrol. XVII, 249.
270. *Benloew*. Les lois de l'histoire. XVII, 361.
271. *Benndorf*. Vorlaüfiger Bericht über 2 œsterreichisch. archæol. Expeditionen nach Kleinasien. XXVI, 372.
272. — Voy. Conze (Al.).
273. *Bemmel* (baron *van*). Not. nécrol. XV, 511.
274. *Benoist* et *Riemann*. Tite-Live (livres XXI et XXII). XVIII, 259.
275. *Benoit* (*A.*). Les bibliophiles, les collectionneurs et les bibliothèques des monastères des Trois-Évêchés, 1552-1790. XXVIII, 227.
277. *Benrath* (*Karl*). Atti degli archivi Romani nella biblioteca del collegio della Trinità di Dublino. XV, 513.
278. *Bensa* (*E.*). Il contratto d'assicurazione nel medio evo. XXVIII, 236.
279. *Bentinck* (comtesse de). Lettres et mémoires de Marie, reine d'Angleterre. XVIII, 197.
280. *Bercstroen*. Svenska Folkvisor. XXI, 156.
281. *Bérejkov*. O torgovlie Rousi s Hanzoj do Kontza XV v. (Commerce de la Russie avec la Hanse). XIX, 142.
282. *Berger* (*Élie*). Registres d'Innocent IV. XV, 419. XIX, 104. XXIV, 365. XXV, 122. XXIX, 381.
283. *Berger* (*F.*). Ueber die Heerstrassen des rœmischen Reiches. XXVIII, 140.
284. *Berger* (*Ph.*), *Cagnat*, *Le Blant* et *Mowat*. L'exposition de la cour Caulaincourt au Louvre. XVIII, 494.
285. *Berger* (*S.*). La Bible française au moyen âge. XXV, 127.
286. *Berghaus* (*H.*). Not. nécrol. XXV, 232.
287. *Bergk* (*Th.*). Zur Geschichte und Topographie der Rheinlande in rœmischer Zeit. XXVI, 147. XXVII, 134, 420.
288.—Griechische Literaturgeschichte. XXVI, 415.
289. — Beitræge zur rœmischen Chronologie p. p. G. Hinrichs. XXVII, 406.
290. — Die Verfassung von Mainz in rœmischer Zeit. XXVIII, 135.
291. — Not. nécrol. XVII, 478.
292. *Bergmann* (*Ant.*). Geschiedenis der stad Lier. XVIII, 120.

293. *Berjeau.* Second voyage de Vasco de Gama à Calicut. XVI, 478.
294. *Berlan (Franç.).* Édition des statuts de Pistoia au XIIe siècle. XIX, 238.
295. Berlin und Petersbourg. Preussische Beitræge zur Geschichte der Russisch - Deutschen Beziehungen. XVII, 433.
296. *Bernard* (l'abbé *Eug.*). Les Dominicains dans l'Université de Paris. XXI, 381.
297. *Bernau (Fr.).* Album der Burgen und Schlœsser im Kœnigreiche Bœhmen. XIX, 424.
298. *Bernays (G.).* Schicksale des Grossherzogthums Frankfurt und seiner Truppen. XXV, 185.
299. *Bernays (I.).* Zur Kritik Karolingischer Annalen. XXIV, 466.
300. *Bernays (J.).* Phokion und seine neueren Beurtheiler. XXIII, 150.
301. — Not. nécrol. XVII, 248.
302. Berner Taschenbuch auf das Jahr 1880-1881. XXII, 183.
303. *Bernier (Théodore).* Dictionnaire géographique, historique... du Hainaut. XVIII, 131.
304. — Histoire de la ville de Beaumont. XVIII, 132.
305. *Bernus (Aug.).* Notice bibliographique sur Richard Simon. XX, 482.
306. *Bernhardi (Th. von).* Friedrich der Grosse als Feldherr. XXIII, 405.
307. *Bernhœft (F.).* Staat und Recht der rœmischen Kœnigszeit im Verhæltniss zu verwandten Rechten. XXVII, 410.
308. *Bernoulli.* Die verlorene Schwyzerchronik. XXIV, 153.
309. — Kœnigshofen's Bericht über die Schlacht von Sempach. XXIV, 155.
310. — Die Schlacht bei S. Jacob an der Birs. XXIV, 157.
311. — Basel im Kriege mit Œsterreich, 1445-49. XXIV, 157.
312. — Pilgerreisen der Basler Hans und Peter Rot 1440 und 1453. XXIV, 160.
313. — Rœmische Ikonographie. XXVIII, 146.
314. *Bernstein (A.).* Not. nécrol. XXV, 232.
315. *Bersezio (Vittorio).* Trenta anni di vita Italiana. XV, 436.
316. *Bersier (E.).* Coligny avant les guerres de religion. XXIV, 140.
317. *Bertacchi.* Histoire de l'Académie de Lucques. XVIII, 508.
318. *Berthelle (J.).* Quelques notes sur les fouilles du P. de la Croix à Sanxay. XXI, 473.
319. *Berthelot (A.).* Voy. Lange.
320. *Berthezène (Alf.).* Histoire de la troisième République. XV, 261.
321. *Berthoud (Fritz).* J.-J. Rousseau au Val de Travers. XVII, 245.
322. *Berti.* Documenti intorno a Giordano Bruno da Nola. XV, 433.
323. — Antichi porti militare e commerciale... nel circondario di Ravenna. XIX, 409.
324. *Bertolotti (A.).* Artisti lombardi a Roma nei secoli XV, XVI et XVII. XX, 252. XXVIII, 366.
325. *Berton* (comte *de*). Not. nécrol. XVI, 474.
326. *Bertrand (A.).* Voy. Cosnac.
327. *Bertrand (L.).* Cinquante années de bonheur et de prospérité (Belgique). XVIII, 126.
328. *Bertrandy-Lacabane.* Essais et notices pour servir à l'histoire du département de Seine-et-Oise. XV, 149.
329. — Voy. Desjardins (E.).
330. *Berty (L. Nigon de).* Not. nécrol. XXIII, 228.
331. *Besse.* Geschichte d. Deutschen. XV, 262.
332. *Besser (J.).* De conjuratione Catilinaria. XXII, 131.
333. *Bestoujev Rioumine.* La Chronique de Nestor publiée par L. Leger. XXVII, 238.
334. *Bettoni* (comte *F.*). Storia della riviera di Salo. XIX, 399.
335. *Beving (Ch.-A.).* La principauté d'Achaïe et la Morée. XVIII, 137.
336. *Beyer (W. Gottl.).* Not. nécrol. XVII, 478.
337. *Bèze (Th. de).* Histoire ecclésiastique des églises réformées au royaume de France p. p. E. Cunitz et G. Baum. XXII, 377. XXVI, 324.
338. *Bezold (Fr. von).* Briefe des Pfalzgrafen Johann Casimir, mit verwandten Schriftstücken. XXV, 425.
339. *Bianchi (L.).* L'arte della Sete in Siena nei secoli XV e XVI. XVII, 483.
340. *Bianchi (N.).* Storia della monarchia piemontese. XV, 214, 436.
341. — Le carte degli archivi piemontesi. XVII, 484. XIX, 395. XXIII, 244.
342. — Lettere di M. d'Azeglio al nipote Emmanuele. XXVIII, 374.
343. — La politique du comte C. de Cavour de 1852 à 1861. Lettres inédites avec notes. XXVIII, 374.
344. *Bibesco* (prince *Georges*). Histoire d'une frontière; la Roumanie sur la rive droite du Danube. XXII, 391.
345. Bibliographie nationale, dictionnaire des écrivains belges. XIX, 495.

346. Bibliotheca apostolica vaticana. XXIX, 239.
347. Bibliotheca Belgica. Voy. Vanderhaeghen.
348. Bibliotheca Casinensis. XVII, 484. XIX, 394.
349. Bibliotheca Cornubiensis. XVIII, 504.
350. Bibliotheca historica italica. XXIII, 244, 484.
351. Bibliothèque des écoles et des familles. XV, 256, 503. XVIII, 258.
352. Bibliothèque des écoles de Rome et d'Athènes. XVII, 473.
353. Bibliothèque d'éducation moderne. XVI, 477. XVIII, 497.
354. Bibliothèque des Français. XVI, 477.
355. Bibliothèque historique de la Belgique. XIX, 495.
356. Bibliothèque internationale de l'art. XVIII, 262.
357. Bibliothèque de la jeunesse française. XXIII, 234.
358. Bibliothèque slave elzévirienne. XXI, 238. XXIII, 232.
359. Bibliothèque de vulgarisation. XXIII, 234. XXVI, 219.
360. Biblioteca della riforma italiana. XXIII, 244.
361. Biblioteca storica italiana. XXVII, 482.
362. *Biedermann* (*K.*). Deutschland im 18 Jahrhundert. XXIII, 402.
363. *Biélaiev*. Lekzii po istorii rouskaho zakonodatelstva (Leçons sur l'histoire de la législation russe). XIX, 138.
364. — Les paysans en Russie. XIX, 138.
365. *Bielowski*, *Kentrzinski* et *Liské*. Monumenta Poloniae historica. XVII, 153.
366. *Biese*. Die Entwickelung des Naturgefühles bei den Griechen. XXVI, 416.
367. — Die Entwickelung des Naturgefühls bei den Rœmern. XXVIII, 146.
368. *Bigot* (*L.*). Le connétable de Richemont. XXIV, 460.
369. *Bigelow* (*M.*). History of Procedure in England from the Norman conquest. XX, 165.
370. *Bilek* (*Th.*). Dejiny Konfiskaci v Cechach po. t. 1618 (Histoire des confiscations en Bohême après 1618). XXIII, 384. XXVIII, 153.
371. *Bilfinger* (*G.*). Antike Stundenzæhlung. XXVIII, 146.
272. *Bilco*. Not. nécrol. XXI, 231.
373. *Bimbenet* (*Eug.*). Histoire de la ville d'Orléans. XXVII, 377.
374. *Binder*. Tacitus und die Geschichte des rœmischen Reiches unter Tiberius in den ersten sechs Büchern ab excessu divi Augusti. XVII, 393.
375. — Die Bergwerke im rœmischen Staatshaushalt. XXVIII, 143.
376. *Bindseil* (*Th.*). Die antiken Græber Italiens. XXII, 119.
377. — Geschichte der Stadt Akragas bis zu ihrer Zerstœrung durch die Rœmer. XXVII, 415.
378. Biographie nationale belge. XXV, 484.
379. *Biollay* (*L.*). Études économiques sur le XVIIIe siècle. XXVIII, 351.
380. *Bionne*. Dupleix. XVII, 136.
381. — Not. nécrol. XVIII, 254.
382. *Biot* (*Ed.*). Tchou-chou-ki-nien. XVIII, 146.
383. — Études sur les anciens temps de l'histoire chinoise. XVIII, 154.
884. *Birch*. Records of the past. XXI, 482.
385. *Biré*. V. Hugo avant 1830. XXVI, 217.
386. — Journal d'un bourgeois de Paris. XXVI, 218.
387. *Birket Smith* (*S.*). Studier paa det gamle danske Skuespils Omraade. XXIII, 247.
389. *Birt* (*Th.*). Das antike Buchwesen in seinem Verhæltniss zur Litteratur. XXVI, 415, XXVIII, 146.
390. *Bischoff* (*F.*) et *A. Schœnbach*. Steirische u. Kaernthische Taidinge. XVI, 165.
391. *Bisping* (D[r]). Not. nécrol. XXV, 480.
392. *Bissinger*. Uebersicht über Urgeschichte und Alterthümer d. Badischen Landes. XXVII, 136.
393. *Blanc* (*Louis*). Dix ans de l'histoire d'Angleterre. XVI, 477.
394. — Not. nécrol. XXI, 230.
395. *Blancard* (*L.*). Le besan d'or sarrazinas pendant les croisades. XV, 500.
396. — Documents inédits sur le commerce de Marseille au moyen âge. XXVIII, 459.
397. — La question Gondovald. XXIX, 468.
398. *Blanchard* (*Claude*). Journal de voyage. XVIII, 498.
399. *Blanchard-Jerrold*. Not. nécrol. XXV, 230.
400. *Blanchère* (*R. de la*). Voyage d'études dans une partie de la Maurétanie Césarienne. XXIII, 230.
401. *Blasiis* (*G. de*). Fabrizio Maramaldo e suoi antenati. XXVIII, 364.
402. *Blass* (*F.*). Die attische Beredsamkeit. XVI, 430.
403. *Blaas*. Ueber die politische, reli-

giœse und sociale Stellung der Gallier nach Cæsar's Aufzeichnungen. XXVII, 420.
404. *Bloch* (*G.*). Les origines du Sénat romain. XXVIII, 164.
405. *Blocqueville* (marquise *de*). Voy. Eckmühl (A.-L. d').
406. *Block*. Een Hollandsche stad onder de Bourgondisch-Oostenrijksche heerschappy. XXIX, 139.
407. — Le début du règne du duc Aubert (1358-74). XXIX, 140.
408. *Blot* (*A.*). Notice historique et descriptive sur Évreux. XV, 259.
409. *Bludau* (*A.*). De fontibus Frontini. XXVII, 393.
410. *Blumer* (*J.-J.*) Urkundensammlung zur Geschichte des Kantons Glarus. XXIV, 146.
411. *Bluntschli* (*J.-Gaspard*). Not. nécrol. XVIII, 270.
412. *Bobrzynski*. Tractatus de natura jurium et bonorum regis et de reformatione regni ac ejus republicae regimine quem in lucem edidit Stanislas Zaborowski. XVII, 160.
413. — Acta expeditionum..... in Valachos et Turcos, 1487-98. XXII, 247.
414. *Boca* (*L.*) et *A. Rendu*. Inventaire sommaire des archives départementales de la Somme. XXV, 226.
415. *Bocchi* (Dr *Fr.-A.*). Trattato geografico-economico comparativo per servire alla storia dell' antica Adria e del Polinese di Rovigo. XIX, 406.
416. *Bodungen* (*F. von*). Die vormalige Grafschaft Lützelstein. XV, 160.
417. *Body* (*Albin*). Étude sur les noms de famille du pays de Liège. XVIII, 131.
418. — Gustave III aux eaux de Spa. XVIII, 137.
419. *Bœhme* (*W.*). Dexippi fragmenta ex Julio Capitolino, Trebellio... collecta. XXVII, 395.
420. *Bœhmer*. Regesta imperii, nouv. éd. p. p. E. Muehlbacher. XVIII, 183.
421. *Bœthius* (*S.-J.*). Minnen ur Sveriges nyare historia (Réminiscences de l'histoire moderne de la Suède). XXI, 154.
422. *Bœttiger* (*H.*). Die Ereignisse um Leipzig im Herbste. XXIII, 392.
423. *Bœtticher* (*A.*). Die Stadt des Tantalos. XXIII, 131.
424. — Olympia, das Fest und seine Stætte. XXVI, 374.
425. *Boguslawski* (*A. v.*). Das Leben des Generals Dumouriez. XVI, 447.
426. *Bohn* (*O.*). Milites praetoriani et urbaniciani originis Italicae. XXVIII, 137.
427. — Ueber die Heimath der Prætorianer. XXVIII, 137.
428. *Bohn* (*R.*). Der Tempel der Athene Polias zu Pergamon. XXIII, 130.
429. — Die Propylæen auf der Akropolis von Athen. XXVI, 374.
430. — Voy. Conze (A.).
431. *Boileau* (l'abbé *J.-B.*). Voy. Tamizey de Larroque.
432. *Boislisle* (*A. de*). Mémoires de Saint-Simon. XVIII, 496.
433. — Mémoires des intendants sur les généralités. XVII, 358. XXV, 173.
434. — Les conseils sous Louis XIV. XXVII, 214.
435. *Boissière* (*G.*). L'Algérie romaine. XXII, 475.
436. *Boito* (*C.*). Architettura del medio evo in Italia. XIX, 393.
437. *Bolles* (*A. S.*). The financial history of the United States. XXVI, 115.
438. *Bompois*. Not. nécrol. XVII, 238.
439. *Bon Compagni* (*Carlo*). Not. nécrol. XV, 512. XVI, 250.
440. *Bonaffé* (*E.*). Le surintendant Fouquet. XVIII, 394.
441. — Recherches sur les collections de Richelieu. XXI, 475.
442. *Bonassieux* (*P.*). Château de Clagny et Mme de Montespan. XVII, 475.
443. — La question des grèves sous l'ancien régime. XXI, 240.
444. — Les assemblées représentatives du commerce sous l'ancien régime. XXIV, 234.
445. — Les cahiers de 89 au point de vue industriel et commercial. XXVII, 222.
446. *Bond* (*L.*). Corfe Castle. XXIX, 413.
447. — Voy. Thompson.
448. *Bondois*. Mœurs et institutions de la France. XXVI, 107.
449. — Vauban et Villars. XXVII, 223.
450. *Bone*. Das rœmische Castell in Deutz. XVII, 387.
451. *Bonet-Maury*. Les origines du christianisme unitaire chez les Anglais. XVIII, 259.
452. *Bonnal* (*Ed.*). La chute d'une république : Venise. XXVIII, 354.
453. *Bonnard*. Traductions de la Bible en vers français au moyen âge. XXVI, 103.
454. *Bonnemère* (*L.*). Voy. Bosc (E.).
455. *Bonnet* (*J.*). Récits du XVIe siècle. XXIX, 470.
456. *Bonnet* (*M.*). Les actes grecs de S. Thomas. XXIII, 231.
457. *Bonfadini* (*R.*). Une promenade historique. XIX, 397.
458. *Bongard* (Dr). Journal de ce qui

s'est passé de mémorable à Langres et aux environs depuis 1628 jusqu'en 1658. XXIV, 461.
459. *Bonnardot* (*H.*). L'abbaye royale de Saint-Antoine-des-Champs. XXI, 380.
460. *Bonvalot* (*Ed.*). Le tiers état d'après la charte de Beaumont. XXIV, 378.
461. *Bonwick*. Port Phillip Settlement. XXIX, 120.
462. *Boor* (*C. de*). Theophanis chronographia. XXVII, 397.
463. — Zur Kenntniss der Weltchronik des Georgios monachos. XXVII, 397.
464. *Boos* (*H.*). Urkundenbuch der Landschaft Basel. XXII, 415.
465. — Urkundenbuch der Stadt Aarau. XXIV, 145.
466. — Urkundenbuch der Landschaft Basel. XXIV, 145.
467. — Voy. Vischer.
468. *Bord* (*G.*). La prise de la Bastille et les conséquences de cet événement dans les provinces. XX, 388.
469. — Voy. Héricault (Ch. d').
470. Bordeaux (archives municipales de). Registres de la Jurade. XXIII, 373.
471. — (documents pour servir à l'histoire de). XXVII, 473.
472. *Borderie* (*A. de la*). Chronique de Bretagne de Jean de Saint-Paul. XIX, 381.
473. *Bordier* (*H.*). La France protestante. XVI, 481. XX, 240. XXV, 476. XXIX, 471.
474. — L'école historique de Jérôme Bolsec. XV, 267.
475. — Description des peintures et autres ornements contenus dans les mss. grecs de la Bibl. nationale. XXII, 232. XXIV, 459.
476. — Le chevalier d'Assas. XXVII, 474.
477. *Borély*. Histoire de la ville du Havre et de son ancien gouvernement. XV, 428. XVIII, 402. XXI, 237.
478. *Borgeaud* (*Ch.*). J.-J. Rousseau's Religionsphilosophie. XXIII, 246.
479. *Borgognoni* (*A.*). La canzone « spirto gentil ». XIX, 416.
480. *Borguet* (*L.*). Voy. Minghetti (M.).
481. *Bormann* (*E.*). Fastorum civitatis Tauromenitanae reliquiae descriptae et editae. XXIII, 135.
482. — Variae observationes de antiquitate Romana. XXVIII, 130.
483. *Bormann* (*R.*). L'Erechtheion. XXIII, 135.
484. *Bormans* (*Stanislas*). Ly Myreurs des Histors de Jean de Preis, dit d'Outre-Meuse. XVIII, 105.
485. — Cartulaire de la commune de Dinant. XVIII, 111.
486. *Bos* (*A.*). Voy. Paris (G.).
487. *Bos* (*E.*). Les avocats aux conseils du roi. XV, 430.
488. *Bosc* (*E.*) et *L. Bonnemère*. Histoire nationale des Gaulois sous Vercingétorix. XVIII, 93.
489. *Bosio* (*Ferd.*). Not. nécrol. XVIII, 506.
490. *Both* (*V.*). Des christlichen Dichters Prudentius Schrift gegen Symmachus. XXVII, 399.
491. *Bott*. Der angebliche Bund von Vazerol vom Iahre 1471. XXIV, 160.
492. *Bouché-Leclercq*. Histoire de la divination dans l'antiquité. XIX, 384.
493. — Voy. Curtius (E.).
494. *Boucher de Molandon*. Documents orléanais du règne de Philippe-Auguste. XVI, 479.
495. — Inscriptions tumulaires des XIe et XIIe siècles à Saint-Benoit-sur-Loire. XXVI, 456.
496. — Jacques d'Arc, père de la Pucelle, sa notabilité personnelle. XXIX, 469.
497. — et Mlle *Foulques de Villaret*. Les comptes de la ville d'Orléans des XIVe et XVe siècles. XVI, 479.
498. *Bouchot* (*Henri*). Les portraits aux crayons des XVIe et XVIIe siècles conservés à la Bibliothèque nationale. XXIV, 375.
499. — et *E. Lemaire*. Livre rouge de l'hôtel de ville de Saint-Quentin publié avec une préface de M. H. Martin. XVIII, 392.
500. *Boulay de la Meurthe* (comte). Le Directoire et l'expédition d'Égypte. XXVIII, 355.
501. *Boulgarov*. Not. nécrol. XXI, 253.
502. *Bourbon* (*C.*). Notices historiques et archéologiques. XXIV, 462.
503. *Bourchenin*. Les académies protestantes. XXIX, 102.
504. *Bourdeau* (*L.*). La conquête du monde animal. XXIX, 467.
505. *Bourgeois* (*E.*). Le capitulaire de Kiersy-sur-Oise. XXIX, 100.
506. — Hugues l'abbé. XXIX, 468.
507. *Bourgeon*. La réforme à Nérac. XV, 429.
508. *Bourgoin* (*Aug.*). Valentin Conrart. XXIII, 126.
509. *Bourke*. The Snake dance of the Moquis of Arizona. XXIX, 126.
510. *Bourmont* (comte *A. de*). Étude sur la fondation de l'université de Caen et son organisation au XVe siècle. XXVII, 377.
511. *Boursier* (D[r]). Histoire de la ville

et châtellenie de Creil. XXII, 113.
512. *Bouquet*. Documents sur Neufchatel-en-Bray. XXVIII, 116.
513. *Bouteiller* (*E. de*). Petite bibliothèque messine. Éloge de Metz. XVI, 245, 246.
514. — et *Eug. Hepp*. Correspondance politique adressée au magistrat de Strasbourg par ses agents à Metz. XX, 139.
515. — Not. nécrol. XXII, 473.
516. *Boutiot* (*H.*). Voy. Det (S.).
517. *Bouton* (*V.*). — Wapenboeck ou Armorial de Gelre. XVII, 482.
518. *Boudroux*. Voy. Zeller (Ed.).
519. *Boutry* (*Julien*). Notice sur le steen d'Anvers. XVIII, 129.
520. *Bouvet* (Père *J.*). Portrait historique de l'empereur de Chine (Kang hi). XVIII, 161.
521. *Bouvier* (*F.*). Les Vosges pendant la Révolution. XXVIII, 128.
522. *Bouzet* (*Ch. du*). Not. nécrol. XXIII, 228.
523. *Bozzo* (*Steph. Vittorio*). Note storiche siciliane del sec. XIV. XXI, 144.
524. *Brabant* (Père *F.*). Régnier Ier au Long Col et la Lotharingie à son époque (850-915). XVIII, 102.
525. *Braghirolli* (*W.*). Not. nécrol. XXVIII, 235.
526. *Bramston* et *Leroy*. Historic Winchester. XXIX, 413.
527. *Brandl* (*V.*). Zivot J. Dobrovského. XXVIII, 155.
528. *Brandt* (*C. J.*). Om Lunde-Kanniken Christiern Pedersen og hans Skrifter. XXV, 395.
529. *Brandt* (*S.*). Eumenius von Augustodunum und die ihm zugeschriebenen Reden. XXVI, 147. XXVII, 395.
530. *Brants* (*V.*). Histoire des classes rurales aux Pays-Bas jusqu'à la fin du XVIIIe siècle. XVIII, 102.
531. *Brasch*. Om Robert Molesworth's Skrift : an account of Denmark as it was in the year 1692. XVIII, 428.
532. — Det polske Kongevalg (L'élection royale en Pologne de 1674). XXV, 397.
533. *Braumann* (*G.*). Die Principes der Gallier u. Germanen bei Cæsar u. Tacitus. XXIII, 239. XXVII, 420.
534. *Bréal* (*M.*). Excursions pédagogiques. XVIII, 497.
535. *Bréard* (*Ch.*). Les archives de Honfleur. XXIX, 97.
536. — Notes sur la famille du capitaine Gonneville. XXIX, 470.
537. — Journal du corsaire Jean Doublet, de Honfleur. XXV, 363.
538. *Breitschwert* (*O. v.*). Aquileja, das Emporium an der Adria vom Entstehen bis zur Vereinigung mit Deutschland. XV, 509. XVI, 169.
539. *Breitung*. Bemerkungen über die Quellen des Dio Cassius. XXVII, 394.
540. *Bremond d'Ars* (vicomte *G. de*). Le père de Mme de Rambouillet : Jean de Vivonne. XXVII, 220. XXIX, 168.
541. *Brenet* (*M.*). Grétry, sa vie et ses œuvres. XXVII, 228.
542. *Brentano* (*E.*). Zur Lœsung der Trojanischen Frage. XVI, 483. XXIII, 132.
543. — Not. nécrol. XXII, 236.
544. *Breska* (*Ad.*). Untersuchungen über die Quellen des Polybius im dritten Buche. XXII, 123.
545. *Bretschneider* (Dr). Notices of the Mediaeval Geography and History of Central and Western Asia. XVIII, 170.
546. *Breuillac-Leydet*. La juridiction consulaire à Niort de 1565 à 1790. XV, 502.
547. *Brewer*. English studies. XX, 490.
548. — Not. nécrol. XVII, 370.
549. — et *Martin*. Registrum Malmesburiense. XX, 489.
550. *Breyer* (R.). Wallenstein's Erhebung zum Herzog von Mecklenburg. XXIII, 392.
551. *Brezoianu* (*J.*). Vechile institutiuni a le Romanici. XXII, 408.
552. *Brialmont* (général). Le comte Todleben, sa vie et ses travaux. XXVII, 227.
553. *Bridgman*. Ching von Ki. XVIII, 165.
554. — et *Williams*. The Chinese Repository. XVIII, 151.
555. *Brieger* (*Th.*). Constantin der Grosse als Religionspolitiker. XXII, 137.
556. *Brièle*. Délibérations de l'ancien bureau de l'Hôtel-Dieu. XVII, 357.
557. — Inventaire des archives de l'Hôtel-Dieu. XX, 138.
558. — Comptes de l'Hôtel-Dieu de Paris. XXVII, 363.
559. *Brill* (*G.*). Voorlezingen over de Geschiedenis der Nederlanden (Lectures sur l'histoire des Pays-Bas). XVII, 146.
560. — De Geschiedenis der volken in schetsen. XX, 399.
561. — Schets der geschiedenis van het Israëlitische volk. XX, 399.
562. *Brinckmeier* (*Ed.*). Praktisches Handbuch der historischen Chronologie aller Zeiten und Vœlker. XXII, 157.
563. *Brinton*. Chroniques des Mayas. XXVI, 112.

564. *Briquet* (*C.-M.*). La légende paléographique du papier de coton. XXVII, 214.
565. *Brockhaus* (*H.*). Vorgeschichte des Nürnberger Kurfürstentages 1640. XXIII, 394.
566. *Brockmann* (*F.-B.*). System der Chronologie. XXVII, 407.
567. *Broeckaert* (*J.*). Voy. Potter (Fr. de).
568. *Brœcker* (*O.*). Moderne Quellenforscher und Antike Geschichtsschreiber. XXVI, 387.
569. *Broglie* (duc *de*). Frédéric II et Marie-Thérèse. XXI, 376.
570. — Frédéric II et Louis XV. XXVII, 369.
571. *Broglie* (*E. de*). Fénelon à Cambrai. XXV, 371.
572. *Brosch* (*M.*). Geschichte des Kirchenstaates. XVI, 433. XXVI, 179.
573. *Brosien*. Der Streit um Reichsflandern in der zweiten Hælfte des dreizehnten Jahrhunderts. XXVI, 459.
574. *Brossard* et *Jarrin*. Cartulaire de Bourg-en-Bresse. XXI, 123.
575. *Brown* (*R.*). Calendars relating to English affairs. XX, 154.
576. — Not. nécrol. XXIII, 482.
577. *Browne* (*H.*). Maryland, the history of a Palatinate. XXIX, 130.
578. — et *Lee*. Archives de Maryland. XXIV, 246.
579. *Browne* (*J.-F.*). Bède le Vénérable. XXIX, 393.
580. *Browning* (*O.*). The political memoranda of Francis Duke of Leeds. XXVII, 480. XXIX, 121.
581. *Brucker* (*J.*). Inventaire sommaire des archives communales de la ville de Strasbourg antérieurement à 1790. XXII, 477.
582. *Brückler* (*C.-A.*). De chronologia belli quod dicitur Corinthiaci. XXIII, 149.
583. *Brückner* (*A.*). Die Familie Braunschweig in Russland im xviii Jahr. XXIII, 247.
584. *Brückner* (*G.*). Not. nécrol. XVII, 249.
585. *Brudzewo* (*Paul de*). Magistri Pauli Vladimiri tractatus de potestate papae et imperatoris respectu infidelium. XVII, 160.
586. *Bruel* (*Al.*). Pouillés des diocèses de Clermont et de Saint-Flour. XX, 378.
587. — Recueil des chartes de l'abbaye de Cluny. XV, 418. XXVII, 474. XXVIII, 114.
588. *Bruelcke* (*P.*). Die Entwickelung der Reichsstandschaft der Stædte. XXIV, 182.
589. *Bruins* (*D.*). Plutarchi vita Pompeji cum Ciceronis testimoniis collata. XX, 397.
590. *Brun* (*A.*). Histoire de Saint-Nazaire. XXVII, 218.
591. *Brun* (*Fr.*). La vie privée des paysans au moyen âge et sous l'ancien régime. XIX, 231.
592. *Brunel*. Les philosophes et l'Académie française au xviiie siècle. XXVI, 106.
593. *Brunetière* (*F.*). Histoire et littérature. XXV, 475.
594. Pausanias und seine Anklæger. XXVI, 376.
595. *Brunnenmeister* (Dr *E.*). Die Quellen des Bambergensis. XVII, 168.
596. *Brunner* (Dr *H.*). Zur Rechtsgeschichte der rœmischen und germanischen Urkunden. XIX, 433.
597. *Brunot* (*F.*). De moribus Germanorum. XXIII, 230.
598. *Bruns* (*Ch.-G.*). Not. nécrol. XV, 506.
599. *Bruun*. Not. nécrol. XVI, 253.
600. *Bruwaert* (*E.*). Mémoires de Jacques Carorguy. XVI, 479. XXII, 183.
601. *Bruyn* (*M. de*). Histoire de l'église réformée dans les Indes néerlandaises de 1602 à 1795. XXVIII, 471.
602. *Bruyne* (*Ph. de*). Histoire politique, religieuse et militaire du comté de Hainaut. XVIII, 132.
603. *Bryant* (*W. C.*). A popular history of the United States. XX, 168.
604. *Brzowska*. De canone decem oratorum quaestiones. XXVI, 373.
605. *Bucer*. Voy. Lenz (Max).
606. *Bücheler*. Interpretatio tabularum Iguvinarum. XVII, 388.
607. — Umbrica. XXVII, 408.
608. — Lexicon Italicum. XXVII, 408.
609. — Die staatliche Anerkennung des Gladiatorenspiels. XXVIII, 143.
610. — Aufhebung der Gladiatorenschulen. XXVIII, 143.
611. *Bucholz* (*E.*). Das œffentliche Leben der Griechen im heroïschen Zeitalter. XXIII, 154.
612. *Buchholz* (*G.*). Die Würzburger Chronik. XV, 476.
613. *Buck* (Père *R. de*). Not. nécrol. XVI, 249.
614. *Bücking* (*H.*). La configuration géologique de la contrée d'Olympie. XXIII, 130.
615. *Budaker*. Ueber die Erziehung der Jugend bei den alten Rœmern. XXVIII, 146.
616. *Buddensieg*. Wyclif's polemical works. XXIV, 468.
617. *Budé* (*Eug. de*). Guillaume Budé. XXVII, 113.
618. *Budge* (*A.*). The history of Esarhaddon. XXI, 167.

619. *Büdinger*. Kleon bei Thukydides. XVI, 429.
620. — Vorlesungen über englische Verfassungsgeschichte. XXI, 433.
621. — Apollinaris Sidonius als Politiker. XXII, 139.
622. — Cicero und der Patriciat. XXII, 132.
623. — La tradition littéraire relative à la fin de l'empire des Mèdes. XXIII, 136.
624. *Budinsky (A.)*. Die Ausbreitung der lateinischen Sprache. XXII, 135, 156.
625. *Bugge (Sophus)*. Studier over de nordiske Gude-og Heltesagns Oprindelse. XVIII, 141.
626. — Beitræge zur Erforschung der etruskischen Sprache. XXVII, 407.
627. *Bühler* (baron). Extraits des archives de Moscou. XVI, 253.
628. *Buisson (F.)*. Dictionnaire de pédagogie. XIX, 234.
629. *Bulle*. Geschichte der neuesten Zeit. XXIII, 479.
630. *Bullen*. The Tragedy of sir John van Olden Barnevelt. XXIX, 141.
631. *Bullo (C.)*. La vera patria di Niccolo de' Conti e di Giovanni Caboto. XIX, 402.
632. *Bulloch (J.-D.)*. The secret service of the Confederate States in Europa. XXVI, 125.
633. *Bumüller (J.)*. Wallenstein. XXIII, 392.
634. *Bunbury*. A history of ancient geography among the Greeks and Romans. XVI, 185.
635. *Bund (W.)*. A selection of cases from the state trials. XV, 167.
636. *Burchard*. Diarium éd. par Thuasne. XXII, 106. XXIV, 135. XXVIII, 185.
637. *Burger*. De bello cum Samnitis secundo. XXIX, 138.
638. *Burk (C.)*. Martin Luther. XXVI, 127.
639. *Burckardt-Biedermann*. Das rœmische Theater zu Augusta Rauracorum. XXVII, 133.
640. *Burkhardt (J.)*. Die Zeit Constantins des Grossen. XVII, 406.
641. — Bischof Burchard von Basel, 1072-1107. XXIV, 151.
642. — La civilisation en Italie au temps de la Renaissance, trad. par Schmitt. XXVIII, 347. XXIX, 428.
643. Cicerone. Trad. A. Gérard. XXIX, 232.
644. *Bürkli-Meyer (A.)*. Hannibal's Zug über die Alpen nach den Ergebnissen der neuesten militærischen Kritik. XXII, 131.
645. *Burla (V.)*. Le voyage de Priscus à la cour d'Attila. XXVIII, 394.
646. *Burnell*. Not. nécrol. XXI, 247.
647. *Burnett (G.)*. Exchequer rolls of Scotland. XVII, 248. XXIII, 242.
648. *Burrows (M.)*. Register of the visitors of the university of Oxford from 1647 to 1658. XX, 155.
649. *Bursian (C.)*. Not. nécrol. XXIII, 478.
650. *Burton (J.-H.)*. A history of the reign of queen Anne. XV, 162.
651. — Not. nécrol. XVII, 480.
652. *Buschmann*. Bilder aus dem alten Rom. XXVIII, 130.
653. *Bushell (Dr W.)*. The Stone Drums of the Chow Dynasty. XVIII, 158.
654. *Busolt (G.)*. Forschungen zur Griechischen Geschichte. XVI, 427.
655. — Der Phoros der athenischen Bündner. XXVI, 367.
656. — Zur Dienstpflicht der Athenischen Bündner. XXVI, 392.
657. — Ueber die Verlegung des Bundesschatzes von Delos nach Athen. XXVI, 394.
658. — Ephoros. XXVI, 394.
659. — Zu den Quellen der Messeniaka des Pausanias. XXVI, 399.
660. — Das Ende der Perserkriege. XXVI, 403.
661. — Die Chalkidischen Stædte wæhrend des Samischen Aufstandes. XXVI, 405.
662. — Zum pericleischen Plane einer hellenischen Nationalversammlung. XXVI, 406.
663. *Busschere (Ed. de)*. Not. nécrol. XVIII, 505.
664. *Bussière (G.)*. Études historiques sur la Révolution en Périgord. XXVIII, 357.
665. *Busson (A.)*. Der Krieg von 1278 und die Schlacht bei Dürnkrut. XVI, 155.
666. *Butterfield (C. W.)*. History of the discovery of the Northwest by J. Nicolet in 1634. XX, 171.
667. — Washington Irvine Correspondence. XXVI, 119.
668. *Buzy (J.-B.)*. Dom Maugérard ou Histoire d'un bibliographe lorrain, suivie de l'Histoire de la chapelle Sainte-Anne d'Argonne. XX, 482.
669. *Bytchkov*. Chroniques de Novgorod. XIX, 118.

C

670. *C*. Del castello e del nome di Artegna. XXI, 385.
671. *Cabié (E.)*. Les coutumes de la ville de l'Isle-Jourdain. XX, 481.
672. — et *Mazens*. Notes concernant les domaines agenais des Alaman. XXI, 236.

673. — Cartulaire et divers actes des Alaman, des Lautrec, etc. XXII, 376.
674. *Cadier* (*Léon*). Cartulaire de Sainte-Foi de Morlaas. XXVIII, 116.
675. *Cagnat* (*R.*). Étude historique sur les impôts indirects chez les Romains. XX, 140. XXIII, 169.
676. — Voy. Robert (Ch.).
677. — Voy. Berger (Th.).
678. *Cahier* (Père *Ch.*). Not. nécrol. XIX, 226.
679. *Caillemer*. La décrétale d'Honorius III *super specula*. XVI, 478.
680. — Le concile de 855; la querelle de Florus et de Modoin. XXIV, 460.
681. *Caix de Saint-Aymour* (vicomte *de*). Notice sur Hugues de Groot suivie de lettres inédites. XXV, 472.
682. Calendar of documents relating to Scotland p. p. J. Bain. XXV, 479.
683. Calendar of state papers. XV, 263. XVI, 250. XXII, 395, 397. Domestic series. XXIX, 114. Colonial series. XXIX, 115. Cecil manuscripts. XXIX, 390.
684. Calendar of Virginian state papers. XX, 161.
685. *Callandreau*. Ravaillac. XXVIII, 125.
686. *Callery* (*A.*). Histoire du pouvoir royal d'imposer. XVIII, 206.
687. — Histoire des attributions du Parlement, de la Cour des aides et de la Chambre des comptes. XVIII, 206. — Voy. Constant (Ch.).
688. *Callery* et *Yvan*. L'insurrection en Chine depuis son origine jusqu'à la prise de Nankin. XVIII, 163.
689. *Calligas* (*P.*). Μελεται και λογοι (Études et discours). XX, 500.
690. *Callimaque* (*Papadopoulo*). Amintiri despre curtea domnească din Jasi. XXVIII, 381.
691. — Alex. Mavrocordato. XXVIII, 393.
692. *Calmet* (*Aug.*). Histoire de Senones. XIX, 232.
693. *Calonne* (baron *A. de*). La vie agricole sous l'ancien régime en Picardie et en Artois. XXII, 112. XXXIV, 378.
694. *Camavitto* (l'abbé *Luigi*). Sopra l'origine ed il nome di Udine. XXI, 385.
695. *Camera* (*M.*). Memorie storico-diplomatiche dell' antica città e ducato di Amalfi. XIX, 420.
696. *Cammerer* (*C.*). Quaestiones Thucydideae. XXIII, 140.
697. *Campardon* (*E.*). Les prodigalités d'un fermier général. XIX, 229.
698. *Campbell*. Annales de la typographie néerlandaise au xve siècle. XXVII, 488.
699. *Campori* (*G.*). Notizie della maiolica e della porcellana di Ferrara nei secoli xv e xvi. XIX, 409.
700. *Canetta* (*C.*). Table des dix premières années de l'*Archivio storico lombardo*. XXVII, 481.
701. *Canonge* (*F.*). Histoire militaire contemporaine. XX, 242, 483. XXIV, 417.
702. *Cantémir* (*D.*). Operile principelui. XV, 446. XXV, 386.
703. *Cantu* (*C.*). Gli ultimi trent' anni. XV, 439. XVI, 253.
704. — Caratteri storici. XIX, 391.
705. *Capasso* (*B.*). Monumenta ad Neapolitani ducatus historiam pertinentia. XVI, 485. XIX, 418.
706. *Cardon* (*R.*). Ordinamento del governo locale in Inghilterra. XXIV, 246.
707. — Svolgimento storico della costituzione inglese. XXVI, 428.
708. *Cardonne* (*de*). L'empereur Alexandre II. XXIV, 377.
709. *Cardot*. Pierre de Xaintonge, avocat général au parlement de Bourgogne (1615-1641). XX, 442.
710. *Carlson* (*F.-F.*). Sveriges Historia under Konungarne af Pfalziska huset. XIX, 504. XXI, 160.
711. *Carlyle* (*Thomas*). Not. nécrol. XV, 510.
712. *Carné* (*G. de*). Les chevaliers bretons de Saint-Michel. XXV, 122.
713. *Carnot* (*H.*). La Révolution française. XXIV, 234.
714. *Caro* (*E.*). Études sur la fin du xviiie siècle. XV, 503.
715. *Caron* (*E.*). Monnaies féodales françaises. XXV, 165.
716. *Caron* (*L.*). Michel Le Tellier. XVI, 147.
717. *Carrano*. Ricordanze. XXVIII, 373.
718. *Carré* (*François*). Voy. Porrée (l'abbé).
719. *Carré* (*Gustave*). Histoire populaire de Troyes et du département de l'Aube. XVII, 476.
720. *Cars* (duc *des*). Mémoires de Mme la duchesse de Tourzel. XXII, 380.
721. *Carsalade du Pont* (*J. de*). Documents inédits sur la Fronde. XXIII, 474.
722. — Les Huguenots en Bigorre. XXVI, 217.
723. *Cart* (*W.*). Cours élémentaire de géographie ancienne. XXVIII, 469.
724. *Cartault* (*A.*). De Causa Harpalica. XXII, 413.
725. *Cartwright* (*J. F.*). The Wentworth Papers. XXIX, 118.
726. *Castellani*. Biblioteche dell' Antichità. XXVI, 227.

727. *Castelnau (Albert).* Les Médicis. XVII, 180.
728. *Castets.* Turpini Historia Caroli Magni et Rotholandi. XVII, 241.
729. — Il Fiore. XVII, 241.
730. *Castonnet - Desfosses.* Les relations de la France avec le Tong-Kin et la Cochinchine. XXV, 474.
731. — François Bernier. Documents inédits sur son séjour dans l'Inde. XXIX, 473.
732. — La Révolution et les clubs dans l'Inde française. XXIX, 473.
733. — M. de Durfort de Civrac, maire de Pondichéry. XXIX, 473.
734. *Castro (Giov. de).* Milano durante la dominazione Napoleonica. XV, 437.
735. — Milano e la repubblica cisalpina. XV, 437.
736. — Patria, sommario di storia nazionale. XX, 253.
737. — Storia d'Italia dal 1795 al 1814. XX, 254.
738. *Cate Fennema (B. ten).* Quaestiones parthicae. XX, 396.
739. *Cathrein (V.).* Die englische Verfassung. XXI, 433.
740. *Cauer (E.).* Essais sur Frédéric II réunis par E. Hermann. XXVII, 477.
741. *Cauer (P.).* De muneribus militaribus centurionatu inferioribus. XXII, 121.
742. — Delectus inscriptionum graecarum, propter dialectum memorabilium. XXVI, 365.
743 *Cauvet (J.).* L'empereur Justinien et son œuvre législative. XVI, 478.
744. — Not. nécrol. XXVI, 453.
745. *Cavallucci (J.).* S. Maria del Fiore, storia documentata. XIX, 414.
746. — Les Della Robbia. XXIV, 374.
747. *Carina (Al.).* Not. nécrol. XVIII, 506.
748. *Cecchetti (B.).* Gli archivi della regione veneta. XIX, 399.
749. *Celakovsky (J.).* O praveck mest. Brikciho z. Licka. XVI, 176.
750. — Urad podkomorsky v Cechaoh. XIX, 423.
751. *Céleste.* Lettres inédites de Montesquieu. XXV, 474.
752. *Celichowsky.* Voyez Dziadijuski (Cte Tite).
753. *Ceresole (V.).* Relazioni tra la casa degli Aldobrandini e la Repubblica di Venezia. XV, 514.
754. *Cerfbeer de Medelsheim.* Biographie alsacienne-lorraine. XV, 158.
755. *Cesarotti* (Tre lettere di *Melchiorre*). XV, 436.
756. *Cesca (G.).* Le relazioni fra Trieste e Venezia fino al 1381. XIX, 407.
757. *Ceuleneer (A. de).* Essai sur la vie et le règne de Septime-Sévère. XVIII, 101.
758. — Notes sur l'art et l'archéologie du Portugal. XXI, 251.
759. *Chaban* (comte *de*). Essais sur l'origine du nom des communes dans la Touraine, le Vendômois et une partie du Dunois. XXIX, 468.
760. *Chabas.* Not. nécrol. XIX, 490.
761. *Chaignet.* La psychologie d'Aristote. XXIV, 231.
762. *Challe (Amb.).* Not. nécrol. XXII, 473.
763. *Chalus* (commandant *de*). Wissembourg, Frœschwiller. Retraite sur Châlons. XXI, 240.
764. *Chambarlu (A.).* De magistratibus Flaviorum. XXVIII, 132.
765. *Chamberlain (M.).* John Adams, the Statesman of the Revolution. XXIX, 133.
766. *Champagny* (comte *de*). Not. nécrol. XIX, 490.
767. *Champion (Edme).* Philosophie de l'histoire de France. XVIII, 405.
768. *Champollion-Figeac.* Chroniques dauphinoises. XIX, 388.
769. *Chandler (P. W.).* Memoir of gov. Andrew, with personal reminiscences. XX, 175.
770. *Chantelauze (R.).* Mémoires de Philippe de Commynes. XV, 258, 420.
771. — Louis XIV et Marie Mancini. XVI, 153. XX, 431.
772. — Louis XVII. XXIV, 377.
773. — Mémoires du cardinal de Retz. XX, 379.
774. — Saint Vincent de Paul et les Gondi. XX, 384.
775. *Chantrel.* Not. nécrol. XXVI, 453.
776. *Charavay (E.).* L'héroïsme civil. XVI, 477.
777. — Rapport sur les lettres de Louis XI conservées en Italie. XVIII, 261.
778. — et *J. Vaesen.* Lettres de Louis XI. XXIV, 366.
779. *Chardon (H.).* La Vie de Rotrou mieux connue. XXVII, 369.
780. — Du rôle et des attributions de la Cour des comptes en ce qui concerne la gestion des deniers de l'État. XXVIII, 459.
781. *Charvériat.* Étude sur l'histoire de la constitution de Cologne au moyen âge. XVIII, 261.
782. *Chassaing.* Chartes et coutumes seigneuriales de Chapteuil et de Leotoing. XX, 481.
783. — Cartulaire des Templiers du Puy en Velay. XXI, 236.
784. — Calendrier de l'église du Puy en Velay au moyen âge. XXI, 237.

785. *Chassin* (*Ch.-L.*). Les cahiers des curés. XIX, 234.
786. *Chassiotis* (*G.*). L'Instruction publique chez les Grecs depuis la prise de Constantinople jusqu'à nos jours. XVI, 478. XXVIII, 398.
787. *Chastel* (*E.*). Histoire du christianisme. XVII, 253. XXI, 472. XXIII, 231. XXV, 477.
788. *Chatelain* (*Ém.*). Paléographie des classiques latins. XXVI, 455. XXVIII, 458.
789. *Chatellier* (*Du*). Not. nécrol. XXVIII, 454.
790. *Chauvet.* Voy. Joanne.
791. *Chavannes.* Extraits des manuaux du conseil de Lausanne. XXIV, 146.
792. *Chavot* (*Th.*). La géographie historique du Mâconnais. XXIV. 377.
793. *Chebapci* (*Démètre*). Histoire critique des Roumains. XVIII, 509.
794. *Chérest* (*A.*). L'archiprêtre. XV, 155.
795. — La chute de l'ancien régime. XXVII, 121.
796. — Not. nécrol. XXVII, 472.
797. *Chéruel.* Histoire de France pendant la minorité de Louis XIV. XV, 152.
798. — Histoire de France sous le ministère Mazarin. XVIII, 401. XXI, 374.
799. *Chester* (*J. L.*). Not. nécrol. XIX, 496.
800. *Chevalier* (l'abbé *U.*). Répertoire des sources historiques du moyen âge. XXV, 127.
801. *Chevreul* (*H.*). Pièces sur la Ligue en Bourgogne. XVI, 479. XIX, 233. XXIII, 232.
802. *Chevrier.* Chalon-sur-Saône pittoresque et démoli. XXII, 231.
803. *Chiala.* L'alleanza di Crimea. XVII, 202.
804. — Davout. XIX, 504.
805. — C. Cavour. Lettere edite ed inedite. XXVIII, 375.
806. *Chiesi* (*Gust.*). La tradizione federale in Italia. XIX, 391.
807. *Chipiez.* Voy. Perrot (G.).
808. *Chirtani* (*L.*). Milan monumental. XIX, 396.
809. *Chorier* (*N.*). Vie d'Artus Prunier de Saint-André... publiée par A. Vellot. XXII, 185.
810. *Choullier* (*Émile* et *Ernest*). Pierre Richard, dit le Saint de Savières. XVII, 477.
811. *Choublier.* Histoire sommaire de la France. XV, 506.
812. *Christ* (*Carl*). Le *Limes romanus* dans le Wurtemberg. XXII, 118.
813. — Die Rheinübergænge der Rœmer bei Mainz u. das Castellum Trajani. XXVII, 131.
814. — Beitræge zur vergleichenden Mythologie. XXVIII, 148.
815. — Zur Kentniss des Mithras. XXVIII, 148.
816. — Voy. Naeher.
817. *Christensen.* Beitræge zur Alexandersage. XXVI, 396.
818. *Christie* (*R. C.*). Étienne Dolet the martyr of the Renaissance. XVI, 440.
819. Chroniken (Die) der deutschen Stædte vom vierzehnten bis zum sechszehnten Jahrhundert. XXVI, 159.
820. Chronique abrégée de la Sibérie. XIX, 118.
821. Chroniques bâloises. XV, 516.
822. *Chuquet* (*Arthur*). Le général Chanzy. XXIV, 142.
823. *Cibot* (*Père*). Lettre de Pékin sur le génie de la langue chinoise et la nature de leur écriture symbolique comparée avec celle des anciens Égyptiens. XVIII, 156.
824. Cinquante ans de liberté (Belgique). XVIII, 122, 505.
825. *Cipolla* (*Carlo*). Storia politica d'Italia. Storia delle signorie italiane dal 1313 al 1350. XXII, 164.
826. *Cipolla* (*Pasquale*). Toscana e Sicilia; appunti e note in occasione del VI centenario del vespro. XXI, 147.
827. *Cittadella* (comte *G.*). Not. nécrol. XXVIII, 236.
828. *Claeys* (*Pr.*). Pages d'histoire locale gantoise. XXIX, 240.
829. *Clamageran* (*J.-J.*). L'Algérie. XXIII, 236.
830. *Claretta.* Storia del regno e dei tempi di Carlo Emanuele II. XV, 434.
831. — Sui principali storici piemontesi e specialmente sugli storiografi della real casa di Savoia. XV, 435.
832. — Roberto di Durazzo. XVI, 252.
833. — Giacomina d'Entremont ed Emanuele Filiberto. XX, 501.
834. — Statuti antichi inediti e statuti recenti dell' ordine supremo della S. S. Annunziata. XXII, 246. XXVIII, 368.
835. — I signori di Montafia. XXVIII, 368.
836. *Clarin* (*A.*). Histoire épisodique de Bourgogne. XVIII, 498.
837. *Clark.* Mediaeval military architecture in England. XXVI, 357.
838. *Clarke* (*J. Th.*). Notes archéologiques sur le littoral de la Grèce. XX, 162.
839. *Clasen* (*Chr.*). Historisch-kritische Untersuchungen über Timaios von Tauromenion. XXVI, 394, 459. XXVII, 379.

840. *Clason* (*O.*). Rœmische Geschichte. XVII, 389.
841. *Claus* (*Ad.*). De Dianae antiquissima apud Graecos natura. XXIII, 158.
842. *Clément* (l'abbé). Les Borgia. XXI, 239.
843. *Clément-Janin*. Les imprimeurs et les libraires dans la Côte-d'Or. XXII, 474.
844. — Not. nécrol. XXIX, 465.
845. *Clerc*. Histoire des états généraux et des libertés publiques en Franche-Comté. XX, 387.
846. *Clerc* (*Ed.*). Not. nécrol. XVIII, 253.
847. *Clermont-Ganneau*. Matériaux inedits pour servir à l'histoire des croisades. XXVIII, 225.
848. — Recueil d'archéologie orientale. XXIX, 229.
849. *Clerq* (*de*). Recueil des traités de la France. XX, 484.
850. *Cliffe Leslie* (*T.*). Not. nécrol. XIX, 235.
851. *Cloquet* (*L.*). Tournai et Tournaisis. XXVI, 462. XXVII, 229.
852. *Clos* (*Léon*). Notice historique sur Castelnaudary et le Lauraguais. XVII, 243.
853. *Cloyseault* (le Père). Vies de quelques prêtres de l'Oratoire publ. p. Ingold. XX, 240. XXIII, 233.
854. *Cocheris*. Not. nécrol. XIX, 490.
855. *Cochin*. Suite de seize estampes representant les conquêtes de l'empereur de Chine. XVIII, 162.
856. *Cœnen*. Ueber griechischen Einfluss auf die rheinisch-gallische Tœpferkunst. XXVII, 130.
857. *Coffinet* (l'abbé). Not. nécrol. XX, 479.
858. *Coglitore* (*J.*). Étude archéologique sur l'ile de Mozia. XXVII, 234. XXIX, 146.
859. *Cognel* (*François*). La vie parisienne sous Louis XVI. XX, 240.
860. *Cohausen* (*A. von*). Bericht über die XIV allg. Vers. d. deutsch. anthrop. Gesels. zu Trier. XXVII, 124.
861. — et *Jacobi*. Das Rœmercastell Saalburg. XXVII, 124.
862. *Cohn* (*Léop.*). De Aristophane Byzantio et Suetonio Tranquillo, Eustathi auctoribus. XXI, 173.
863. — Diodor und seine rœmische Quelle. XXVII, 391.
864. *Coignet* (*Mme*). François Ier. XXIX, 104.
865. *Colbeck* (*C.*). The public schools historical atlas. XXVIII, 231.
866. Coleccion de documentos ineditos para la historia de España. XV, 512. XXII, 484.
867. Coleccion des documentos ineditos relativos al descubrimento, conquista y organizacion de las antiquas posesiones españoles de America y Oceania. XXI, 252.
868. Coleccion de opusculos. XXII, 484.
869. Collectio Lacensis. XIX, 237.
870. Collectio scriptorum ordinis Carmelitarum Excalceatarum. XXIX, 239.
871. Collection de documents publiés par le saint-siège depuis la cessation des rapports officiels entre la Belgique et lui. XVIII, 114.
872. Collection de pièces rares relatives à l'histoire de Lille. XVII, 475.
873. Collezione fiorentina di facsimili paleografici greci e latini. XXVIII, 237.
874. *Collignon*. La mythologie figurée de la Grèce. XXIV, 370.
875. *Collitz*. Sammlung der griechischen Dialektinschriften. XXVI, 365.
876. *Colmet-Daage* (*G.*). Histoire d'une vieille maison de province. XXVI, 219.
877. *Colomb* (*E. von*). Blücher in Briefen aus den Feldzügen 1813-1815. XV, 218.
878. *Colombo* (*G.*). Vita ed opere di Gaudenzio Ferrari. XXVIII, 366.
879. — Documenti e notizie intorno gli artisti vercellesi. XXVIII, 366.
880. — Not. nécrol. XXVI, 225.
881. *Colquhoun* (sir *A.*). Voyage à travers la Chine méridionale. XXVIII, 229.
882. *Comba* (*E.*). Valdo ed i Valdesi avanti la riforma. XX, 421.
883. — Storia della riforma in Italia. XX, 421. XXVIII, 362.
884. *Combes* (*F.*). L'entrevue de Bayonne et la question de la Saint-Barthélemy. XIX, 231.
885. — Lectures historiques à la Sorbonne et à l'Institut. XXVIII, 342.
886. — Madame de Sévigné historien. XXVIII, 342.
887. *Combes* (*Louis*). Not. nécrol. XVI, 244.
888. *Combi* (*C.*). Di Pierpaolo Vergerio il seniore da Capodistria e del suo epistolario. XVI, 172. XIX, 407.
889. *Combier* (*A.*). La justice criminelle à Laon pendant la Révolution. XX, 387.
890. *Communay* (*A.*). Jean des Montiers de Fresse, évêque de Bayonne. XXIX, 470.
891. *Conches* (*Feuillet de*). Voy. Feuillet de Conches.
892. *Condé* (baron *de*). Histoire d'un vieux château de France. XXII, 113.
893. *Conder* et *H. Kitchener*. Carte de la Palestine. XIX, 497.

894. *Cons*. Histoire élémentaire de la France. XV, 506.
895. — De Atace. XIX, 102.
896. — La province romaine de Dalmatie. XIX, 102.
897. *Constant* (*Ch.*). Mémoires de Nicolas Goulas; leur authenticité établie par M. Callery. XVIII, 442.
898. *Contades* (comte *G. de*). Notice sur la commune de Saint-Maurice-du-Désert. XVIII, 497.
899. — Journal d'un fourrier de l'armée de Condé, Jacques de Thibault du Puisact. XXI, 127.
900. *Contzen* (*H.*). Not. nécrol. XV, 507.
901. *Conze* (*A.*). Ueber die Zeit der Erbauung des Grossen Altares zu Pergamon. XXIII, 131. XXVI, 373.
902. —, *Als. Hauser* und *O. Benndorf*. Neue archæologische Untersuchungen auf Samothrake. XVI, 419.
903. — *C. Humann*, *R. Bohn*, *H. Stiller*, *G. Lolling* und *O. Raschdorff*. Die Ergebnisse der Ausgrabungen zu Pergamon. XVI, 419.
904. *Cooke* (*J.-E.*). Virginia a history of the people. XXVI, 116.
905. *Coote*. Romans in Britain. XXV, 135.
906. *Coppée*. History of the conquest of Spain by the Arab-Moors. XX, 166.
907. *Corazzini* (*Fr.*). Storia della marina militare italiana antica. XXVI, 419.
908. *Cordier* (*H.*). Le conflit entre la France et la Chine. XXIV, 235.
909. — Le consulat de France à Hué sous la Restauration. XXIV, 235.
910. *Corlieu* (*A.*). Histoire de Charly-sur-Marne. XVII, 476.
911. Corpus inscriptionum Atticarum. XXVI, 364.
912. Corpus inscriptionum graecarum. XIX, 499. XXVIII, 464.
913. Corpus inscriptionum latinarum. XIX, 499. XXI, 479. XXII, 120. XXIII, 240. XXIV, 241. XXVII, 144. XXVIII, 484.
914. Corpus inscriptionum semiticarum. XXIII, 476.
915. *Corréard*. Choix de textes pour servir à l'histoire des institutions de la France aux XVIIe et XVIIIe s. XXI, 241.
916. — Histoire nationale. XXVI, 220.
917. *Cosci* (*Ant.*). Not. nécrol. XXIV, 476.
918. *Cosnac* (comte *de*). Souvenirs du règne de Louis XIV. XIX, 110, 229.
919. — et *E. Pontal*. Mémoires du marquis de Sourches. XIX, 110, 382. XXIII, 374. XXV, 123. XXVIII, 117.
920. *Costa*. Étude sur Verrazzano. XVIII, 267.
921. *Costantini* (*L.*). Documenti inediti del sec. XV esistenti nell' archivio municipale di Cividale del Friuli. XXI, 393.
922. *Costes*. Institutions monétaires de la France avant et depuis 1789. XXIX, 107.
923. *Cot* (*Ed.*). Les grandes découvertes maritimes du XIIIe au XVIe s. XIX, 493.
924. *Cotignola* (baron *A. J. de*). Not. nécrol. XVII, 478.
925. *Coüard-Luys*. Intervention royale dans l'élection d'Arthur Fillon. XIX, 492.
926. — Cartulaire de Saint-Spire de Corbeil. XXI, 473.
927. *Couat*. La poésie alexandrine sous les trois premiers Ptolémées. XX, 239.
928. *Cougny*. Extraits des auteurs grecs concernant les Gaules. XVIII, 390. XXIV, 365.
929. *Courajod*. Jean Warin et le buste de Louis XIII. XVIII, 398.
930. — Supplément au mémoire intitulé : Deux épaves de la chapelle des Valois à Saint-Denis. XVIII, 398.
931. — Antoine Coysevox et son dernier historien. XXVI, 457.
932. — Le baron Ch. Davillier et la collection léguée par lui au Louvre. XXVI, 457.
933. — Brochures sur l'histoire de l'art. XXVI, 456.
934. — et *E. Molinier*. Catalogue de la collection donnée par le baron Charles Davillier aux musées du Louvre et de Sèvres. XXIX, 97.
935. *Courcy* (marquis *de*). L'Empire du Milieu. XVIII, 151.
936. *Cox* (*W.*). History of the establishment of british rule in India. XXIV, 419.
937. *Coxe* (*H.-O.*). Not. nécrol. XVII, 247.
938. *Craik* (*H.*). The Life of Jonathan Swift. XXIX, 117.
939. *Craven* (Mme *A.*). Le prince Albert de Saxe-Cobourg. XXII, 112.
940. *Créhange*. Histoire de la Russie depuis la mort de Paul Ier jusqu'à nos jours. XX, 241.
941. *Creighton*. A history of the papacy during the period of the Reformation. XXVI, 156.
942. *Criegern*. J. A. Comenius als Theolog. XIX, 425.
943. *Crœger*. Geschichte Liv- Est- und Kurlands. XXIII, 247.
944. *Croker* (*W.*). Voy. Jennuys.
945. *Crohn*. De Trogi Pompei apud

antiquos auctoritate. XXVI, 400. XXVII, 391.
946. *Croiset* (*A.*). Leçons de littérature grecque. XXVI, 220.
947. *Croiset* (*M.*). Essai sur la vie et les œuvres de Lucien. XXI, 368.
948. *Croquet*. La constitution belge commentée. XVIII, 125.
949. *Cros* et *Henry*. L'encaustique et les autres procédés de peinture chez les anciens. XXIX, 376.
950. *Crosby* (*A. J.*). Not. nécrol. XVIII, 502.
951. *Crosnier* (l'abbé). Not. nécrol. XV, 499.
952. *Cruyplants*. Histoire de la cavalerie belge au service d'Autriche, de France, des Pays-Bas. XVIII, 120.
953. — Souvenirs d'un volontaire de 1830. XVIII, 126.
954. *Cuissard* (*Ch.*). Inventaire des mss. de la bibliothèque d'Orléans, fonds de Fleury. XXIX, 476.
955. *Cuniglio* (*A.*). Étude sur la constitution anglaise. XVIII, 269.
956. *Cunitz* (*E.*). Voy. Bèze.
957. *Cunningham*. The growth of english Industry and Commerce. XXV, 140.
958. *Cuno* (*J.-G.*). Verbreitung des etruskischen Stammes über die italische Halbinsel. XVII, 397.
959. — Les légendes qui se rattachent aux noms de Tarquinius Priscus, de Servius Tullius et de Tanaquil. XXII, 129.
960. — Etruskische Studien. XXVII, 409.
961. *Cuq* (*E.*). Études d'épigraphie juridique. XVII, 474.
962. — Le conseil des empereurs d'Auguste à Dioclétien. XXIX, 415.
963. *Curie Seimbres*. Essai sur les villes fondées dans le S.-O. de la France aux XIIIe et XIVe siècles sous le nom de bastides. XVI, 406.
964. *Curtis* (*G. T.*). The life of James Buchanan. XXVI, 122.
965. *Curtius* (*E.*). Histoire grecque trad. par Bouché-Leclerq. XV, 256. XVI, 477. XXIV, 459.
966. — Die Reichsbildungen im klassischen Alterthum. XXII, 133.
967. — Die Griechen in der Diaspora. XXVI, 385.
968. — et *J. A. Kaupert*. Karten von Attika. XXIII, 133.
969. — *F. Adler* und *G. Treu*. Die Ausgrabungen zu Olympia, IV. Uebersicht der Arbeiten und Funde vom Winter und Frühjahr 1878-79. XVI, 419.
970. *Curtius* (*G.*). Not. nécrol. XXIX, 477.
971. *Cutts*. Charlemagne. XXII, 243.
972. *Cutts*. Constantine the Great. XXVI, 145.
973. *Czwalina* (*C.*). Ueber das Verzeichniss der rœmischen Provinzen vom Jahre 297. XXII, 137.

D

974. *Daae* (*L.*). Norges Helgener (Les saints de Norwège). XVIII, 142.
975. — Normænds Udvandringer til Holland og England i nyere Tid. XVIII, 142.
976. *Dacosta* (*F.*). Voy. White (W.).
977. *Daguin* (*A.*). Les évêques de Langres. XXV, 476.
978. *Dahlgren* (*M. V.*). Memoir of John A. Dahlgren, rear-admiral United States Navy. XXVI, 121.
979. *Dahn*. Die Alemannenschlacht bei Strassburg. XVII, 405.
980. — Urgeschichte der germanischen u. romanischen Vœlker. XIX, 500. XXII, 138.
981. — Deutsche Geschichte. XXVII, 429.
982. — Voy. Wietersheim.
983. *Dally* (lieut. col.). Les armées étrangères en campagne. XXVII, 475.
984. *Daniel* (*A.*). L'année politique. XV, 506. XIX, 235.
985. *Danielson* (*J.-R.*). Zur Geschichte der Sæchsischen Politik 1706-1709. XVII, 194.
986. — Bidrag till en framstællning af Englands social politik (La politique sociale de l'Angleterre). XX, 425.
987. *Danitchich* (*G.*). Not. nécrol. XXII, 481.
988. *Dændliker* (*K.*). Geschichte der Schweiz. XXIV, 478. XXVII, 485.
989. — Ursprung und Charackter des alten Zürichkrieges. XXIV, 156.
990. — Hans Waldmann's Jugendzeit und Privatleben. XXIV, 159.
991. *Dard* (baron). Bibliographie historique de la ville de Saint-Omer. XV, 502.
992. *Dardier* (*Ch.*). Correspondance de Paul Rabaut avec Antoine Court. XXVIII, 117.
993. *Dareste*. La loi de Gortyne. XXIX, 372.
994. *Dareste de la Chavanne* (*Cl.*). Not. nécrol. XX, 235.
995. *Darimon*. Histoire de douze ans (1857-69). XXII, 391.
996. *Daris*. Histoire du diocèse et de la principauté de Liège pendant le XVIe siècle. XXVII, 227.
997. *Darmesteter* (*J.*). Coup d'œil sur l'histoire du peuple juif. XVI, 391.
998. — Notice sur Joseph Salvador. XVIII, 499.

999. *Darmesteter* (*J.*). Essais orientaux. XXIII, 124.
1000. — Etudes iraniennes. XXIII, 124.
1001. *Daudet* (*E.*). Histoire des conspirations royalistes du Midi sous la Révolution. XVI, 415.
1002. — Histoire de la Restauration. XIX, 117.
1003. *Davenport* (*J.-M.*). Not. nécrol. XIX, 235.
1004. *Davies* (*J. S.*). History of Southampton. XXIX, 411.
1005. *Davis* (*H.*). Étude sur les constitutions des États de l'Union. XXIX, 481.
1006. *Davis* (*John Francis*). The Chinese. XVIII, 151.
1007. *Davis* (*Jefferson*). The rise and fall of the confederate government. XX, 175.
1008. *Debidour*. Duguesclin. XV, 256.
1009. — Le général Bigarré. XV, 256.
1010. — L'impératrice Théodora. XXVIII, 344.
1011. *Decker* (*P. de*). Notice sur H. Conscience. XXVIII, 461.
1012. *Decker* (*Alf. de*). Histoire des malcontents des Pays-Bas au XVIe s. XXI, 250.
1013. *Decrue* (*Francis*). Anne de Montmorency. XXVIII, 348.
1014. *Deecke* und *Pauli*. Etruskische Studien. XXVII, 407.
1015. *Defer*. Histoire de Trainel. XXIX, 230.
1016. *Defrémery* (*Ch.-Fr.*). Not. nécrol. XXIII, 474.
1017. *Degani* (*E.*). La diocezi di Concordia ; notizie e documenti. XIX, 405. XXI, 383, 393.
1018. — Documenti inediti della diocesi di Concordia. XIX, 405.
1019. *Degner* (*Ed.*). Quaestiones de curatore reipublicae. XXVIII, 133.
1020. *Dehaisnes*. Inventaire sommaire des archives communales de la ville de Bouchain. XX, 483.
1021. *Dehn-Rotfelser* (*H. von*). Not. nécrol. XXIX, 235.
1022. *Dehner* (*Seb.*). Hadriani reliquiae. XXVII, 394.
1023. *Dejardin* (*A.*). Plans et vues de la ville de Tournai. XVIII, 131.
1024. *Dejob* (*Ch.*). Marc-Antoine Muret. XIX, 385.
1025. — De l'influence du concile de Trente sur la littérature et les beaux-arts chez les peuples catholiques. XXVI, 326.
1026. *Delaborde* (*Fr.*). Pièces relatives au procès du chef de Saint-Denis en 1410. XXVIII, 339.
1027. — Étude sur la chronique en prose de Guillaume le Breton. XVI, 151.
1028. — Chroniques de Rigord et de Guillaume le Breton. XXII, 103.
1029. *Delaborde* (vicomte *H.*). La gravure en Italie avant Marc-Antoine. XXIV, 374.
1030. *Delaborde* (comte *Jules*). Gaspard de Coligny. XV, 151. XXI, 132. XXIV, 406.
1031. *Delamarre* (l'abbé). Histoire de la dynastie des Ming. XVIII, 146.
1032. *Delannoy* (*Ad.*). Notice historique des divers hospices de la ville de Tournai. XVIII, 131.
1033. *Delarc* (*O.*). Les Normands en Italie. XXI, 370.
1034. *Delattre* (*A.*). Le peuple et l'empire des Mèdes. XXVIII, 399.
1035. — L'Asie occidentale dans les inscriptions assyriennes. XXIX, 482.
1036. *Delaunay*. Voy. Robiou.
1037. *Delavaud* (*Louis*). Vie d'Éléonore Desmier d'Olbreuse (1639-1722). XVII, 244.
1038. — Rochefort en 1672 et 1673. XXIV, 463.
1039. *Delaville Le Roulx* (*J.*). L'Hôpital des chrétiens à Saint-Jean d'Acre. XV, 500.
1040. — Registres municipaux de la ville de Tours. XV, 469. XVI, 247, 399.
1041. — Documents concernant les Templiers. XXI, 473.
1042. — Les archives de l'ordre de Saint-Jean de Jérusalem à Malte. XXII, 385.
1043. — Jean Theurel. XVII, 475. XXIX, 473.
1044. *Delboulle*. Histoire de saint Louis par Joinville. XXI, 240.
1045. *Delbrück* (*H.*). Das Leben des Feldmarschalls Grafen Neithardt von Gneisenau. XXIV, 415.
1046. *Delepierre* (*Octave*). Not. nécrol. XVIII, 100.
1047. *Delisle* (*L.*). Cabinet des manuscrits. XX, 138.
1048. — Les très anciens mss. du fonds Libri dans les collections d'Ashburnham place. XXII, 230.
1049. — Le premier registre de Philippe-Auguste. XXIV, 394.
1050. — Inventaire des mss. de la Bibl. nat. XXV, 473.
1051. — Le sacramentaire d'Autun. XXVIII, 225.
1052. — Livres d'heures du duc de Berry. XXVIII, 225.
1053. — Deux lettres de Du Guesclin et de Jean le Bon, comte d'Angoulême. XXVIII, 225.
1054. — Dhuoda. XXIX, 229.

1055. *Delitsch (O.)*. Not. nécrol. XXI, 242.
1056. *Dellios (J.)*. Zur Kritik des Geschichtschreibers Theopompos. XVI, 424.
1057. *Del Lungo (Isid.)*. Dino Compagni e la sua cronica. XV, 514.
1058. *Demarteau (Jos.)*. Étude sur Théroigne de Méricourt. XXII, 236.
1059. — Guillaume de la Mark, le sanglier des Ardennes. XXVII, 229.
1060. *Demeunynck*. Petite chronique lilloise. XVIII, 261.
1061. *Denais (J.)*. Armorial général de l'Anjou. XXIX, 473.
1062. *Deneken (Fr.)*. De Theoxeniis. XXIII, 159.
1063. *Densouchanou (Nic.)*. Documents sur l'histoire de la Roumanie. XXV, 382.
1064. — Revolutiunea lui Horia in Transilvania si Ungaria. XXVIII, 382.
1065. *Denzinger*. Not. nécrol. XXIII, 238.
1066. *Deppe (Aug.)*. Der Rœmische Rachekrieg in Deutschland u. die Vœlkerschlacht auf dem Idistavisusfelde. XV, 509.
1067. — Des Dio Cassius Bericht über die Varusschlacht verglichen mit den übrigen Geschichtsquellen. XVII, 402.
1068. — Der rœmische Rachekrieg in Deutschland wæhrend der Jahre 14-18 av. J.-C. XVII, 402.
1069. *Depping (G.)*. Le chevalier de Jars. XVII, 243.
1070. *Deschamps de Pas*. Dictionnaire historique du Pas-de-Calais. XV, 502.
1071. *Deschanel (E.)*. Le peuple et la bourgeoisie. XVII, 362.
1072. *Descille (E.)*. Le pays boulonnais. XV, 185.
1073. *Desjardins (A.)*. La vie et l'œuvre de Jean Bologne. XXI, 240.
1074. *Desjardins (E.)*. Géographie de la Gaule romaine. XVI, 189. XXVIII, 118.
1075. *Desjardins (G.)*. Le Petit Trianon. XXVIII, 350.
1076. — et *Bertrandy-Lacabane*. Inventaire sommaire des archives civiles de Seine-et-Oise. XV, 257.
1077. *Desjardins (T.)*. Not. nécrol. XX, 235.
1078. *Desnoiresterres*. La comédie satirique au XVIIIe siècle. XXVII, 372.
1079. *Desprez (A.)*. Richelieu et Mazarin et la politique féminine de Marie de Médicis à Marie-Antoinette. XXIII, 234.
1080. *Desprez (Claude)*. Lazare Hoche. XV, 153.
1081. *Dessaix (Joseph)* et *André Folliet*. Le général Dessaix. XVII, 428.
1082. *Dessau (H.)*. Rœmische Reliefs, beschrieben von Pirro Ligorio. XXVII, 143.
1083. *Destinon (J. de)*. Die Quellen des Flavius Josephus. XXVII, 392.
1084. *Destrem (Jean)*. Les déportations du consulat et de l'empire. XXIX, 106.
1085. *Det (S.)*. Table générale de l'histoire de la ville de Troyes par Fr. Boutiot. XV, 258.
1086. — La belle croix de Troyes. XXV, 476.
1087. *Detlefsen*. Die Maasse der Erdteile bei Plinius. XXVII, 138.
1088. *Detourbet (E.)*. La procédure criminelle au XVIIe siècle. XVII, 474.
1089. *Detto (W. A.)*. Horaz und seine Zeit. XXVII, 422.
1090. *Devaux (Paul)*. Études politiques sur les principaux événements de l'histoire romaine. XVIII, 136. XX, 178.
1091. — Not. nécrol. XVIII, 100.
1092. *Devilliers (L.)*. Particularités sur Jacqueline de Bavière et le comte de Hainaut. XVIII, 131.
1093. *Dexter (H. M.)*. The congregationalism of the last three hundred years, as seen in its Literature. XX, 168.
1094. *Dhombres (G.)*. Précis d'histoire des temps modernes. XVII, 474.
1095. *Didier*. Voy. Lange.
1096. *Didon* (Père). Les Allemands. XXV, 131.
1097. *Diefenbach*. Vœlkerkunde Osteuropas insbesondere der Hæmoshalbinsel und der unteren Donaugebiete. XXIII, 145.
1098. *Diefenbach (L.)*. Not. nécrol. XXII, 477.
1099. *Dieffenbach (L. F.)*. Karl Ludwig Schulmeister, der Hauptspion... Napoleons I. XVII, 201.
1100. *Diegerick*. Liste des ouvrages concernant l'histoire de la ville d'Ypres publiés depuis 1830. XVIII, 127.
1101. — Essai de bibliographie yproise. XVIII, 134.
1102. — Not. nécrol. XXVIII, 460.
1103. *Dierauer (J.)*. Müller-Friedberg. Lebensbild eines Schweizerischen Staatsmannes. XXVII, 486.
1104. *Diez*. Leben und Werke der Troubadours. XX, 487.
1105. *Diman (J. L.)*. Not. nécrol. XX, 159.
1106. *Ditfurth (W. von)*. Die historisch-politischen Volkslieder des

dreissigjæhrigen Kriegs zusammgestellet von K. Bartsch. XXIII, 399.
1107. *Dittenberger*. Inscriptiones Atticae aetatis Romanae. XXVI, 364.
1108. — Sylloge inscriptionum graecarum. XXVI, 366.
1109. *Dix* (*M.*). Memoir of John Adams Dix. XXVI, 121.
1110. *Dlugosz*. Historia Poloniae. XVII, 162.
1111. Documenti di storia italiana. XVIII, 507. XXVI, 461.
1112. Documenti per servire alla storia di Sicilia. XXVIII, 238.
1113. Documentos ineditos para la historia de España. XV, 512. XXII, 484.
1114. Documents publiés par la Société des amis de l'histoire (Suède). XXI, 153.
1115. Documents rares ou inédits de l'histoire des Vosges. XIX, 232.
1116. Documents pour servir à l'histoire de Bordeaux. XXVII, 473.
1117. *Dodge* (*Th. A.*). The compaign of Chancellorsville. XX, 177.
1118. *Dœrpfeld* (*W.*). Le Parthénon. XXIII, 134.
1119. — Das Schatzhaus der Sykionier. XXVI, 375.
1120. — Beitræge zur antiken Metrologie. XXVI, 414.
1121. *Doinel*. Concino Concini. Récit de sa mort par M. J. Boucher de Guilleville, échevin d'Orléans. XXVI, 100.
1122. *Domaszewski* (*A. von*). Inschriften aus Kleinasien. XXVII, 148.
1123. *Dominichelli* (Fra *T.*). Sopra la vita e i viaggi del beato Odorico da Pordenone. XXI, 386.
1124. *Donald* (*Ch.*). La situation politique et la lutte des partis en Belgique. XXI, 251.
1125. *Dondorff* (*H.*). Aphorismen zur Beurtheilung der solonischen Verfassung. XVI, 428.
1126. *Doneaud* (*G.*). Il commercio e la navigazione dei Genovesi nel medio evo. XXIII, 244.
1127. *Doniol* (*H.*). La Révolution française et la féodalité. XXIV, 234.
1128. *Doolittle* (*G.*). Social Life of the Chinese. XVIII, 151.
1129. Dordogne (tribunal criminel et révolutionnaire de la) sous la Terreur. XV, 422.
1130. *Dorner* (*J.-A.*). Not. nécrol. XXVI, 222.
1131. *Dosquet* (Mlle). Voy. Sybel (H. de).
1132. *Douais* (l'abbé). Les sources de l'histoire de l'Inquisition dans le Midi de la France aux XIIIe et XIVe s. XX, 239.
1133. — Essai sur l'organisation des études dans l'ordre des Frères Prêcheurs au XIIIe et au XIVe siècle. XXVI, 102.
1134. *Douais* (*C.*). L'enseignement de l'histoire ecclésiastique. XXII, 475.
1135. *Douarche* (*A.*). La banqueroute du P. Lavalette. XV, 506.
1136. *Doublet* (*L.-O.*). Voy. Panisse-Passis.
1137. *Douen* (*O.*). Étienne Dolet et ses opinions religieuses. XIX, 232.
1138. *Douet d'Arcq*. Not. nécrol. XVIII, 390.
1139. *Douglas* (comte) et *J. Roman*. Actes et correspondance du connétable de Lesdiguières. XVII, 247.
1140. *Douglas* (*R. K.*). The life of Jenghiz Khan. XVIII, 160.
1141. *Doulcet* (*H.*). Quid Xenophonti debuerit Arrianus. XXII, 382.
1142. — Essai sur les rapports de l'Église chrétienne avec l'État romain pendant les trois premiers siècles. XXII, 382.
1143. *Dove* (*A.*). Das Zeitalter Friedrichs des Grossen und Josephs II. XXVII, 476.
1144. *Dowel* (*S.*). History of taxes and taxation in England. XXIX, 402.
1145. *Dowsson*. Not. nécrol. XVII, 480.
1146. *Doyen*. Bibliographie namuroise. XXVII, 228.
1147. *Doyle* (*A.*). The English in America. XXIX, 116.
1148. *Dozy* (*R. P.*). Not. nécrol. XXII, 485.
1149. *Draco Normannicus*. XXVI, 98.
1150. *Draper* (*L. C.*). King's Mountain and its heroes. XX, 172.
1151. *Drexler*. Caracalla's Zug nach dem Orient und der letzte Partherkrieg. XVII, 404.
1152. *Dreyfus - Brisac*. L'éducation nouvelle. XX, 242.
1153. *Drioux* (l'abbé). Les apôtres, ou histoire de l'Église primitive. XXI, 369.
1154. *Drioux* (*Joseph*). Les coalitions d'ouvriers et de patrons de 1789 à nos jours, précédées d'une étude sur les collèges d'artisans et la gilde germanique. XXVI, 325.
1155. *Drœge* (*C.*). De Lycurgo Atheniensi pecuniarum publicarum administratore. XVI, 430.
1156. *Droin* (*M.*). Histoire de la réformation en Espagne. XVII, 421.
1157. *Droysen* (*J. G.*). Geschichte der preussischen Politik. XXIII, 405.
1158. — Materialien zur neueren Geschichte. XXIV, 386.
1159. — Zum Finanzwesen der Ptolemæer. XXVI, 414.

1160. *Droysen* (*J.-G.*). Zum Münzwesen Athens. XXVI, 414.
1161. — Not. nécrol. XXVI, 221.
1162. *Droysen* (*H.*). Athen und der Westen vor der sicil. Expedition. XXVI, 406. XXVIII, 145.
1163. *Druffel* (*A. von*). Karl V und die rœmische Curie 1544-46. XVII, 252.
1164. — Briefe und Akten zur Geschichte des sechszehnten Jahrhunderts. XVIII, 415. XXIV, 389.
1165. *Druilhet* (*P.*). Archives de la ville de Lectoure. XXIX, 381.
1166. *Dubail* (*E.*). Précis d'histoire militaire. XVII, 417.
1167. — Cartes-croquis de géographie militaire. XVII, 417.
1168. *Dubarry* (les bijoux de Mme). XVI, 478.
1169. *Dubois* (*E.*). Institutes de Gaius. XVI, 396.
1170. *Dubois* (*Marcel*). Les ligues étolienne et achéenne. XXVII, 108. XXIX, 364.
1171. — De Co insula. XXIX, 369.
1172. — Géographie générale. XXVI, 220.
1173. *Dubois-Crancé*. Voy. Jung (colonel).
1174. *Du Bois-Melly* (*Ch.*). La seigneurie de Genève et ses relations extérieures. XXI, 425.
1175. — Histoire anecdotique et diplomatique du traité de Turin entre la Sardaigne et Genève (1754). XXI, 425.
1176. — Les mœurs genevoises de 1700 à 1760. XXII, 248.
1177. *Du Bourg* (*A.*). Histoire du grand prieuré de Toulouse. XXII, 386.
1178. *Dubuisson-Aubenay*. Voy. Saige (G.).
1179. *Du Camp* (*M.*). Souvenirs littéraires. XIX, 388. XXII, 232.
1180. *Du Casse* (baron). Les rois frères de Napoléon. XXII, 111.
1181. *Duchesne* (l'abbé *L.*). Liber pontificalis. XXVI, 216, 323.
1182. *Duckett* (*G.*). Penal laws and Test Acts. XXII, 401.
1183. *Duclos* (l'abbé). Matines bourgeoises de 1302. XXI, 250.
1184. — Charles de Danemark comte de Flandres. XXVII, 227.
1185. *Duentzer*. Le *castellum* de Deutz. XXII, 115.
1186. *Dufour* (*Th.*). Relations de l'Escalade. XV, 517.
1187. — Giordano Bruno à Genève. XXVI, 461.
1188. — Lettres inédites adressées par G. H. Dufour au colonel Baudrand, 1813-15. XXVI, 462.
1189. — La dispute de Rive (1535). XXIX, 469.
1190. *Dufour* (l'abbé *V.*). Les glorieuses antiquitez de Paris. XVI, 247.
1191. — La grande et excellente cité de Paris. XVI, 247.
1192. — Bibliographie artistique, historique et littéraire de Paris avant 1789. XXI, 239.
1193. — Collection des anciennes descriptions de Paris. XXIII, 476.
1194. *Dufour-Vernes* (*L.*) et *E. Ritter*. Histoire de l'Escalade avec toutes ses circonstances. XXI, 486.
1195. *Duhn* (*F. de*). Grundzüge einer Geschichte Campaniens. XVII, 388.
1196. *Dulaurier*. Not. nécrol. XVIII, 388.
1197. *Dumaine* (l'abbé). Tinchebray et sa région au bocage normand. XXIV, 377.
1198. *Du Mesnil* (*A.*). Rapport sur le congrès pédagogique de Bruxelles. XV, 255.
1199. *Dümmler* (*F.*). Zerstreute Zeugnisse alter Schriftsteller über die Germanen. XXVII, 431.
1200. *Dumont* (*A.*). Not. nécrol. XXVI, 215, 318.
1201. — Notes et discours. XXIX, 235.
1202. *Duncker* (*A.*). La ligne du *Limes*. XXVII, 125.
1203. *Duncker* (*Max*). Geschichte des Alterthums. XVIII, 265. XX, 245. XXI, 479. XXIII, 143. XXVI, 400.
1204. — Zum Alemannenkriege Caracalla's und der angeblichen Alemannenschlacht des Claudius Gothicus am Gardasee. XVII, 404.
1205. — Die Schlacht bei Marathon. XXIII, 147.
1206. — Ueber die Hufen der Spartiaten. XXIII, 156.
1207. — Der angebliche Verrath des Themistocles. XXVI, 404.
1208. — Ein angebliches Gesetz des Perikeles. XXVI, 406.
1209. — Der Process des Pausanias. XXVI, 406.
1210. *Dundaczeck* (*R.*). Beitræge zur Geschichte der beiden ersten messenischen Kriege. XXVI, 399.
1211. *Düntzer* (*H.*). La famille de Germanicus. XXII, 136.
1212. — Caesar's Legionen am Rhein. XXVIII, 138.
1213. *Dupin de Saint-André*. Histoire du protestantisme en Touraine. XXIX, 102.
1214. *Duplessis* (*G.*). Inventaire de la collection Hennin. XXVIII, 225.
1215. *Dupuy* (*A.*). Histoire de la réunion de la Bretagne à la France. XVII, 186.
1216. — L'abbé Terray et les États réunis à Morlaix en 1772. XVIII, 498.

1217. *Dupuy* (*A.*). Les Trente-et-un. XXIV, 463.
1218. — Les prisons de Bretagne au XVIIIe siècle. XXIV, 463.
1219. *Duquet* (*A.*). La guerre d'Italie. XVIII, 405.
1220. *Duret* (*Th.*). Histoire de quatre ans. XV, 261.
1221. *Du Rieu* (*W. N.*). Repertorium des verhandelingen en bijdragen betreffende de Geschiedenis des vaterlands. XX, 248.
1222. *Durieu de Leyritz* (*J.*). Voyez Sumner Maine (H.).
1223. *Durieux* (*A.*). Les peintres Vermay. XV, 501.
1224. — Les archives communales de Cambrai. XVI, 479.
1225. *Duro*. La Armada invencible. XXIX, 486.
1226. *Cürr*. Die Majestætsprocesse unter dem Kaiser Tiberius. XVII, 403.
1227. — Die Reisen des Kaisers Hadrian. XXII, 136.
1228. *Duruy* (*A.*). L'instruction publique et la Révolution. XVIII, 403.
1229. — Hoche et Marceau. XXIX, 105.
1230. *Duruy* (*G.*). Histoire sommaire de la France. XV, 506.
1231. — Biographies d'hommes célèbres. XVIII, 497.
1232. — Le cardinal Carlo Caraffa. XXIII, 125.
1233. *Duruy* (*V.*). Histoire des Romains. XVIII, 259. XXVI, 109. XXVII, 473.
1234. *Dusevel*. Not. nécrol. XVII, 238.
1235. *Dussieux* (*L.*). Le siège de Belfort. XIX, 493.
1236. *Dutasta* (*H.*). Capitaine Vallé. XXV, 477.
1237. *Duverger* (*A.*). L'inquisition en Belgique. XVIII, 120.
1238. — Le parti socialiste belge, son histoire et son programme. XVIII, 122.
1239. — La Vauderie dans les États de Philippe le Bon. XXVIII, 462.
1240. — Un procès de sorcellerie à Arras en 1460. XXIX, 469.
1241. *Duvergier de Hauranne*. Not. nécrol. XVI, 474.
1242. *Dvorsky* (*Fr.*). Pameti o skolach ceskych 1598-1616. XIX, 425.
1243. *Dziadijuski* (comte *Tite*) et *Celichowski*. Lites ac res gestae inter Polonos ordinemque Cruciferorum, supplementum quo continetur causa inter Vladislaum regem Poloniae et Cruciferos anno 1320 acta. XVII, 163.

E

1244. *Earle* (*J.*). Anglo-saxon literature. XXIX, 395.
1245. *Ebeling* (*P.*). Questiones Eutropianae. XXII, 126.
1246. *Ebertz* (*F.*). Not. nécrol. XXVI, 222.
1247. *Ebrard* (*F.*). Die Strassburger auf Friedrich's III Romfahrt. XV, 155.
1248. *Ebsworth*. Roxburghe ballads. XX, 249.
1249. *Eckmühl* (*A. L.*), marquise *de Blocqueville*. Le maréchal Davout. XIX, 455.
1250. *Eden* (*H.*). China : Historical and descriptive. XVIII, 152.
1251. *Edkins* (D^r). China's Place in Philology. XVIII, 155.
1252. *Edler*. Questiones Sertorianae. XVII. 401.
1253. *Eenens* (général). Dissertation sur la participation des troupes des Pays-Bas à la campagne de 1815 en Belgique. XVIII, 121.
1254. — Not. nécrol. XXII, 235.
1255. *Egger*. Histoire du livre. XV, 258.
1256. — Not. nécrol. XXIX, 465.
1257. *Eggermont* (*J.*). Le Japon. Histoire et religion. XXIX, 482.
1258. *Ehrenfeuchter*. Bibliotheca historica. XXIV, 242.
1259. *Eickhoff* (*H.*). Geschichte der Stadt Wiedenbrück... wæhrend des dreissigjæhrigen Kriegs. XXIII, 397.
1260. *El Z'Dam*. Geronimo surnommé le martyr du Fort des Vingt-Quatre heures. A-t-il existé ? XX, 481.
1261. *Ellis* (*E.*). The red man and the white man in North America from its discovery to the present time. XXVI, 112.
1262. — History of the first church in Boston. XXVI, 117.
1263. *Ellissen* (*O.-A.*). Der Senat im ostrœmischen Reiche. XXVIII, 134.
1264. *Elsass-Lothringen* im Reichstag. Verhandlungen über den Gesetzentwurf. XV, 158.
1265. *Elsasses* (Geschichte des). XV, 154.
1266. *Elton*. Origins of english history. XXIX, 392.
1267. — Custom and Tenant-right. XXIX, 409.
1268. *Ely* (*Rich.*). Recent American Socialism. XXVIII, 468.
1269. *Emiliani* (*N.*). Cronaca udinese 1552-1616. XVIII, 507.
1270. *Emler* (*J.*). Regesta diplomatica necnon epistolaria Bohemiae et Moraviae. XVI, 173.

1271. *Emler (J.)*. Decem registra censuum Bohemica. XIX, 423.
1272. — Fontes rerum Bohemicarum. — Vita Karoli IV imperatoris. XXIII, 381. XXVIII, 152.
1273. *Enmann (A.)*. Eine verlorene Geschichte der Rœmischen Kaiser. XXVII, 384, 396.
1274. — Untersuchungen über die Quellen des Pompejus Trogus für die griechische und sicilische Geschichte. XVI, 424.
1275. *Emminger*. Der Athener Kleon. XXVI, 407.
1276. *Enaceanu (Ghenadi)*. Sinaia, Istoria santei monastiri. XIX, 152.
1277. *Enander (John A.)*. Histoire des États-Unis. XVII, 483.
1278. Encyclopaedia Britannica. XXVIII, 487.
1279. Encyclopædie der neueren Geschichte. Voy. Herbst (W.).
1280. Encyklopædie der Wissenschaften und Künste. XXVI, 223.
1281. Encyclopédie des sciences religieuses. Voy. Lichtenberger.
1282. *Endemann (C.)*. Beitræge zur Kritik des Ephorus. XXIII, 140.
1283. *Enderlein (F.)*. De M. Antonio oratore. XXVII, 417.
1284. *Engel Dollfus (Fréd.)*. Not. nécrol. XXIII, 474.
1285. *Engelhardt (Ed.)* La Turquie et le Tanzimât. XIX, 390. XXIV, 142.
1286. *Engelhardt (M. von)*. Not. nécrol. XVIII, 510.
1287. *Ensor (C. T.)*. Chronological Chart. XXV, 146.
1288. *Épinay (G. d')*. La liberté de tester et la copropriété familiale. XX, 243.
1289. *Erbkam (W.)*. Not. nécrol. XXIV, 465.
1290. *Erdmann (H.)*. Hippodamos von Milet. XXVI, 417.
1291. *Erichson (A.)*. Strassburger Beitræge zur Geschichte des Marburger Religionsgespræches. XVIII, 413.
1292. *Erlach (R. d')*. Zur Bernischen Kriegsgeschichte des Jahres 1798. XVII, 485. XXIV, 188.
1293. *Erler*. Deutsche Geschichte von der Urzeit bis zum Ausgang des Mittelalters. XXVII, 430.
1294. *Ermisch (H.)*. Studien zur Geschichte der sæchsisch-bœhmischen Beziehungen 1466-71. XIX, 424.
1295. *Ernouf* (baron). Souvenirs militaires d'un jeune abbé, 1793-1801. XXI, 127.
1296. *Erslev (Kr.)*. Konge og Lensmand i det 16de Aarhundrede. XVIII, 424.
1297. — Dronning Margrethe og Kalmarunionens Grundlæggelse. XXV, 391. XXVII, 160.
1298. *Escher (H.)*. Die Glaubensparteien in der Eidgenossenschaft und ihre Beziehungen zum Ausland. XX, 502. XXIV, 387.
1299. *Esmein*. Histoire de la procédure criminelle et spécialement de la procédure inquisitoriale depuis le XIIIe siècle. XIX, 386.
1300. *Esnault* (l'abbé *G.*). Mémoires de Le Prince d'Ardenay. XVI, 245.
1301. — Voy. Ménage (Gilles).
1302. — Michel Chamillart. XXVIII, 341.
1303. *Espada* (Don *J. de la*). Seconda parte de la Cronica del Peru que trata del señorio de los Incas. XXVII, 484.
1304. *Essipov*. Liudi staroho vieka. XIX, 143.
1305. *Étienne (E.)*. Vie de saint Thomas le martyr par Garnier de Pont-Sainte-Maxence. XXIV, 139.
1306. *Euting*. Sammlung der carthagischen Inschriften. XXVII, 145.
1307. *Evers*. Ein Beitrag zur Untersuchung der Quellenbenützung bei Diodor. XXVI, 397. XXVII, 391.
1308. — Xenophon quomodo Agesilai mores descripserit. XXVI, 393.
1309. *Evola (Filippo)*. Lu Rebellamentu di Sichilia. XXI, 142.
1310. *Ewald*. Calendar of norman rolls. XVII, 481.
1311. — Stories from the state papers. XXI, 249.
1312. *Ewald (P.)* et *G. Lœwe*. Exempla scripturae visigothicae. XXI, 245.
1313. *Eyssenhardt (F.)*. Hadrian und Florus. XXVII, 426.
1314. *Eyton*. Domesday Studies. XVII, 382.

F

1315. *Faber (Fr.)*. Histoire du théâtre français en Belgique. XVI, 249. XVIII, 117.
1316. *Fabié (A. M.)*. Rodrigue de Villandrando. XXII, 246.
1317. *Fabre (A.)*. La jeunesse de Fléchier. XIX, 110.
1318. *Fabre (Joseph)*. Jeanne d'Arc. XXVI, 96.
1319. — Procès de condamnation de Jeanne d'Arc. XXVI, 97.
1320. *Fabri (T.)*. De Mithrae Dei Solis invicti apud Romanos cultu. XXVIII, 148.
1321. *Fabricius (A.)*. Forbindelserne mellem Norden og den spanske Halvœ i ældre Tider. XXV, 304.
1322. *Fagan (L.)*. Voy. Mérimée.

1323. *Fage* (*R.*). Notice bibliographique sur les œuvres de Baluze. XIX, 232.
1324. — Lettres inédites de Baluze à M. Melon du Verdier. XXIV, 233.
1325. — Le château de Puy de Val. XXIV, 233.
1326. — Molière et les Limousins. XXIV, 233.
1327. — Un épisode de la Fronde; la tentative de translation à Limoges du parlement de Bordeaux. XXIII, 233.
1328. — Le point de Tulle. XXIII, 233.
1329. — et *G. de Lépinay*. Liste des châteaux du diocèse de Limoges avant 1789. XXIII, 233.
1330. *Fahlbeck*. Études critiques sur l'état politique et social le plus ancien du royaume franc. XXI, 158.
1331. — La royauté et le droit royal francs. XXV, 158.
1332. *Fahnen* (*A.*). Not. nécrol. XXII, 236.
1333. *Falke* (*J. de*). Hellas und Rom. XXII, 141.
1334. *Falkenstein* (*P. von*). Not. nécrol. XIX, 236.
1335. *Falleti Fossati*. Costumi senesi nella seconda meta del secolo xiv. XX, 253.
1336. — Il tumulto dei ciompi, studio storico-sociale. XX, 500. XXVI, 152.
1337. *Falloux* (*de*). Études et souvenirs. XXIX, 109.
1338. *Faltin* (*G.*). Ueber Geist und Tendenz der pseudoxenophonteischen Schrift vom Staate der Athener. XXIII, 140. XXVI, 392.
1339. — Das Zeitalter der punischen Kriege. XXVII, 415.
1340. — Zu den Berichten des Polybius und Livius über die Schlacht am Trasimenischen See. XXVII, 415.
1341. *Fanta* (*A.*). Der Staat in der Ilias und Odysee. XXVI, 386.
1342. *Farnam* (*H. W.*). Die innere franzœsische Gewerbepolitik von Colbert bis Turgot. XV, 478.
1343. *Fatout*. Voy. Morgand.
1344. *Fanchille*. La question des Juifs sous le premier Empire. XXIX, 476.
1345. *Faucon* (*M.*). Rapport sur ses voyages en Italie. XX, 239.
1346. *Faugère* (*P.*). Écrits inédits de Saint-Simon. XV, 143. XIX, 382. XXIV, 135.
1347. *Faugère-Dubourg*. Nos pères sous Louis XIV. XXIX, 229.
1348. *Favier* (*J.*). Études sur l'université de Pont-à-Mousson. XV, 501.
1349. *Faviers* (*H. de*). La paix publique selon la logique et l'histoire. XXVIII, 357.
1350. *Favre* (*E.*). La confédération des Huit Cantons. Étude historique sur la Suisse au xive siècle. XXIV, 154.
1351. *Favre* (*C.*). Notice biographique sur le général de Rœder. XXVII, 236.
1352. *Faye* (*H.*). Les assemblées de la généralité de Tours en 1787. XXIX, 473.
1353. *Fazy* (*H.*). La Saint-Barthélemy et Genève. XXIV, 477.
1354. — Genève, le parti huguenot et le traité de Soleure, 1574 à 1579. XXIV, 477.
1355. *Febronius*. Weihbischof Johann Nicolaus von Hontheim und sein Widerruf. XVIII, 454.
1356. *Feilitzen* (*de*). La législation ecclésiastique en Suède avant 1686. XXI, 152.
1357. *Feith*. Het Gericht van Selwerd. XXVIII, 471.
1358. *Felice* (*P. de*). Étude sur l'Octavius de Minucius Felix. XV, 505.
1359. — Lambert Daneau. XX, 384.
1360. — Mer et son église réformée. XXIX, 102.
1361. *Fellner* (*Th.*). Forschung und Darstellungsweise des Thukydides gezeigt an einer Kritik des achten Buches. XVI, 423. XXI, 169.
1362. — Zu Xenophon's Hellenika. XXVI, 389.
1363. *Féret* (l'abbé *P.*). L'abbaye de Sainte-Geneviève de la congrégation de France. XXI, 381.
1364. *Fergusson*. Henry Erskine. XXIX, 121.
1365. *Ferrai*. Lettere di cortigiane del sec. xvi. XXVIII, 367.
1366. — Cosimo dei Medici duca di Firenze. XXVIII, 367.
1367. *Ferrato* (*P.*). Not. nécrol. XV, 265.
1368. *Ferrero* (*E.*). Storia del medio evo. XXVII, 482.
1369. *Ferrero* (*H.*). Lettres de Henriette-Marie de France, reine d'Angleterre, à sœur Christine, duchesse de Savoie. XVII, 483.
1370. *Ferrière* (*E.*). Paganisme des Hébreux jusqu'à la captivité de Babylone. XXVII, 217.
1371. *Ferrière* (*H. de la*). Trois amoureuses au xvie siècle. XXVIII, 459.
1372. *Ferron* (*H. de*). Institutions municipales et provinciales comparées. XXV, 477.
1373. *Ferwer*. Der Senat und die Thronfolge in Rom von Commodus bis Aurelian. XXVII, 427.
1374. *Feuillet de Conches*. Salons de conversation du xviiie siècle. XXIII, 233.
1375. *Feys*. Documents concernant le

métier des orfèvres à Bruges. XVIII, 128.
1376. *Feys*. Voy. Lootens (Ad.).
1377. *Fiala* (*F*.). Geschichtliches über die Schule von Solothurn. XVII, 485.
1378. *Fidicin* (*E*.). Not. nécrol. XXIV, 465.
1379. *Fichot* (*Ch*.). Statistique monumentale du département de l'Aube. XIX, 233. XXVI, 218.
1380. *Fiegel* (*M*.). Historia Legionis III Augustae. XXVIII, 138.
1381. *Fierville* (*Ch*.). Documents inédits sur Philippe de Commynes. XVI, 480.
1382. *Filangieri* (*G*.). Effemeridi delle cose fatte per il duca di Calabria. XXVIII, 366.
1383. *Fillon* (l'abbé). Atlas archéologique de la Bible. XXI, 236.
1384. *Fillon* (*Benjamin*). Not. nécrol. XVI, 474.
1385. *Filon* (*A*.). Histoire de la littérature anglaise. XXIII, 234.
1386. *Filopanti* (*Quirico*). Sintese della Storia universale e specialmente della Storia d'Italia. XXI, 484. XXIII, 243.
1387. *Filson* (*J*.). The first historian of Kentucky, prepared for the Filson Club. XXIX, 133.
1388. *Finke* (*H*.). Kœnig Sigmunds Reichsstædtische Politik. XV, 508.
1389. *Finot* (*J*.) et *Galmiche-Bouvier*. Une mission militaire en Prusse en 1786... d'après les papiers du marquis de Toulongeon. XVII, 358.
1390. — La mainmorte dans le bailliage d'Amont aux XIIIe, XIVe et XVe siècles. XVIII, 499.
1391. *Fiorentino* (*Fr*.). Not. nécrol. XXVIII, 236.
1392. *Fioretto* (*G*.). Gli umanisti, o lo studio del latino e del greco nel sec. XIV in Italia; appunti. XIX, 393.
1393. *Fisch* (*C*.). Die soziale Frage im alten Rom bis zum Untergang der Republik. XXVII, 416.
1394. *Fischer* (*B*.). Quaestionum de praetoribus Atticis saeculi quinti et quarti a. Chr. n. specimen. XXIII, 155.
1395. *Fischer* (*Dag*.). Histoire de l'ancien comté de Saarwerden. XV, 161.
1396. *Fischer* (*E*.). Das 8. Buch vom gallischen Kriege und das bellum Alexandrinum. XVII, 392.
1397. *Fischer* (*J*.-*V*.). L'histoire de l'expédition de Sicile de Thucydide. XXIII, 139.
1398. *Fischer* (*W*.). Studien zur byzantinischen Geschichte des elften Jahrhunderts. XXVII, 435.
1399. *Fischer* (*W*.). Not. nécrol. XXII, 237.
1400. *Fisher* (*G*.). Discussions in history and theology. XX, 168.
1401. *Fita* (le P.). Galeria de Jesuitas illustres. XV, 512.
1402. — Les Cortès de Barcelone. XXV, 238.
1403. *Fitting* (*H*.). Ueber die Heimat und das Alter des sogenannten Brachylogus. XVII, 178.
1404. *Fitz Gerald* (*P*.). Life of George IV. XXIX, 121.
1405. — Life and Times of William IV. XXIX, 121.
1406. — Lives of the Royal Dukes and Princesses, of the family of George IV. XXIX, 121.
1407. *Flach* (*H*.). Der Tanz bei den Griechen. XXIII, 160.
1408. *Flach* (*J*.). Le De viris illustribus par Hesychius de Milet. XVII, 251.
1409. *Flamare* (*de*). Cartulaire de Lérins. XXI, 473.
1410. *Flammermont* (*J*.). Histoire des institutions municipales de Senlis. XVI, 149. XXII, 438.
1411. — Les vols d'autographes et les archives du ministère de la marine. XXII, 233.
1412. — Le chancelier Maupeou et les parlements. XXIV, 141.
1413. — De concessu legis et auxilii saeculo XIII. XXIV, 142.
1414. — L'expansion de l'Allemagne. XXVIII, 456. XXIX, 474.
1415. — Nouveau règlement autrichien pour les examens d'État. XXVIII, 456.
1416. — Relations inédites de la prise de la Bastille. XXVIII, 456.
1417. — Négociations secrètes de Louis XVI et du baron de Breteuil avec la cour de Berlin. XXVIII, 456.
1418. *Flegler* (*Alex*.). Geschichte der Demokratie des Alterthums. XVI, 426. XX, 402.
1419. *Fleury* (*Ed*.). Not. nécrol. XXIII, 475.
1420. *Fleury* (*G*.). Cartulaire de l'abbaye cistercienne de Perseigne. XV, 419.
1421. *Flex*. Die ælteste Monatseintheilung der Rœmer. XVII, 407.
1422. *Fliche* (Mgr *Paul*). Sainte Catherine de Gênes. XVI, 480.
1423. *Fliegier*. Anciens établissements de Bastarnes et de Goths. XXII, 139.
1424. — Die Urzeit von Hellas und Rom. XXII, 129. XXIII, 146.
1425.—Palaeo-Ethnologie Kleinasiens. XXIII, 146.

1426. *Flint* (*R.*). La philosophie de l'histoire en France. XIX, 461.
1427. *Floigl* (*V.*). Cyrus und Herodot. XXIII, 136.
1428. *Floquet* (*A.*). Not. nécrol. XVII, 472.
1429. *Florinsky*. Rousskyié prostonarodnyié travniki i letschebniki. XIX, 120.
1430. *Floss* (*H.-J.*). Not. nécrol. XVI, 482.
1431. *Flourac*. Jean Ier, comte de Foix. XXIV, 138.
1432. *Flower* (*G.*). History of the English settlement in Edwards county Illinois. XXVI, 118.
1433. *Fochier* (*L.*). Souvenirs historiques sur Bourgoing. XV, 504.
1434. *Fœrster* (*R.*). Zur Handschriftenkunde und Geschichte der Philologie. XXVII, 380.
1435. *Fokke*. Rettungen des Alkibiades. XXVI, 407.
1436. *Folliet* (*André*). Voy. Dessaix (Joseph).
1437. *Fonblanque* (*A. de*). L'Angleterre, son gouvernement, ses institutions. XXI, 433.
1438. *Fontana* (*Bart.*). Del Principe nelle dottrine politiche del nostro tempo. XXVIII, 361.
1439. *Fontane* (*Marius*). Histoire universelle. Inde védique. XV, 144. — Les Iraniens, l'Égypte. XX, 382. — Les Asiatiques. XXIII, 123.
1441. Fontes rerum Bernensium. XV, 516. XXII, 159. XXIV, 143.
1442. Fontes rerum Bohemicarum. XXIII, 381. XXVIII, 152.
1443. Fontes rerum Nassoicarum. XVI, 483.
1444. *Fonpertuis* (*de*). Les États latins de l'Amérique. XXIII, 234.
1445. *Forbin d'Oppède* (marquise). Règlement donné par la duchesse de Liancourt à la princesse de Marsillac. XV, 502.
1446. *Force* (*W.*). From Fort-Henry to Corinth. XX, 177.
1447. *Forcella* (*V.*). Catalogo dei manoscritti relativi alla storia di Roma che si conservano nella biblioteca Vaticana. XV, 266. XVII, 484. XXVIII, 238.
1448. *Forchhammer*. Mémoire sur la participation des troupes danoises à la guerre de la succession d'Espagne. XVIII, 430.
1449. *Forestié* (*E.*). Notes historiques et éphémérides montalbanaises. XX, 480.
1450. *Forgues* (*Eug.*). Mémoires du baron de Vitrolles. XXIV, 136. XXV, 124. XXVII, 222.
1451. *Formentini* (*M.*). Il ducato di Milano. XXVIII, 363.
1452. — Not. nécrol. XXIII, 484.
1453. *Fornari* (*P.*). Panfilo Castaldi maestro di stampa. XIX, 396.
1454. *Fornari* (*T.*). Delle teorie economiche nelle provincie napolitane del secolo XIIIe al 1734. XXIV, 403.
1455. *Forneron*. Histoire de Philippe II. XV, 150. XVII, 423. XIX, 108. XXIV, 409.
1456. — Histoire des émigrés. XXV, 129.
1457. *Forssel* (*H.*). Historiska Handlingar. XXI, 153.
1458. *Fortia d'Urban* (marquis *de*). Histoire de la Chine avant le déluge d'Ogigès. XVIII, 154.
1459. — Histoire antédiluvienne de la Chine. XVIII, 154.
1460. *Fortunato* (*G.*). I Napoletani del 1799. XXVIII, 371.
1461. *Foster*. Stephen Hopkins, a Rhode Island Statesman. XXIX, 131.
1462. *Foulques de Villaret* (Mlle *A. de*). L'instruction primaire avant 1789 à Orléans et dans les communes de l'arrondissement. XXI, 426.
1463. *Fournier* (*Marcel*). Essai sur l'histoire du droit d'appel en droit romain et en droit français. XVII, 363.
1464. — Essai sur les formes et les effets de l'affranchissement dans le droit gallo-franc. XXVIII, 345.
1465. — Histoire du droit et des institutions de l'Allemagne par Fred. de Schulte. Traduction. XX, 142.
1466. *Fournier* (*Paul*). Les officialités au moyen âge. XV, 145.
1467. — La question agraire en Irlande. XXI, 372.
1468. — Le royaume d'Arles et de Vienne sous les premiers empereurs de la maison de Souabe. XXVII, 474.
1469. *Fournier de Flaix*. La réforme de l'impôt en France. XXVIII, 350.
1470. *Fowler*. Memorials of the church of S. S. Peter and Wilfrid, Ripon. XXVI, 343.
1471. *Fox* (*G.-V.*). Not. nécrol. XXVI, 109.
1472. *Frænkel* (*A.*). Die Quellen der Alexanderhistoriker. XXVI, 395.
1473. — Der Begriff des Timema im attischen Steuersystem. XXVI, 417.
1474. *Frain* (*E.*). Mœurs et coutumes des familles bretonnes. XVII, 476.
1475. *Fraknoi* (*W.*). Magyar országgyiilési emlékek (Monumenta comitialia regni Hungariae). XXV, 415.
1476. *France* (*A.*). Voy. La Fayette (Mme de).

1477. *Franceschi (C. de)*. L'Istria. XVI, 169.

1478. *Franck (Ad.)*. Réformateurs et publicistes de l'Europe au XVIIe s. XVI, 152.

1479. *Francke*. Die Stadt Lüneburg vor und im dreissigjæhrigen Kriege. XXIII, 397.

1480. *Francis (J.)*. Not. nécrol. XIX, 496.

1482. *Francotte (H.)*. La propagande des encyclopédistes français en Belgique dans la seconde moitié du XVIIIe siècle. XVIII, 102.

1483. *Frank (Georges)*. Histoire ancienne des peuples d'Orient. XXI, 235.

1484. *Franklin (A.)*. Les corporations ouvrières de Paris du XIIe au XVIIIe siècle. XXVI, 103.

1485. *Frantz (G.)*. Not. nécrol. XVI, 248.

1486. *Frantz (J.)*. Die Kriege der Scipionen in Spanien. XXVII, 416.

1487. *Frédéric II*. Politische Correspondenz. XXIII, 404. XXVII, 477.

1488. *Fredericq (Paul)*. Le renouvellement en 1578 du traité d'alliance conclu à l'époque de Jacques Van Artevelde, entre la Flandre et le Brabant. XVIII, 129.

1489. — Travaux du cours pratique d'histoire nationale. XXIV, 239.

1490. — De Nederlanden onder Keizer Karel 1500-1531. XXIX, 483.

1491. *Frederiks*. De Moord van 1584. XXIX, 142.

1492. *Freeman (E.-A.)*. The historical Geography of Europe. XVII, 377.

1493. — Historical Essays. XVII, 381, 437.

1494. — Les seigneurs d'Ardres. XVII, 382.

1495. — English towns and districts. XXII, 482. XXIV, 246. XXVI, 354.

1496. — Histoire de la conquête normande. XXII, 482.

1497. — The reign of William Rufus. XXVI, 345.

1498. — Étude sur le chœur d'Arundel. XXVI, 362.

1499. — The Office of the historical professor. XXVIII, 230.

1500. *Freppel* (Mgr). Voy. Papa (V.).

1501. *Freson (A.)*. Souvenirs personnels (1821-1841) et correspondance diplomatique. XXIV, 238.

1502. *Fresquet (R. de)*. Précis d'histoire des sources du droit français. XVIII, 262.

1503. *Freund (A.)*. Beitræge zur Antiochenischen und zur Konstantinopolitanischen Stadt-Chronik. XXVII, 398.

1504. *Frey (C.)*. Die Schicksale des Kœniglichen Gutes in Deutschland unter den letzten Staufern, seit Kœnig Philipp. XX, 183.

1505. *Frick*. Beitræge zur Griechischen Chronologie und Litteraturgeschichte. XVII, 397.

1506. *Fricker (Barth.)*. Geschichte der Stadt und Bæder zu Baden. XXI, 416.

1507. *Fridericia (Jules)*. Danmarks ydre Historie i Tiden fra Freden i Prag til Freden i Brœmsebro. XVIII, 426. XXIV, 186.

1508. *Friedlænder (H.)*. Geschichtsbilder aus der nachtalmudischen Zeit (500-1500). XIX, 187.

1509. *Friedlænder (J.)*. Not. nécrol. XXV, 480.

1510. *Friedlænder (L.)*. Der Luxus der Todtenbestattung im alten Rom. XVII, 408.

1511. — Darstellungen aus der Sittengeschichte Roms in der Zeit von Augustus bis zum Ausgang der Antonine. XXII, 143.

1512. — Das Rœmische Afrika. XXVII, 140. XXVIII, 145.

1513. *Friedmann (P.)*. Anne Boleyn. XXIX, 397.

1514. *Friedrich (P.)*. Die Kenntniss von Afrika im Alterthum. XXVII, 140.

1515. *Friedrich (Th.)*. Biographie des Barkiden Mago. XVII, 401.

1516. *Friedrichs (O.)*. Un crime politique. Étude historique sur Louis XVII. XXVII, 229.

1517. *Fries (L.)* Voy. Schæffler (Aug.).

1518. *Frind (Ant.)*. Not. nécrol. XVIII, 504.

1519. *Fritzche (H.)*. Die Sullanische Gesetzgebung. XXVII, 418.

1520. *Frœhlich (F.)*. Die Gardetruppen der rœmischen Republik. XXI, 245. XXVIII, 137.

1521. *Frœhlisch*. Ueber die Benutzung des Polybius im XXI und XXII Buche des Livius. XXVII, 387.

1522. *Froger* (l'abbé). Ronsard ecclésiastique. XVIII, 499.

1523. *Frossard*. Recueil de règlements extraits des actes des synodes provinciaux tenus dans la province du Bas-Languedoc de 1568 à 1623. XXVIII, 459.

1524. *Frossart*. Les origines de la faculté de théologie protestante de Montauban. XXI, 476.

1525. *Fruin (J.)*. Not. nécrol. XXVII, 487.

1526. *Fruin* (*R.*). Le procès de Buat. XX, 393.
1527. — Bijdragen voor Vaderlandsche geschiedenis in oudheidkunde. XX, 393. XXVIII, 471.
1528. — Erasmiana. XX, 393.
1329. — Étude sur la mort du prince Guillaume Ier. XXIX, 142.
1530. *Fry*. Operations under Buell, from june 10 to oct. 30 1862, and the Buell commission. XXIX, 136.
1531. — Mac Dowell and Tyler in the campaign of Bull run. XXIX, 136.
1532. *Fryxell* (*A.*). Not. nécrol. XVI, 484. XXI, 148.
1533. *Fues* (l'abbé). Die Pfarrgemeinden des Canton's Hirsingen. XV, 161.
1534. *Fulin* (*R.*). Marino Sanudo e la spedizione di Carlo VIII in Italia. XIX, 402.
1535. — Cronachetta de M. Sanudo. XIX, 402.
1536. — Errori vecchi e documenti nuovi a proposito di una recente publ. del Co. L. di Mas Latrie. XX, 501.
1537. — Relazione del regno di Francia di Giorgo Zorzi ambasciatore veneto, dal 1627 al 1629. XXVIII, 370.
1538. — Not. nécrol. XXVII, 481.
1539. *Fumi*. Carta del popolo (Orvieto). XXVI, 461. XXVII, 482.
1540. — Codice diplomatico della città d'Orvieto. XXVI, 461. XXVII, 482.
1541. *Fümpel* (*C.*). Ares und Aphrodite. XXIII, 159.
1542. *Funk* (*F.-X.*). Die Echtheit der Ignatianischen Briefe. XXVII, 399.
1543. *Funck-Brentano*. Correspondance diplomatique de M. de Bismarck. XXIII, 122.
1544. *Funck-Brentano* (*Fr.*). La mort de Philippe le Bel. XXVI, 456.
1546. *Furnivall*. Voy. Harrison.
1547. *Fustel de Coulanges*. Recherches sur quelques problèmes d'histoire. XXVIII, 358. XXIX, 98.
1548. *Fyffe* (*A.*). A History of modern Europe. XXIII, 183.

G

1549. *Gachard* (*Ch.*). Correspondance de Marguerite d'Autriche avec Philippe II. XVII, 482.
1550. — Histoire de la Belgique au commencement du XVIIIe siècle. XVIII, 114.
1551. — Correspondance de Philippe II sur les affaires des Pays-Bas. XVIII, 105.
1552. — Le chapitre des ambassades dans les comptes des receveurs généraux des finances dans les Pays-Bas de 1507 à 1524. XVIII, 105.
1553. *Gachard* (*Ch.*). Ordonnances des Pays-Bas autrichiens. XVIII, 107. XXI, 250.
1554. — Lettres de Philippe II à ses filles. XXIV, 367.
1555. *Gaffarel* (*P.*). Les explorations françaises de 1870 à 1881. XIX, 493.
1556. — L'Algérie. XXI, 383.
1557. *Gaggia* (*G.*). Arnaldo da Brescia. XX, 500.
1558. *Gago y Fernandez* (*M.*). La papesse Jeanne. XXII, 484.
1559. *Gaillardin* (*Casimir*). Not. nécrol. XV, 499.
1560. *Gairdner* (*L.*). Letters and papers of the reign of Henry VIII. XVII, 385.
1561. — Three fifteenth century chronicles. XVII, 385.
1562. — Early chroniclers of Europe. England. XVII, 385. XXVI, 344.
1563. — Studies in english history. XXI, 248. XXV, 143.
1564. *Galesloot* (*L.*). Liste chronologique des édits et ordonnances des Pays-Bas. Règne de Charles-Quint (1506-1555). XXVIII, 462.
1565. — Inventaire des archives de la cour féodale de Brabant. XXVII, 228.
1566. — Le duc de Wellington à Bruxelles. XXVII, 229.
1567. — Not. nécrol. XXVI, 462.
1568. *Galiffe*. Lettre d'un protestant genevois. XV, 267.
1569. — Le refuge italien à Genève. XV, 516.
1570. — Géographie historique de la République et du canton de Genève. XXIV, 162.
1571. — Notices généalogiques sur les familles genevoises. XXVII, 486.
1572. *Gallenstein* (*A. v.*). Not. nécrol. XV, 261.
1573. *Galley*. Catalogue de la bibliothèque de la ville de Saint-Omer. XXIX, 476.
1574. *Galli* (*H.*), Journal d'un officier de l'armée d'Égypte. XXII, 232.
1575. *Galmiche-Bouvier*. Voy. Finot (J.).
1576. *Galuski*. Voy. Schœmann.
1577. *Gambetta*. Discours et plaidoyers, p. p. J. Reinach. XV, 424. XVII, 246. XVIII, 262. XXVII, 222.
1578. *Gambillo* (*C.*). Description du Trentin. XIX, 408.
1579. *Gamurrini*. S. Hilarii tractatus de mysteriis et hymni. XXVII, 233.
1580. *Gantier* (*V.*). Rénovation de l'histoire des Francks. XXIV, 239.

1581. *Gardiner* (Mme *B. M.*). The french revolution. XXI, 483.

1582. *Gardiner* (*S. R.*). The Hamilton Papers. XV, 168.

1583. — The fall of the monarchy of Charles I. XX, 143.

1584. — The thirty years' war. XXI, 483.

1585. — The puritan revolution (1603-1660). XXI, 483.

1586. — History of England. XXIII, 242, 482; XXIX, 110.

1587. — Biographie de Simon de Montfort, du prince Noir, etc., etc. XXVII, 480.

1588. — et *J.-B. Mullinger*. Introduction to the study of english history. XV, 264. XIX, 426. XX, 503. XXV, 143.

1589. *Gardner* (*D.*). Quatre Bras, Ligny and Waterloo. XXVI, 111.

1590. *Gardner* (*Christopher T.*). Te Tablet of Yü. XVIII, 158.

1591. *Gardthausen* (*V.*). Mastarna oder Servius Tullius. XXVII, 410.

1592. — Ursicinus und die Inschrift von Dojan. XXVII, 428.

1593. *Gargiolli* (*C.*). Voy. Niccolini (G.).

1594. *Garnier* (*Édouard*). Not. nécrol. XVIII, 253.

1595. *Garnier* (*J.*). Inventaire sommaire des archives civiles de la Côte-d'Or. XV, 257.

1596. *Garrucci* (*R.*). Not. nécrol. XXVIII, 468.

1597. *Gasquet* (*A.*). De l'autorité impériale en matière religieuse à Byzance. XIX, 184.

1598. — Précis des institutions politiques et sociales de l'ancienne France. XXIX, 107.

1599. *Gasté* (*A.*). Quelques documents inédits relatifs à l'administration provinciale sous Louis XIV. XVII, 244.

1600. *Gatschet*. The migration legend of the Creeks. XXIX, 127.

1601. *Galti*. Statuti dei mercanti di Roma dal sec. XIII al XVI. XXVII, 233.

1602. *Gaubil* (Père). Le Chou-King. Trad par le P. Gaubil. Revu et corrigé par M. de Guignes. XVIII, 154.

1603. — Mémoires concernant les Chinois terminés par Silvestre de Sacy. XVIII, 159.

1604. — Histoire de Gentchiscan et de toute la dynastie des Mongous. XVIII, 160.

1605. — Traité de chronologie chinoise, publié par Silvestre de Sacy. XVIII, 166.

1606. *Gaubin* (l'abbé). Monographie de la ville de la Devèze. XIX, 231.

1607. *Gaudin*. Catalogue de la bibliothèque de la ville de Montpellier. XXIX, 476.

1608. *Gaufrès* (*M. J.*). Claude Baduel et la réforme des études au XVIe s. XVI, 151. XVIII, 462.

1609. *Gaulle* (*L. de*). Not. nécrol. XXIII, 475. XXIV, 228.

1610. *Gaultier du Mottay*. Not. nécrol. XXIV, 458.

1611. *Gautier* (*A.*). Les armoiries et les couleurs de la confédération suisse et des cantons suisses. XXIV, 164.

1612. *Gautier* (*J.*). Histoire sommaire de la France depuis les origines jusqu'en 1600. XVIII, 497.

1613. *Gautier* (*L.*). La chevalerie. XXIV, 372.

1614. *Gawalewicz*. Theodorichs des Grossen Beziehungen zu Byzanz und zu Odoaker. XVII, 406.

1615. *Gay* (*S. H.*). James Madison. XXIX, 133.

1616. *Gay* (*V.*). Glossaire archéologique. XX, 138. XXIV, 367. XXVIII, 457.

1617. *Gazeau* (*A.*). Discours sur l'histoire universelle de Bossuet. XXVIII, 227.

1618. *Gebelin*. Histoire des milices provinciales de 1688 à 1791. XXI, 421. XXIX, 387.

1619. — Quid rei militaris doctrina, renascentibus litteris, antiquitati debuerit. XIX, 387.

1620. *Gebelle* (Dom *E.*). Les Français de l'armée du Rhin-et-Moselle en Souabe et en Bavière en 1796. XXVII, 230.

1621. *Gebhard*. De Plutarchi in Demosthenis vita fontibus ac fide. XVI, 424.

1622. *Gebhardt* (*E.*). Studien über das Verpflegungswesen von Rom und Constantinopel in der spæteren Kaiserzeit. XXII, 143.

1623. *Gebhart*. Introduction à une Histoire du sentiment religieux en Italie. XXIV, 461. XXVIII, 362.

1624. *Geddes* (*James*). History of the administration of John de Witt. XVII, 151, 418.

1625. *Geer* (baron *de*). Biographie de A. J. von Hœpken. XXI, 165.

1626. *Geering* (*T.*). Handel und Industrie der Stadt Basel. XXVIII, 470.

1627. *Geitler*. Les chants populaires et les légendes des Serbes et des Croates. XXIII, 146.

1628. *Geiger* (*L.*). Histoire de la re-

naissance et de l'humanisme en Italie et en Allemagne. XIX, 501.
1629. *Geley* (*L.*). Fancan et la politique de Richelieu. XXV, 370.
1630. *Gellion-Danglar.* Not. nécrol. XIX, 226.
1631. *Gelzer* (*H.*). S. Julius Africanus und die Byzantinische Chronographie. XVII, 396.
1632. *Gemoll.* Die Hyginische Lagerbeschreibung. XVII, 408.
1633. Gemona (Note chronologiche inedite spettanti alla chiesa di). XXI, 392.
1634. *Génard* (*P.*). De gebroeders Van der Voort en de volksopstand van 1477-78. XVIII, 110.
1635. — Antwerpsch archievenblad. XVIII, 109.
1636. *Gener* (*Pompeyo*). La mort et le diable. XVII, 165.
1137. *Genlis* (Mme *de*). Voy. Quesnet (Ed.).
1638. *Gens.* Not. nécrol. XVII, 482.
1639. *Genthe* (*H.*). Die Rœmischen Alterth. im Museum zu Altkirch. XXVII, 135.
1640. — Ueber die Beziehungen der Griechen und Rœmer zum Balticum. XXVII, 138.
1641. *Genz* (*H.*). Capitis deminutio. XVII, 407.
1642. — Die Centuriat-Comitien nach der Reform. XXVIII, 134.
1643. *Geppert* (*Ed.*). Not. nécrol. XVII, 478.
1644. *Gérard* (*A.*). Voy. Burckhardt (J.).
1645. *Gérard* (*P. A. F.*). Not. nécrol. XXI, 250.
1646. *Gerathewohl.* Die Reiterei und die Centuriæ equitum zur Zeit der rœmischen Republik. XXVIII, 138.
1647. *Gerber.* Naturpersonification in Poesie und Kunst der Alten. XXVI, 416.
1648. *Gerbillon* (*P.*). Voyages en Tartarie. XVIII, 148.
1649. *Germain* (*A.*). La Faculté des arts de l'ancien collège de Montpellier, 1242-1789. XXI, 474.
1650. — Deux lettres inédites de Henri IV. XXI, 474.
1651. — Géographie historique du comté de Melgueil et de la seigneurie de Montpellier. XXI, 474.
1652. *Germain* (*L.*). Jean de Bourgogne et Pierre de Genève, époux de Marguerite de Joinville. XVII, 242.
1653. Germanischer Bücherschatz. Voy. Holder.
1654. *Gerstenecker* (*J.*). Der Krieg des Otho und Vitellius in Italien. XXVII, 423.
1655. Geschichtsquellen (province de Saxe). XV, 262.
1656. Geschichtsquellen des Bisthums Münster. XVI, 483.
1657. Geschichtschreiber der deutschen Vorzeit. XV, 508.
1658. *Geslin de Bourgogne* et *Anatole de Barthélemy.* Anciens évêchés de Bretagne. XV, 195.
1659. *Gfrœrer.* Histoire de Gustave-Adolphe trad. par P. Siegwart et L. de Tricaud. XXI, 240.
1660. *Gherardi* (*Al.*). Documenti di storia italiana. XVIII, 507.
1661. — Statuts de l'université de Florence en 1387. XIX, 237.
1662. *Ghetti.* Storia della indipendenza italiana. XV, 437. XVI, 252.
1663. *Gherardi* (*A.*). Voy. Morelli (C.).
1664. *Gibert* (*E.*) et *Taylor.* Récit de la découverte des îles Carolines. XX, 499.
1665. *Giefers* (*E.*). Not. nécrol. XVI, 482.
1666. *Gierke* (*Otto*). Untersuchungen zur deutschen Staats- und- Rechtsgeschichte. XXII, 175.
1667. — Johannes Althusius und die Entwicklung der naturrechtlichen Staatstheorien. XXII, 175.
1668. *Gigas* (*E.*). Grev Bernardino de Rebolledo spansk Gesandt i Kjœbenhavn. 1648-59. XXV, 399.
1669. *Gilbert* (*G.*). Erste und zweite Lesung in der Athenischen Volksversammlung. XVI, 431.
1670. — Zur Geschichte der Zwœlfzahl der attischen Phylen. XVI, 431.
1671. — Der Athenische Ratschreiber. XVI, 431.
1672. — Handbuch der Griechischen Staatsalterthümer. XXIII, 153.
1673. *Gilbert* (*John*). History of the irish Confederation and the war in Ireland (1641-1643), par Richard Bellings. XVIII, 503. XX, 250. XXIX, 111.
1674. — Chartularies of St Mary's abbey, Dublin, with the register of its house at Dunbrody, and Annals of Ireland. XXIX, 389.
1675. *Gilbert* (*O.*). Geschichte und Topographie der Stadt Rom im Alterthum. XXVII, 402. XXIX, 192.
1676. *Gilles.* Histoire des Vaudois de l'an 1160 à l'an 1440. XX, 421.
1677. *Gilliodts van Severen.* Coutume du Franc de Bruges. XVIII, 106.
1678. — Coutume du Bourg de Bruges. XXIII, 238. XXVIII, 461.
1679. *Gilman.* Vie du président Monroe. XXVI, 120.
1680. *Gindely* (*A.*). Geschichte des dressigjæhrigen Krieges. XX, 429. XXIII, 389.
1681. — A history of the 30 years

war. Trad. par Ten Brook. XXIX, 128.

1682. *Ginzel* (*F. K.*). Astronomische Untersuchungen. XXVI, 410.

1683. *Gion* (*J.*). La politique française en Orient (1534-1718) et spécialement dans les pays roumains. XXVIII, 379.

1684. *Giorgi* (*S.*) e *U. Balzani*. Il regesto di Farfa di Gregorio di Catino. XV, 479.

1685. *Giovanni* (*V. di*). Chronica del ribellamentu di Sicilia contra re Carlu. XXI, 142.

1686. — Severino Boezio. XIX, 392.

1687. *Girard* (*O.*). France et Chine. XVIII, 152.

1688. *Girard* (*P.*). L'asclepieion d'Athènes. XIX, 384.

1689. *Girardot* (baron *de*). Not. nécrol. XXII, 473.

1690. *Girard de Rialle*. Nos ancêtres. XXIII, 234.

1691. *Giraud* (*Ch.*). La maréchale de Villars et son temps. XVI, 153.

1692. — Not. nécrol. XVII, 238.

1693. *Giraud* (*P.-E.*). Not. nécrol. XXIV, 228.

1694. *Giraudet* (Dr *E.*). Les origines de l'imprimerie à Tours. XVIII, 499.

1695. *Giron* (*A.*). Le droit public de la Belgique. XXVII, 228.

1696. *Giry* (*A.*). Les établissements de Rouen. XXII, 391. XXVII, 473. XXVIII, 358.

1697. — Documents sur les relations de la royauté avec les villes de France de 1180 à 1314. XXVIII, 226, 457. XXIX, 96.

1698. *Giudice* (*G. del*). La famiglia di re Manfredi. XIX, 419.

1699. *Glasson* (*E.*). Histoire du droit et des institutions de l'Angleterre. XIX, 105. XX, 141. XXI, 371. XXIII, 379.

1700. *Gleitsmann* (*A.*). De Plutarchi in Luculli vita fontibus et fide. XXVII, 382.

1701. *Gloria* (*A.*). Codice diplomatico padovano. XVIII, 507. XIX, 403.

1702. *Gneist* (*R.*). Englische Verfassungsgeschichte. XXVI, 428.

1703. *Gobineau* (comte *A. de*). Not. necrol. XXI, 231.

1704. *Goblet d'Alviella* (comte). La vie politique en Belgique. XVIII, 122.

1705. — L'évolution religieuse contemporaine. XXIV, 239.

1706. — Des préjugés qui entravent l'étude des religions. XXVII, 480.

1707. *Godefroy*. Dictionnaire de l'ancienne langue française. XX, 138.

1708. *Godt* (*Ch.*). Plutarch's und Appian's Darstellung von Cæsar's Ende. XVII, 392.

1709. *Gœcke* (*R.*). Das Grossherzogthum Berg (1806-1813). XV, 207.

1710. *Gœdeke* (*K.*). Dichtungen von Martin Luther. XXVI, 132.

1711. *Gœrres*. Die Mærtyrer der Aurelianischen Christenverfolgung. XVII, 405.

1712. — Die angebliche Christenverfolgung unter Numerianus und Carinus. XVII, 405.

1713. *Gœtze* (*P. von*). Fürst Alexander Nikolajewitsch Galitzin und seine Zeit. XXVI, 177.

1714. *Gœtzinger* (*Ernst.*). Joachim von Watt (Vadian). Deutsche historische Scriften. XVIII, 408.

1715. *Goffinet* (*Hipp.*). Comtes de Chiny. XVIII, 132.

1716. — Cartulaire de l'abbaye d'Orval. XVIII, 104.

1717. *Goiraud* (*L.*). Voy. Mac-Carthy.

1718. *Goldsmid* (*E.*). Political songs. XXV, 230.

1719. *Goldschmidt* (*L.*). Zur Geschichte der Seeversicherung. XXVIII, 236.

1720. *Goldschmidt* (*S.*). Not. nécrol. XXV, 232.

1721. *Goll* (*J.*). Quellen und Untersuchungen zur Geschichte der bœhmischen Brüder. Peter Chelcicky und seine Lehre. XXIII, 383.

1722. *Golovbinsky*. Istoria rousski zerkoi (Histoire de l'Église russe). XIX, 136.

1723. *Golstounsky*. Mongolo-oïratskie Zekony 1640 (Lois mongoles oïrates de 1640). XIX, 139.

1724. *Gomperz* (*Th.*). L'Académie. XXIII, 151.

1725. — Herodoteische Studien. XXVI, 391.

1726. *Gonzenbach* (*A. de*). Lebens- und Leidensgeschichte des jungen Tancred v. Rohan. XV, 518.

1727. — Der General Hans Ludwig von Erlach. XVII, 255. XXI, 254. XXIII, 395.

1728. — Die Schweizerische Abordnung auf dem Friedenscongress von Münster und Osnabrück. XXIII, 398.

1729. *Goodrich*. Report upon the British naval and military operations in Egypt in 1884. XXIX, 128.

1730. *Goodwin* (*C.-N.*). The civil war in Hampshire. XXIX, 113.

1731. *Gooss* (*C.*). Not. nécrol. XVII, 478.

1732. *Goovaerts* (*A.*). Histoire et bibliographie de la typographie musicale dans les Pays-Bas. XVIII, 102.

1733. — Origine des gazettes et des nouvelles périodiques. Abraham Ver-

hoeven d'Anvers, le premier gazetier de l'Europe. XVIII, 133.
1734. — Catalogue de la bibliothèque Vander Sraelen-Moons-van Lerins. XXVII, 227.
1735. *Gorringe* (*H.*). Egyptian obelisks; their history and characteristics. XXVI, 110.
1736. *Gorzitza* (*O.*). Kritische Sichtung der Quellen zum ersten punischen Kriege. XXVII, 386.
1737. *Gottlob* (*Ad.*). Karls IV private und politische Beziehungen zu Frankreich. XXVI, 423.
1738. *Goulas* (*Nic.*). Mémoires. XXII, 104.
1739. *Gourd* (*A.*). Les chartes coloniales et les constitutions des États-Unis de l'Amérique du Nord. XXIX, 108.
1740. *Gouverneur* (*A.*). Essais historiques sur le Perche. XXI, 380.
1741. *Gouw* (*J. Ter*). Geschiedenis van Amsterdam. XXVII, 487. XXIX, 140.
1742. *Gozzadini* (*G.*). Nanne Gozzadini e Baldassare Cossa poi Giovanni XXIII. XIX, 408.
1743. — Le mura che cingono Bologna. XIX, 409.
1744. *Græber* (*G.*). Quaestionum Ovidianarum pars I. XXII, 133.
1745. *Graese* (D[r] *Th.*). Not. nécrol. XXIX, 477.
1746. *Graeser*. Οἱ Ἑλλήνων τε καὶ Ῥωμαίων μέγιστοι θεοὶ πρὸς ἀλλήλους συμβάλλονται. XXVIII, 147.
1747. *Graetz*. État politique de la Judée après la destruction de Jérusalem. XXII, 136.
1748. *Graf* (*A.*). Roma nella memoria e nelle immaginazioni nel medio evo. XXVIII, 411.
1749. *Gramich* (*V.*). Not. nécrol. XXVIII, 232.
1750. *Grammont* (*H. de*). La Mission de Sanson le Page à Alger. XV, 260.
1751. — Histoire des rois d'Alger par Fray Diego de Haedo. XVII, 474.
1752. — Lettre du Génois Conestaggio sur l'expédition de Philippe III contre Alger (1601). XXI, 241.
1753. — Un académicien captif à Alger. XXIV, 233.
1754. — Voy. Piesse.
1755. *Grandgagnage* (*Ch.*). Dictionnaire étymologique de la langue wallonne. Deux vol. édités par Scheler. XVIII, 105.
1756. *Grandi* (*T.*). Ciro Menotti e i suoi compagni. XV, 437.
1757. *Grandjean* (*Ch.*). Registres de Benoît XI, XXIV, 365. XXVIII, 340.
1758. *Granlung*. Konung Gustaf den fœrstes Registratur. XXI, 152.
1759. — Tentative faite par les Suédois de fonder une colonie au cap Corso, sur la côte de Guinée. XXI, 159.
1760. *Grant Allen*. Anglo-saxon Britain. XXII, 244.
1761. *Grasberger* (*L.*). Erziehung und Unterricht im klassischen Alterthum. XXII, 143.
1762. *Graux* (*Ch.*). De Plutarchi codice Matritensi. XV, 500.
1763. — Essai sur les origines du fonds grec de l'Escurial. XV, 500.
1764. — Mélanges. XXV, 367.
1765. — Not. nécrol. XVIII, 387.
1766. *Grave* (*F. de*). Grégoire-Joseph Chapuis. XVIII, 120.
1767. *Gravenhorst* (*E.-Th.*). Die Entwickelungsphasen des religiœsen Lebens im Hellenischen Alterthum. XXIII, 158.
1768. *Gravier* (*Ch.*). Les Normands sur la route des Indes. XV, 500.
1769. *Gray* (*H.*). China; a History of the Laws Manners and Customs of the People. XVIII, 152.
1770. *Gray Birch* (*W. de*). Cartularium saxonicum. XXIII, 482. XXVII, 232. XXIX, 237.
1771. *Green* (M[me] *E.*). Calendar of Commonwealth state papers. XVIII, 504. XXVII, 479.
1772. — Calendar of State papers. XX, 153. XXII, 241, 397. XXIX, 114.
1773. *Green* (*R.*). History of the English people. XV, 167. XVIII, 200.
1774. — The making of England. XX, 248. XXV, 132.
1775. — The Conquest of England. XXV, 132.
1776. — Geography of the British isles. XXV, 133.
1777. *Green* (*J. R.*). Not. nécrol. XXII, 240.
1778. *Greene* (*G. W.*). Not. nécrol. XXII, 244. XXVI, 108.
1779. *Grégoir* (*Ed.*). L'art musical en Belgique sous les règnes de Léopold Ier et Léopold II. XVIII, 127.
1780. — Notice sur Gossec. XVIII, 133.
1781. *Grégoire* (l'abbé). État du diocèse de Nantes en 1790. XVI, 476.
1782. *Gregorutti*. Iscrizioni inedite aquilejesi, istriane e triestine. XVI, 170.
1783. — Antichi vasi fittili di Aquileja. XVI, 170.
1784. *Gregorovius* (*F.*). Aus der Landschaft Athens. XXIII, 134.
1785. — Mirabilien der Stadt Athen. XXIII, 134.

1786. — Athen in den dunklen Jahrhunderten. XXIII, 153.
1787. — De Gründung der rœmischen Colonie Aelia Capitolina. XXVII, 426.
1788. — Athenais. Geschichte einer byzantinischen Kaiserin. XXVII, 434.
1789. *Gremaud* (l'abbé). Documents relatifs à l'histoire du Vallais. XXIV, 146.
1790. *Greenstreet* (*J.*). The Lincolnshire Survey. XXIX, 389.
1791. *Grellet Balguerie*. Mémoire sur la chronologie et la généalogie des rois mérovingiens. XIX, 377.
1792. *Greppi* (*E.*). Il banco di San Giorgio. XXVIII, 366.
1793. *Greslon* (Père *Adrien*). Histoire de la Chine sous la domination des Tartares. XVIII, 161.
1794. *Greve* (*Th.*). Kritik der Quellen zum Leben des ælteren Gracchus. XXVII, 381.
1795. *Griffith*. Le plus ancien registre de la paroisse de Saint-Albans. XVII, 248.
1796. *Grignon* (*L.*). Notes sur l'histoire de Châlons. XV, 501.
1797. *Grimm* (*Jul.*). Der rœmische Brückenkopf in Kastel bei Mainz und die dortige Rœmerbrücke. XXII, 115. XXVII, 131.
1798. *Griswold*. A general index to the Contemporary review, etc. XXII, 245.
1799. — Q. P. Indexes. XXVIII, 235.
1800. *Groot* (*H. de*). Honderd jaren uit de Geschiedenis der Hervorming in de Nederlanden. XXIX, 140.
1801. *Grosart*. The voyage to Cadiz in 1625. XXIX, 111.
1802. *Grosier* (l'abbé). Voy. Mailla (Père J. de).
1803. — Description générale de la Chine. XVIII, 145.
1804. *Gross* (*Ch.*). Gilda mercatoria. Ein Beitrag zur Geschichte der englischen Stædteverfassung. XXIX, 158.
1805. — L'affiliation des villes municipales au moyen âge. XXIX, 480.
1806. *Grosse* (*B.*). De Graecorum deo Luna. XXIII, 159.
1807. *Grote*. La correspondance de Catherine II avec Grimm. XIX, 142.
1808. *Grünbaum* (*M.*). Ueber die Publicistik des dressigjæhrigen Krieges von 1626-1629. XXIII, 392.
1809. *Grundtvig* (*S.*). Not. nécrol. XXIII, 247.
1810. *Grünhagen* (*C.*). Geschichte des ersten schlesischen Krieges. XXIII, 406.
1811. *Guadet* (*J.*). Not. nécrol. XVII, 472.
1812. *Guasti* (*C.*). Sacco di Prato (1512). XVI, 251.
1813. — Lettere di uno scolaro a un mercante del sec. XIV. XIX, 414.
1814. *Gubernatis* (*A. de*). Il Manzoni ed il Fauriel. XV, 438.
1815. *Guérin* (*Paul*). Table des mémoires de Saint-Simon. XVI, 482.
1816. — Recueil des documents concernant le Poitou contenus dans les registres de la chancellerie de France. XXV, 362.
1817. *Guerra* (*A. F.*). Santa Orosia. XXII, 484.
1818. Guerre franco-allemande de 1870. Trad. de l'ouvrage de l'état-major prussien. XX, 483.
1819. *Guerrier*. Pierre Damien. XVII, 241.
1820. — Mme Guyon. XVII, 241, 365. XXII, 435.
1821. *Guerrini* (*O.*). Viaggio di Donato Rigeto veronese. XXIX, 191.
1822. *Guest*. Origines celticae. XXV, 142.
1823. *Guest* (Dr *E.*). Not. nécrol. XVII, 372.
1824. *Guggenheim*. Die Bedeutung d. Folterung im attischen Process. XXVI, 417.
1825. *Guhl* et *Koner*. Das Leben der Griechen und Rœmer nach antiken Bildwerken. XXII, 141.
1826. — et —. Manuel d'archéologie traduit par Trawinsky. XXVII, 473.
1827. *Guibert* (*L.*). La famille limousine d'autrefois. XXIII, 234.
1828. — Registres consulaires de Limoges. XXVI, 457.
1829. *Guiffrey* (*J.*). Nouvelles archives de l'art français. XXVIII, 226.
1830. *Guigue* (*G.*). Cartulaire lyonnais. XXVIII, 226.
1831. *Guignes* (*de*). Mémoire dans lequel... on essaye d'établir que le caractère épistolique, hiéroglyphique des Égyptiens se retrouve dans les caractères des Chinois. XVIII, 156.
1832. — Réponse aux doutes proposés par M. Deshauterayes. XVIII, 156.
1833. — Histoire générale des Huns, des Turcs, des Mogols. XVIII, 168.
1834. — Voy. Gaubil (Père).
1835. *Guillaume* (l'abbé *P.*). Recherches historiques sur les Hautes-Alpes. XVII, 247. XX, 439.
1836. *Guillier* (*M.-F.*). Recherches sur Changé-les-Laval. XXIV, 235.
1837. *Guiraud* (*P.*). Les marins de Néchao. XX, 480.

1838. *Guiraud* et *Lacour-Gayet*. Histoire romaine. XXVI, 455.
1839. *Guizot*. Voy. Witt (Mme de).
1840. *Guizot* (*G.*). Voy. Macaulay.
1841. *Gurlitt* (*L.*). Die Briefe Ciceros an Brutus. XXVII, 385.
1842. *Gutschmid* (*A. von*). Trogus und Timagenes. XXVI, 397. XXVII, 390.
1843. *Gützlaff*, A Sketch of Chinese History. XVIII, 147.
1844. — The life of Taou-Kwang. XVIII, 162.
1845. — China opened. XVIII, 151.
1846. — Ping Nan How Chuen. XVIII, 160.
1847. — Nan Sung Chi-Chuen. XVIII, 160.
1848. — Ming Shi. XVIII, 160.
1849. *Guyard* (*S.*). La civilisation musulmane. XXVI, 322.
1850. — Not. nécrol. XXVI, 322.
1851. *Gyss* (l'abbé *V.*). Encore un mot sur les origines alsatiques. XV, 154.

H

1852. *Hadyon*. Calendar of the patent rolls. XVII, 481.
1853. *Haedo* (*Fray Diego de*). Voy. Grammont (H. de).
1854. *Hænicke*. Zu Ciceros Reden de lege agraria. XXVII, 419.
1855. *Hæntle* (*Chr.*). Chronik des Bicken-Klosters in Villingen 1238-1614. XIX, 237.
1856. — Des Bamberger Fürstbischofs J.-G. von Aschhausen Gesandtreise nach Italien 1612-3. XIX, 237.
1857. *Hagemann* (*G.*). De Graecorum prytaneis. XXIII, 154.
1858. *Hager* (*Joseph*). Monument de Yu. XVIII, 158.
1859. *Hagmann* (*J.*). Ueber Voltaire's Essai sur les mœurs. XXVII, 236.
1860. *Haigneré* (l'abbé *D.*). Cartulaire des établissements religieux du Boulonnais. XVII, 427.
1861. *Halde* (Père *du*). Description de la Chine et de la Tartarie chinoise. XVIII, 148.
1862. *Hale* (*H.*). Livres liturgiques des Iroquois. XXVI, 112.
1863. *Hall* (*G. St.*). Methode of teaching and studying history. XXVIII, 235.
1864. *Hall* (*H.*). History of the Customs-revenue in England. XXIX, 404.
1865. *Hallowel* (*R.-P.*). The Quaker invasion of Massachusetts. XXVI, 116.
1866. *Halm* (*Carl von*). Johannes Turmairs's genannt Aventinus Sæmmtliche Werke. XVIII, 409.
1867. *Halm* (*Carl von*). Not. nécrol. XXI, 243.
1868. *Halphen* (*Eug.*). Lettres inédites de Henri IV. XVI, 478. XXIX, 383.
1869. — Voyage de Mgr le prince de Condé de Bruxelles à Milan. XVIII, 500.
1870. *Hamaker* (*H.-G.*). De rekeningen der grafelijkheid van Zeeland onder het Henegouwsche huis. (Comptes du comté de Zélande sous la maison de Hainaut). XVII, 143. XX, 390.
1871. *Hamberg* (*Th.*). The Visions of Hung-siu-tsuen and origin of the Kwang-si insurrection. XVIII, 163.
1872. *Hamel* (*E.*). Précis de l'histoire de la Révolution. XXII, 389.
1873. *Hamilton* (*W. D.*). Calendars of State papers. XXII, 395.
1874. *Hamont* (*T.*). Un essai d'empire français dans l'Inde au XVIIIe siècle. XVII, 135.
1875. *Hammeran* (*A.*). Urgeschichte von Frankfurt a. M. und der Taunusgegend. XXVII, 133.
1876. *Hankel* (*F.*). Das Rœmische Normallager zur Zeit des Polybius. XVII, 409.
1877. *Hanno* (*G.*). Les villes retrouvées. XV, 503.
1878. *Hanotaux* (*G.*). Maximes d'État et fragments politiques de Richelieu. XV, 417. XVI, 247.
1879. — Origines de l'institution des intendants des provinces. XXV, 128.
1880. — Henri Martin, sa vie, ses œuvres, son temps. XXVIII, 357.
1881. *Hansard* (*M.*). Parliamentary papers. XV, 264.
1882. *Hanssen* (*Georg*). Agrarhistorische Abhandlungen. XIX, 186.
1883. *Harcourt* (comte *B. d'*). Les quatre ministères de M. Drouyn de Lhuys. XX, 385.
1884. *Hardy* (*Th. D.*). Descriptive catalogue. XXV, 144.
1885. *Haretou* (*S.*). Rapport général sur l'état de l'instruction en Roumanie. XXVIII, 378.
1886. *Harless*, *Hœhlbaum* et *Lœrsch*. Denkschrift über die Aufgaben der Gesellschaft für rheinische Geschichtskunde. XVII, 249.
1887. *Harris* (*W.*). The battle of Groton Hights. XXVI, 119.
1888. *Harrison*. Description of England in Shakspere's day 1577-87, publié par F. Furnivall. XVIII, 503.
1889. *Harrisse*. Jean et Sébastien Cabot. XXI, 235.
1890. — Christophe Colomb. XXVIII, 122.
1891. *Harrisse* (*H.*). Grandeur et dé-

cadence de la Colombine. XXIX, 232.

1892. *Hartel* (*W.*). Ein griechischer Papyrus aus dem Jahre 487 nach Chr. XXVIII, 142.

1893. *Hartfelder* (*A.*). Der Bauernkrieg in der Ortenau. XXIV, 384.

1894. *Harnack*. Die Beziehungen des frænkisch-italischen zu dem byzantinischen Reiche unter der Regierung Carls des Grossen und der spæteren Kaiser des karolingischen Stammes. XVII, 406.

1895. *Hartmann* (*E.*). Der rœmische Kalendar. XXVII, 405.

1896. *Hartwig* (*O.*). Le roi Guillaume Ier et le grand amiral Maione de Bari. XXIV, 243.

1897. *Harven* (*M. de*). La Nouvelle Zélande au point de vue économique de la Belgique. XXVII, 228.

1898. *Hasdeu*. Histoire critique des Roumains. XV, 444.

1899. — Psaltirea publicatâ romaneste 1577 de diaconul Coresi. XIX, 150.

1900. *Hasenstab* (*B.*). Studien zur Variensammlung des Cassiodorius. XXVII, 397.

1901. *Hassel* (*P.*). Geschichte der Preussischen Politik 1807-1815. XX, 433.

1902. *Hatin* (*E.*). Théophraste Renaudot. XXIV, 140.

1903. — L'Histoire, la Fantaisie et la Fatalité. XXVII, 223.

1904. *Haueisen*. Not. nécrol. XXII, 236.

1905. *Haupt* (*H.*). Dares, Malalas und Sisyphos. XVII, 397.

1906. — Die religiœsen Sekten in Franken vor der Reformation. XX, 246. XXIV, 388.

1907. — Dio Chrysostomus als Historiker. XXVII, 395.

1908. *Hausen* (*R.*). Bidrag till Finlands Historia (Contributions à l'histoire de la Finlande). XXI, 156.

1909. *Hauser* (*Als.*). Voy. Conze (Al.).

1910. *Hausrath*. Kleine Schriften religionsgeschichlichen Inhalts. XXVII, 399.

1911. *Haussonville* (comte d'). Le salon de Mme Necker. XIX, 388.

1912. — Ma jeunesse. XXIX, 110.

1913. — Not. nécrol. XXV, 359.

1914. *Hauvette-Besnault*. Les stratèges athéniens. XXIX, 357.

1915. — De archonte rege. XXIX, 362.

1916. *Havet* (*E.*). Le Christianisme et ses origines. XXV, 368.

1917. *Havet* (*J.*). L'hérésie et le bras séculier au moyen âge jusqu'au XIIIe siècle. XVI, 150.

1918. — Questions mérovingiennes. XXIX, 100.

1919. *Haynes* (*H.-W.*). Discovery of palæolithic flint implements in Upper Egypt. XX, 163.

1920. *Hearn*. The aryan Household; its structure and development. XVII, 376.

1921. *Hecht*. Les colonies lorraines et alsaciennes en Hongrie. XV, 158.

1922. *Heckmann*. Rœmische Felsendenkmæler. XXVIII, 148.

1923. *Hedin*. Franska Revolutionens Qvinnor (Les femmes de la Révolution française). XXI, 164, 199.

1924. *Hegel* (*C.*). Chronicon moguntinum. XXIX, 478.

1925. *Hehn*. Culturpflanzen und Hausthiere in ihrem Uebergang von Asien nach Griechenland und Italien... historisch-linguistische Skizzen. XXVI, 380.

1926. *Heiberg* (*J.-L.*). Peter Andreas Heiberg og Thomasine Gyllembourg. XXV, 403.

1927. *Heidenheimer* (*H.*). Petrus Martyr Anglerius und sein Opus Epistolarum. XXII, 417. XXVIII, 362.

1928. *Heidtmann* (*G.*). Das Thronfolgerecht der spartanischen Kronprinzensœhne. XXVI, 390.

1929. *Heigel* (*Th.*). Das Tagebuch Kaiser Karl's VII aus der Zeit des Osterreichischen Erbfolgekriegs. XXIX, 182.

1930. *Heilprin* (*M.*). The Historical Poetry of the Hebrews. XX, 164.

1931. *Heinemann* (*L.*). Luther als Pædagogue. XXVI, 132.

1932. — Heinrich von Braunschweig, Pfalzgraf bei Rhein. XXVI, 150.

1933. *Heinrich* (*A.*). Was ist, und wo lag Korupedion? XXVI, 397.

1934. *Heinrici* (*G.*). Zur Deutung der Bildwerke altchristlicher Grabstætten. XXVIII, 152.

1935. *Heise* (*A.*). Familien Rosenkrantz-Historie. XXV, 404.

1936. *Heiss* (*Al.*). Les médailleurs de la renaissance. XXI, 239.

1937. *Heisterbergk* (*B.*). Ueber den Namen Italien. XXII, 128, 154.

1938. *Helbig*. Mémoire sur les reliques données par saint Louis au couvent des Dominicains de Liège. XX, 244.

1939. *Held*. Die Rede des Demosthenes περὶ παραπρεσβείας. XXIII, 151.

1940. *Helfert* (baron). Volkslied und Tanz. Das Wiederaufleben der bœhmischen Sprache und Literatur. XXIII, 386.

1941. *Hélie* (*A.*). Discours sur l'histoire universelle des deux mondes. XXII, 391.

1942. *Hellot* (*A.*). Chroniques de Normandie. XVI, 397.

1943. *Hellot* (*A.*). Essai historique sur Héricourt-en-Caux. XXVIII, 357.
1944. — Chronique parisienne de 1316 à 1339. XXVIII, 339.
1945. *Hellwald* (*F. von*). Not. nécrol. XXVI, 224.
1946. *Helmbold*. Ueber die successive Entstehung des thukydideischen Geschichtswerkes. XXVI, 391.
1947. *Helveg* (*L. N.*). Not. nécrol. XXIII, 485.
1948. *Hempel*. Quaestiones de Xenophontis libello de republica Atheniensium. XXVI, 392.
1949. *Hendess*. Untersuchungen über die Echtheil einiger delphischen Orakel. XXVI, 390.
1950. *Henking* (*C.*). Gebhard III bischof von Constanz 1084-1110. XV, 518. XXIV, 151.
1951. — Die Annalistischen Aufzeichnungen des Klosters St Gallen. XXIV, 147.
1952. *Henne* (*Al.*). Histoire du règne de Charles-Quint en Belgique. XXV, 483.
1953. — Voy. Wauters.
1954. *Hennebert* (colonel). Les comtes de Paris. XXIX, 233.
1955. *Henner* (*Théod.*). Voy. Schœfflor (Aug.).
1956. *Henrard*. Mathieu de Morgues et la maison Plantin. XVIII, 103.
1957. — Jules César et les Eburons. XX, 244.
1958. — Henri IV et la princesse de Condé. XXVIII, 349.
1959. *Henry* (*Ch.*). Correspondance inédite de Condorcet et de Turgot. XXII, 379.
1960. *Hepp* (*Eug.*). Voy. Bouteiller.
1961. *Herbst* (*H.*). De sacerdotiis Romanorum municipalibus quaestio epigraphica. XXVIII, 136.
1962. *Herbst* (*L.*). Les travaux sur Thucydide de 1862 à 1878. XXIII, 140.
1963. *Herbst* (*W.*). Encyclopædie der neueren Geschichte. XV, 262. XIX, 236. XXVI, 223. XXIX, 479.
1963 *bis*. — Not. nécrol. XXI, 478.
1964. *Hérelle*. Correspondance inédite de d. Thierry de Viaixnes. XVI, 246.
1965. *Hérelle* (*G.*). Mémoire des choses plus notables advenues en la province (Champagne), 1585-98. XX, 139.
1966. — Voy. Paillard (Ch.).
1967. *Hergenrœther* (cardinal). Regesta Leonis X. XXIVII, 368.
1968. — Handbuch der Kirchengeschichte. XXVII, 230.
1969. *Héricault* (*H. d'*) et *Bord*. Documents pour servir à l'histoire de la Révolution. XXVII, 364. XXVIII, 342.
1970. *Hérisson* (comte *d'*). Journal d'un officier d'ordonnance. XXVIII, 183.
1971. *Hermann* (*E.*). Voy. Cauer (E.).
1972. *Hermann* (*B.*). Der Kampf um Erfurt, 1636-38. XXIII, 393.
1973. *Herminjard* (*A.-L.*). Correspondance des réformateurs dans les pays de langue française. XXIII, 245.
1974. *Hérold* (*G.*). Not. nécrol. XXVI, 480.
1975. *Héron*. Documents concernant la Normandie de 1605 à 1644. XXVI, 100.
1976. *Héron de Villefosse* et *Thédenat*. Cachets d'oculistes romains. XXI, 240.
1977. — Voy. Thédenat.
1978. *Herrade de Landsperg*. Hortus deliciarium. Reprod. hél. avec texte explic. de M. Straub. XV, 160.
1979. *Herrick*. Some heretics of Yesterday. XXIX, 128.
1980. *Herrlich*. Die Verbrechen gegen das Leben nach attischem Recht. XXVI, 416.
1981. *Herrmann* (*E.*). Zeitgenœssische Berichte zur Geschichte Russlands. XXI, 424.
1982. *Herrtage*. Catholicon anglicanum. XXVI, 343.
1983. *Hertel*. Vie de saint Norbert. XV, 508.
1984. *Hertzberg* (*G. F.*). Geschichte von Hellas und Rom. XVI, 249, 425. XVII, 397. XXII, 128.
1985. — Geschichte des rœmischen Kaiserreichs. XVII, 397.
1986. — Geschichte Griechenlands seit dem Absterben des antiken Lebens bis zur Gegenwart. XX, 404.
1987. — Lœbejun und Cœmmern wæhrend des dressigjæhrigen Krieges. XXIII, 397.
1988. — Geschichte der Byzantiner und des Osmanischen Reiches. XXVII, 401.
1989. *Hertzsch* (G.). De scriptoribus rerum imperatoris Tiberii Constantini. XXVII, 399.
1990. *Hervé* (*Ed.*). La crise irlandaise. XXVIII, 356.
1991. *Hervé-Bazin*. Mémoires et récits de François Chéron (1764-1827). XX, 242.
1992. *Hervey* (lord). Memoirs. XXIX, 120.
1993. *Herzog* (*E.*). Die Vermessung des rœmischen Grenzwalles in seinem Lauf durch Württemberg. XVII, 387.
1994. — Ueber die Glaubwürdigkeit der aus der rœmischen Republik

bis zum Jahre 387 der Stadt überlieferten Gesetze. XXII, 130.
1995. *Herzog* (*J.*). Abriss der gesammten Kirchengeschichte. XX, 245.
1996. — Not. nécrol. XXI, 243.
1997. *Hesse* (*W.*). Geschichte der Stadt Bonn wæhrend der franzœsischen Herrschaft (1791-1815). XV, 207.
1998. *Hesselbarth* (*H.*). Historisch-Kritische Untersuchungen im Bereiche der dritten Dekade des Livius. XXVII, 387.
1999. *Hettner*. Das rœmische Trier. XVII, 387.
2000. — Zur Kultur von Germanien und Gallia Belgica. XXVIII, 145.
2001. *Heunes*. Das dritte Valerisch-Horatische Gesetz und seine Wiederholungen. XVII, 399.
2002. *Heydemann* (*V.*). De Senatu Atheniensium quaestiones epigraphicae selectae. XXIII, 155.
2003. *Heydenreich* (*E.*). Livius und die rœmische Plebs. XXVII, 386.
2004. *Heyse*. De legationibus atticis. XXVI, 417.
2005. — Not. nécrol. XXV, 232.
2006. *Hickson* (*Miss*). Ireland in the 17th century or the massacres of 1641. XXIX, 112.
2007. *Hidber* (*B.*). Schweizergeschichte für Schule und Volk. XX, 502.
2008. *Higden* (*R.*). Polychronicon. XVII, 384.
2009. *Hild*. Étude sur les démons dans la littérature et la religion des Grecs. XVII, 127.
2010. — Aristophanes impietatis reus. XVII, 127.
2011. — La légende d'Énée avant Virgile. XXII, 475.
2012. — Juvénal. XXVII, 218.
2013. *Hildebrand* (*B.-E.*). Anglosachiska Mynt i Svenska K. Myntkabinettet funna i Sveriges jord. XXI, 156.
2014. — Not. nécrol. XXVI, 463.
2015. *Hildebrand* (*H.*). Sveriges medeltid. kulturhistorisk skildring. XXI, 157.
2016. *Hildesheimer*. De libro qui inscribitur de viris illustribus Romae quaestiones historicae. XVII, 391.
2017. *Hildreth*. The history of the United States. XX, 171.
2018. *Hilgenfeld*. Rapports entre l'État romain et le christianisme. XXII, 146.
2019. *Hill*. Der achæische Bund. XXVI, 408. XXVII, 416.
2020. — Memoir of Abbot Lawrence. XXIX, 135.
2021. *Hillebrand* (*Karl*). Not. nécrol. XXVII, 106.
2022. *Hingman*. De Maas en de dyken van den zuidhollandschen waard en 1421. XXIX, 482.
2023. *Hinojosa*. Historia del derecho romano. XXIX, 486.
2024. *Hinrichs* (*G.*). Voy. Bergk (Th.).
2025. *Hinschius* (Dr *Paul*). Das Kirchenrecht der Katholiken und Protestanten in Deutschland. XVIII, 444.
2026. *Hipler* (*Fr.*) et *Zakrzewski*. Stanislai Hosii episcopi Varmiensis (1504-1579) et quæ ad eum scriptae sunt epistolae. XVII, 157.
2027. *Hippeau* (*Cél.*). Not. nécrol. XXIII, 228.
2028. *Hirsch*. Byzantinische Studien. XVII, 396.
2029. *Hirschfeld* (*G.*). Die Beziehungen Luther's und seiner Gemahlin zur Familie Hirschfeld. XXVI, 130.
2030. — Bericht über die Ergebnisse einer Bereisung Paphlagoniens. XXVI, 372.
2031. — Pausanias u. die Inschriften von Olympia. XXVI, 375.
2032. — Voyage en Paphlagonie. XXVII, 146.
2033. *Hirschfeld* (*O.*). Augustus und sein Mimus vitae. XXVII, 423.
2034. — Gallische Studien. XXVIII, 135.
2035. *Hirt* (*O.*). Commentationum Lysiacarum capita duo. XXIII, 149.
2036. Histoires diocésaines de l'Angleterre. XXII, 242.
2037. Histoire littéraire de la France. XVI, 480. XXVIII, 458.
2038. Historiæ patriæ monumenta (Turin). XXVI, 226.
2039. Historiens arabes des Croisades. XXVI, 216.
2040. *Hitze* (*E.*). De Sexto Pompejo. XXVII, 421.
2041. *Hitzigrath*. Die Publicistik des Prager Friedens (1635). XXIII, 392.
2042. *Hoche* (*J.*). De L. Cornelio Balbo. XXVII, 419.
2043. *Hock* (*A.*). Liège au xve siècle. XVII, 482.
2044. *Hodgkin* (*Th.*). Italy and her Invaders. XVII, 380.
2045. *Hœck* (*A.*). Die Beziehungen Kerkyros zum zweiten athenischen Seebunde. XXIII, 150.
2046. — L'introduction des ambassadeurs étrangers dans l'assemblée du peuple à Athènes. XXIII, 156.
2047. — Zur Geschichte des zweiten athenischen Bundes. XXVI, 371.
2048. *Hœfler*. La bataille de Prague. XVI, 175.
2049. — Kritische Bemerkungen über den Zosimos und den Grad seiner Glaubwürdigkeit. XVII, 395.
2050. *Hœhlbaum*. Voy. Harless.

2051. *Hœhle*. Arkadien vor der Zeit der Perserkriege. XXVI, 403.
2052. *Hoffmann*. Das Orakelwesen im Alterthum. XXII, 145.
2053. *Hoffmann (O.-A.)*. De imperatoris Titi temporibus recte definiendis. XXVII, 424.
2054. *Hoffmann (F.-J.)*. Quomodo, quando Titus imperator factus sit. XXVII, 424.
2055. *Hoffmann (H.)*. Les monnaies royales de France. XV, 468.
2056. *Hoffmann (W.)*. Peter Melander. Ein Charakterbild aus der Zeit des 30 jæhrigen Kriegs. XXIII, 397.
2057. *Hoffschmidt (A. d')*. La représentation nationale en Belgique. XVIII, 127.
2058. *Hœjer (N.)*. Norges Storting (la Diète norvégienne). XXI, 165.
2059. *Holberg (L.)*. Notice écrite à l'occasion du deuxième centenaire de sa naissance. XXVII, 236.
2060. *Holder*. Germanischer Bücherschatz. XVIII, 501. XX, 487.
2061. *Hollænder (A.)*. Strassburg im Schmalkaldischen Kriege. XVIII, 419.
2062. *Hollænder (L.)*. De militum coloniis ab Augusto in Italia deductis. XVII, 408.
2063. Hollande (la) et la liberté de penser au XVIIe et au XVIIIe siècle. XXVII, 221.
2064. *Holle (J.)*. Megara im mythischen Zeitalter. XXIII, 146.
2065. *Holm (E.)*. Om det Syn paa Kongemagt, Folk og borgerlig Frihed, der udviklede sig i den dansk-norske Stat i Midten af 18de Aarhundrede. XXV, 402.
2066. — Histoire intérieure du Danemark et de la Norwège, de 1660 à 1720. XXIX, 486.
2067. *Holst (von)*. Vie de John Caldwell Calhoun. XXVI, 120.
2068. *Holub (J.)*. Warum hielt sich Tacitus von 89-96 nach Chr. nicht in Rom auf? XXVII, 393.
2069. *Holzapfel*. Untersuchungen über die Darstellung der griechischen Geschichte von 489 bis 413 vor Chr. bei Ephoros, Theopomp u. a. autoren. XVI, 424. XVIII, 171.
2070. — Date de composition du traité intitulé Πόροι. XXIII, 140.
2071. — Ueber die Echtheit der Plutarchischen Schrift. XXVI, 398.
2072. — Plutarchs Berichte über das Bergwerksgesetz des Themistokles. XXVI, 405.
2073. — Das Verfahren der Athener gegen Mytilene. XXVI, 407.
2074. *Holzer*. Matris, ein Beitrag zur Quellenkritik Diodors. XXIII, 142.
2075. Home library (bibliothèque du foyer). XXII, 243.
2076. *Hooft van Iddekinge*. Friesland en de Friezen in de Middeleeuwen. XX, 397, 401.
2077. *Hopf (Jules)*. Voy. Samwer (Ch.).
2078. *Hopkins (J.)*. University Studies. XXIII, 242. XXIX, 125.
2079. *Horn (de)*. Not. nécrol. XVIII, 500.
2080. *Hornung (J.)* Races de la Suisse au point de vue historique et juridique. XXIII, 246.
2081. *Horric de Beaucaire* (Vte). Éléonore d'Olbreuse, duchesse de Zell. XXVIII, 129.
2082. *Hortis (A.)*. Storia della educazione publica in Trieste dal sec. VIII al XVIII. XXIII, 484.
2083. *Horvath (A.)*. Okleveltani jegyzetek (notes sur la diplomatique). XX, 497.
2084. *Hosius* (cardinalis). Epistolæ. Tomus I. XX, 427.
2085. *Hourmouzaki (E. de)*. Documente privitoare la Istoria Românilor (Documents relatifs à l'histoire des Roumains). XV, 446. XXV, 381. XXVIII, 395.
2086. — Fragmente zur Geschichte der Rumænen. XIX, 151. XXVIII, 395.
2087. *Hovelacque (A.)*. L'Avesta, Zoroastre et le Mazdéisme. XVIII, 443.
2088. *Hovyn de Tranchère*. Les dessous de l'histoire. XXVIII, 458.
2089. *Howard (O.)*. Nez-Percé Joseph; an account of his ancestors, his lands... his pursuit and capture 1877. XX, 175.
2090. *Howlet (R.)*. Monumenta franciscana. XIX, 497. XXVI, 339.
2091. *Hoyns*. Geschichte des Deutschen Volkes. XXVIII, 233.
2092. *Huber*. Das Kœlnische Recht in den zæhringischen Stædten. XXIV, 152.
2093. *Hubert (Eug.)*. Étude sur la condition des protestants en Belgique depuis Charles-Quint jusqu'à Joseph II. XX, 243. XXI, 194.
2094. — Les réformes de Marie-Thérèse dans l'enseignement moyen au Pays-Bas. XXIV, 238.
2095. — L'origine des libertés belges. XXIV, 473.
2096. *Hübner (E.)*. Citania. XVI, 388.
2097. — État primitif et principales modifications de l'armée romaine établie dans la province de Bretagne. XXII, 148.
2098. — Zu den Quellen der Rhein. Alterthumskunde. XXVII, 135.
2099. — Die gallischen und germani-

schen Auxiliartruppen in Britannien. XXVIII, 138.
2100. — Die Beinschienen der rœmischen Legionare. XXVIII, 140.
2101. *Hübner* (baron *de*). Sixte-Quint. XXI, 475.
2102. *Hue* (*F.*) et *G. Haurigot*. Nos petites colonies. XXVII, 222.
2103. *Hueffer* (*H.*). Zwei neue Quellen zur Geschichte Friedrich Wilhelms III. XXI, 245.
2104. — Étude sur la république napolitaine en 1799. XXVII, 477.
2105. *Huelsen* (*Ch.*). Varronianae doctrinae quaenam in Ovidii factis vestigia extent. XXII, 124.
2106. *Huet* (l'abbé). Histoire de Condé-sur-Noireau. XXII, 391.
2107. *Huet* (*Busken*). Het Land van Rembrand. XXVII, 487. XXIX, 142.
2108. *Hug* (*A.*). Démosthènes. XXIII, 151.
2109. — La constitution communale d'Athènes. XXIII, 154.
2110. *Hugo* (*Victor*). Not. nécrol. XXVIII, 332.
2111. *Hugues* (*E.*). Les synodes du désert. XXIX, 229.
2112. *Huhn* (*E. Th.*). Geschichte Lothringens. XV, 206.
2113. *Huitfeldt* (*J.*). Biskop Eysteins Jordebog (Den rœde Bog). XVIII, 140.
2114. — Voy. Unger.
2115. *Hultsch* (*F.*). Heraion und Artemision. XXIII, 135.
2116. — Griechische und rœmische Metrologie. XXVI, 413. XXVIII, 143.
2117. *Human* (*Ch.*), *Conze* et *Bolm*. Die Ergebnisse der Ausgrabungen zu Pergamon. 1880-81. XXIII, 130. XXVI, 372. — Voy. Conze.
2118. *Hundertmark* (*J.*). De imperatore Pertinace. XXVII, 427.
2119. *Hundt* (*H. de*). Not. nécrol. XV, 506.
2120. *Hunfalvy* (*P.*). Die Ungarn oder Magyaren. XVII, 252. XXIV, 420.
2121. — Die Rumænen und ihre Ansprüche. XXVII, 433.
2122. *Hunt* (*W.*). La Bretagne normande. XXIX, 393.
2123. *Hunziker* (*J.*). Augustin Keller. XXIII, 246.
2124. *Huon de Villeneuve*. Lampagie la Belle Aye. XVIII, 130.
2125. *Huschke*. Die neue oskische Bleitafel und die Pelignische Inschrift aus Corfinium. XVII, 388.
2126. *Hüsing* (*Aug.*). Der Kampf um die Katholische Religion im Bisthum Münster nach Vertreibung der Wiedertæufer. XXIV, 389.
2127. *Hutchinson* (*O.*). The diary and letters of Thomas Hutchinson. XXIX, 132.
2128. *Hüttemann* (*F.*). L'origine et le développement des mystères grecs. XXIII, 158.
2129. *Hutton* (*J.*). Correspondence of sir J. B. Burges. XXIX, 121.
2130. *Huygens* (*Constantin*). Son journal. XX, 391.
2131. *Hymans* (*H.*). La gravure dans l'école de Rubens. XVIII, 101.
2132. *Hymans* (*L.*). La Belgique contemporaine. XVII, 125.
2133. — Histoire parlementaire de la Belgique, de 1831 à 1880. XVIII, 114.
2134. — Bruxelles à travers les âges. XXVII, 229.

I

2135. *Ideler* (*L.*). Handbuch der mathematischen und technischen Chronologie aus den Quellen bearbeitet. XXVI, 413.
2136. *Ideville* (*H. d'*). Le maréchal Bugeaud. XVIII, 98. XX, 381. XXI, 379. XXVII, 474.
2137. *Ihne*. Ueber die sallustische Darstellung des Jugurthanischen Krieges. XVII, 401.
2138. *Ilarian* (*Papiu*). La vie, les œuvres et les idées de Georges Schinkaï. XXV, 388.
2139. *Ilgen* (*Th.*). Markgraf Conrad von Montferrat. XVI, 445.
2140. *Ilovaïsky*. Istorija Rossii. XIX, 133.
2141. *Ilwof*. Das Postwesen. XV, 509.
2142. *Imbault-Huart*. La légende du premier pape des Taoistes et l'histoire de la famille pontificale des Tchang. XXVIII, 457.
2143. *Imbert*. Not. nécrol. XX, 235.
2144. *Imhoof-Blumer*. Les drachmes eubéennes des ve et vi^e^ siècles avant J.-C. XXIII, 157.
2145. *Ingle* (*E.*). Local Institutions of Virginia. XXVIII, 468.
2146. *Ingold* (le Père). Essai de bibliographie oratorienne. XIX, 229. XXI, 237.
2147. — Le prétendu Jansénisme du P. de Sainte-Marthe. XX, 240.
2148. — Petite bibliothèque oratorienne. XX, 482.
2150. — Voy. Cloyseault.
2151. — L'oratoire à Luçon. XXIX, 471.
2152. — L'Oratoire et la Révolution. XXIX, 471.
2153. Inventaire des archives d'État à Venise (Essai d'). XVIII, 269.
2154. Inventaire sommaire du fonds de France et mémoires divers aux

archives des affaires étrangères. XXI, 233.
2155. Inventario del R. archivio di Stato in Lucca. XVI, 251.
2156. *Irmer* (Dr *G.*). Die Romfahrt Kaiser Heinrichs VII im Bilder des Codex Balduini Trevirensis. XVIII, 264.
2157. *Irving* (*Th.*). Not. nécrol. XVI, 254.
2158. *Isaacsohn*. Urkunden und Aktenstücke zur Geschichte des Kurfürsten Friedrich Wilhelm von Brandenburg. XXIII, 403.
2159. *Ising*. Het Binnenhof. XXIX, 143.
2160. *Izarn* et *G. A. Prévost*. Compte des recettes et dépenses du roi de Navarre en France et en Normandie, de 1367 à 1370. XXVII, 362.

J

2161. *Jackson* (*Ch.*). Not. nécrol. XXI, 482.
2162. *Jackson* (*J.*). Liste provisoire des bibliographies géographiques spéciales. XVIII, 500.
2163. *Jackson* (*Mad.*). A century of Dishonor : a sketch of the United states government's dealings with some of the Indian tribes. XX, 175.
2164. *Jacob* (*Alf.*). Notice biographique et bibliographique sur le comte de Widranges. XIX, 491.
2165. — Cartulaire de l'abbaye de Sainte-Hoïlde. XIX, 403.
2166. *Jacobi* (*L.*). Voy. Cohausen (A. von).
2167. *Jacobs* (*Alph.*). L'abbaye de Sainte-Gertrude à Louvain. XVIII, 129.
2168. *Jacoby* (D^r^). Études sur la sélection dans ses rapports avec l'hérédité chez l'homme. XVII, 360.
2169. *Jadard* (*H.*). Étude sur Buridan. XXVII, 219.
2170. — Jean de Gerson. XIX, 230.
2171. *Jager* (*H. de*). L'attitude de la ville de Brielle vis-à-vis du stathouder Guillaume II et des états généraux. XX, 393.
2172. *Jaeger* (*O.-H.*). Die Gymnastik der Hellenen. XXIII, 160.
2173. *Jæhns* (*M.*). Cæsars Kommentarien und ihre literarische und Kriegswissenschaftliche Folgewirkung. XXVII, 382.
2174. *Jaffé*. Regesta pontificum romanorum, nouv. éd. par Wattenbach. XVII, 480. XIX, 104. XXIV, 241. XXVI, 223. XXVIII, 466. XXIX, 479.
2175. *Jalliffier*. Les états généraux. XXIX, 232.
2176. *Jandebeur*. Not. nécrol. XIX, 236.
2177. *Janet* (*P.*). Les origines du socialisme contemporain. XXIV, 461.
2178. *Janin* (Père). Annales de la Chine. XVIII, 145.
2179. *Jansen* (*Ch.*). Aleander am Reichstage zu Worms 1521. XXIV, 381.
2180. *Janssen* (*J.*). Geschichte des deutschen Volkes seit dem Ausgang des Mittelalters. XXIV, 383.
2181. An meine Kritiker. XXIV, 383.
2182. *Janvier* (*A.*). Histoire d'Amiens. XXI, 475.
2183. — Petite histoire de Picardie. XXVII, 378.
2184. — Dictionnaire historique et archéologique de la Picardie. XXVII, 378.
2185. *Jarrin*. Voy. Brossard.
2186. *Jastrow*. Pufendorf's Lehre von der Montrositæt der Reichsverfassung. XXI, 480.
2187. *Jauffret* (l'abbé). Lutte doctrinale entre Mgr de Belsunce et le Jansénisme. XIX, 232.
2188. *Jaurgain* (*J. B. de*). Troiville et d'Artagnan. XXVIII, 225.
2189. *Jay* (*J.*). The peace negociations of 1782 and 1783. XXIX, 133.
2190. *Jean d'Outremeuse*. Voy. Bormans (Stanislas).
2191. *Jeanvrot* (*Victor*). Ordre et instruction judiciaire par Pierre Ayrault. XVIII, 262.
2192. — L'inamovibilité sous l'ancienne monarchie, sous la Révolution et après le 18 brumaire. XIX, 230.
2193. *Jeep*. Les lacunes de la chronique de Jean Malalas. XXII, 127.
2194. — Die Lebenszeit des Zosimos. XXVII, 397.
2195. *Jenkins*. Histoire du diocèse de Canterbury. XXIX, 393.
2196. *Jennings*. Correspondance et memoranda de J. W. Croker. XXIX, 122.
2197. *Jensen*. Giovanni Petro Caraffa og de religiœse Strœmminger paa hans Tid. XVIII, 430.
2198. *Jerrold* (*Bl.*). Life of Napoleon III. XX, 158.
2199. *Jervis* (*W. H.*). Not. nécrol. XXI, 482.
2200. *Jessopp* (*A.*). The Economy of the Fleete. XV, 168.
2201. *Joanne* (collection). Guide de Syrie et de Palestine, par Chauvet. XXI, 476.
2202. *Jobez* (*A.*). La France sous Louis XVI. XVIII, 98. XXIII, 181.
2203. *Jæhns*. Handbuch einer Geschichte des Kriegswesens von der Urzeit bis zur Renaissance. XXII, 147.
2204. *Joel*. Blicke in die Religionsge-

schichte zu Anfang des 2 Christlichen Jahrhunderts. XVII, 407. XXV, 407. XXVIII, 150.

2205. *Jœrgensen* (*A. D.*). Georg Zœga. XVIII, 431.

2206. *Jœrs* (*P.*). Ueber das Verhæltniss der Lex Julia de maritandis ordinibus zur Lex Papia Poppæa. XXVIII, 136.

2207. *Johnston* (*H.*). Observations on Judge Jones' Loyalist History of the American Revolution. XX, 172.

2208. — The Yorktown campaign and the surrender of Cornwallis. XX, 172.

2209. *Jones* (*Ch. C.*). The history of Georgia. XXVI, 117.

2210. *Jones* (*Ch.-H.*). History of the compaign for the conquest of Canada in 1776. XXVI, 118.

2211. *Jones* (*R.*). Vetus registrum Sarisberiense or registrum S. Osmundi episcopi. XXVI, 342.

2212. *Jonge* (*J. de*). Not. nécrol. XVII, 141.

2213. *Jonge* (*J. K. de*). Specimen litterarium continens de Gajo Mario et de scriptoribus, qui de ejus temporibus egerunt quaestiones. XX, 396.

2214. *Jonge* (*W. A. C. de*). Brieven en bescheiden, 1813-14, de vice-admiraal Verhuell. XVII, 148.

2215. *Jooris*. Aperçu sur les colonies néerlandaises aux Indes orientales. XXVII, 228.

2216. *Joppi*. Trento ed Aquileja. XVI, 169. XIX, 408.

2217. — Un privilegio della famiglia del Torso. XXI, 393.

2218. — Inventario delle cose preziose lasciate dal Patriarca d'Aquileja, Nicolo di Lussemburgo. XXI, 393.

2219. — Relazione al Senato Veneto di Girolamo Lippomano Veneto ambasc. a Gorizia. XXI, 394.

2220. — Lettere storiche sulla guerra del Friuli 1616-17. XXI, 396.

2221. *Joran* (*J.*). Programme développé d'histoire des temps modernes et d'histoire littéraire. XVIII, 258.

2222. *Jordan*. Symbolae ad historiam religionum Italicarum. XXVIII, 147.

2223. *Jordan* (*H.*). Capitol, Forum und Via sacra in Rom. XXII, 119.

2224. — Topographie der Stadt Rom im Alterthum. XXVII, 142.

2225. — Marsyas auf dem Forum in Rom. XXVII, 142.

2226. *Jorissen*. Lord Chesterfield en de Republick der Vereenidge Nederlanden. XXVIII, 470.

2227. *Joseph* (*P.*). Historisch-Kritische Beschreibung des Bretzenheimer Goldguldenfundes. XXV, 233.

2228. *Joubert* (*A.*). Un mignon de la cour de Henri III, Bussy d'Amboise. XXIX, 373.

2229. — Histoire de Saint-Denis d'Anjou. XXIX, 473.

2230. *Jourdanet*. Voy. Sahagun (B. de).

2231. *Jouve* (*Duval*). Montpellier pendant la Révolution. XVI, 418.

2232. *Jouve d'Embrun* (Père). Voy. Vojeu de Brunem.

2233. *Jülg* (*J.*). Vita L. Aeli Seiani. XXVII, 423.

2234. *Julian*. Political recollections. 1840-1872. XXIX, 134.

2235. *Jullian*. Les causes et le caractère de la guerre civile qui suivit la mort de Néron. XXIX, 467.

2236. *Julliot* (*G.*). Cartulaire sénonais de Balthasar Taveau. XXV, 362.

2237. *Jundt* (*A.*). Les amis de Dieu au XIVe siècle. XV, 155.

2238. — Les centuriateurs de Magdebourg. XXIII, 232.

2239. *Jundt* (*B.*). Die dramatischen Aufführungen im Gymnasium zu Strassburg. XVII, 479.

2240. *Jung* (*J.*). Die romanischen Landschaften des rœmischen Reiches. XXII, 134.

2241. — Rœmische Steine aus Aguntum. XXVII, 133.

2242. — Geographisch - historisches bei Procopius von Cæsaræ. XXVII, 137.

2243. — Leben und Sitten der Rœmer in der Kaiserzeit. XXVIII, 145.

2244. *Jung* (colonel *Th.*). Mémoires de Lucien Bonaparte. XX, 380. XXII, 381.

2245. — Dubois - Crancé. XXIII, 116.

2246. — Analyse de la Révolution française par Dubois-Crancé. XXVII, 117.

2247. *Jurien de la Gravière* (vice-amiral). L'Asie sans maître. XXIV, 369.

2248. — L'héritage de Darius. XXIV, 369.

2249. — Le drame macédonien. XXIII, 230.

2250. *Juris* (*A.*). Ueber das Reich des Odovakar. XXVII, 433.

2251. *Jusserand* (*J.*). La vie nomade et les routes d'Angleterre au XIVe siècle. XXV, 472.

2252. *Juste* (*Th.*). Le congrès national de Belgique, 1830-31. XVIII, 125.

2253. — Léopold Ier et Léopold II, rois des Belges. XVIII, 125.

2254. — Charles Rogier. XVIII, 125.

2255. — Lettres sur la Belgique indépendante. XVIII, 125.

2256. — Joseph II. XVIII, 120.

2257. — L'élection de Léopold Ier. XIX, 495.

2258. — La révolution brabançonne. XXV, 483.
2259. — La république belge de 1790. XXV, 483.
2260. — Frédéric le Grand. XVIII, 137.
2261. — Les jésuites. XVIII, 137.
2262. — Napoléon III. XVIII, 137.
2263. — Les Pays-Bas sous Philippe II. XXVII, 227, 481.

K

2264. *Kabdebo* (*H.*). Not. nécrol. XVI, 484.
2265. *Kaelin*. Recueil officiel des anciens recès fédéraux. XXVII, 236.
2266. *Kærst* (*J.*). Kritische Untersuchungen zur Geschichte des zweiten Samniterkrieges. XXVII, 414.
2267. *Kahn* (*L.*). Histoire des écoles communales et consistoriales israélites de Paris, de 1809 à 1884. XXVII, 224.
2268. *Kaiserfeld*. Die weitere Entwickelung des inneren polit. Lebens der Steiermark. XVI, 162.
2269. *Kalatchov*. Recueil de l'Institut archéologique. XIX, 140.
2270. *Kallenberg* (*H.*). Zur Quellenkritik von Diodor's XVI Buche. XXIII, 141.
2271. *Kallsen* (*O.*). Friedrich Barbarossa. XX, 245.
2272. *Kalousek* (*J.*). O historii Kalicha v dobach predhusitskych. XIX, 424.
2273. — Histoire de la société des sciences de Bohême. XXVIII, 154.
2274. *Kaltenbrünner* (Dr). Beitræge zur Geschichte der gregorianischen Kalenderreform. XVII, 251.
2275. *Kallner* (*B.*). Konrad von Marburg und die Inquisition in Deutschland. XXV, 408.
2276. *Kampfner*. Totila Kœnig der Ostgoten. XXVII, 434.
2277. *Kapp* (*F.*). Not. nécrol. XXVII, 230.
2278. *Kapp* (*Fried.*). Justus Erich Bollmann. XX, 192.
2279. — Not. nécrol. XXIX, 124.
2280. *Karabacek*. Der Papyrusfund von El Faijum. XXVIII, 141.
2281. *Karbe* (*J.*). De centurionibus Romanorum quaestiones epigraphicæ. XVII, 408.
2282. *Karcher* (*Th.*). Not. nécrol. XXVIII, 454.
2283. *Kareiev*. Les paysans et la question des paysans en France au XVIIIe siècle. XIX, 147.
2284. — Aperçu de l'histoire des paysans en France. XIX, 147.
2285. *Karsten* (Dr *H. T.*). De inkomsten en uitgaven van den Romeinschen staat, antiquarische schets. XVII, 148.
2286. *Katterfeld*. Beitræge zur Geschichtschreibung des Schmalkaldischen Krieges. XVIII, 419.
2287. *Kaufmann* (*G.*). Deutsche Geschichte bis auf Karl den Grossen. XXII, 140.
2288. — Die Fasten von Constantinopel und die Fasten von Ravenna. XXVII, 398.
2289. *Kausel* (*Th.*). De Thesei synoecismo. XXVI, 402.
2290. *Kawerau*. Briefe und Urkunden zur Geschichte des antinomistischen Streites. XVIII, 413.
2291. *Kehrbach*. Monumenta Germanicae paedagogica. XXV, 481.
2292. *Keil* (*Robert* et *Richard*). Die Gründung der deutschen Burschenschaft in Iena. XXV, 183.
2293. *Keim* (*Th.*). Rom und das Christenthum. XXII, 145.
2294. *Keintz* (*E. von*). Ueber Tierliebhaberei im Alterthume. XXVIII, 146.
2295. *Keiper*. Die neuentdeckten Inschriften über Cyrus. XXVI, 410.
2296. *Keller* (*A. von*). Not. nécrol. XXII, 237.
2297. *Keller* (*Ferd.*). Not. nécrol. XVII, 484.
2298. *Keller* (*H.*). Der zweite punische Krieg. XVII, 400.
2299. *Keller* (*J.-J.*). Der Kriegsgerichtliche Prozess gegen Kilian Kesselring. XXVII, 485.
2300. — Voy. Vulliemin.
2301. *Keller* (*L.*). Geschichte der Wiedertæufer und ihres Reiches zu Münster. XVIII, 417.
2302. — Ein apostel der Wiedertæufer. XXIV, 388.
2303. — Die Gegenreformation in Westphalen and am Niederrhein. XXIV, 389.
2304. *Kenner* (*F.*). Favianis. XVI, 158.
2305. — Rœmische Sonnenuhren aus Aquileja. XVI, 170.
2306. *Kentrzynski*. Voy. Bielowski.
2307. *Kerer* (*A.*). Ueber die Abhængigkeit des Silius Italicus von Livius. XXVII, 389.
2308. *Kern* (*H.*). Geschiedenis van het Buddhisme in Indie. XX, 400.
2309. *Kervyn de Lettenhove*. Collections d'autographes de M. de Stassart. XVIII. 101.
2310. — Istoire et croniques de Flandres. XVIII, 105.
2311. — Relations politiques des Pays-Bas et de l'Angleterre sous le règne de Philippe II. XX, 243. XXIII, 237.
2312. — Poésies de Gilles li Muisis. XX, 244.

2313. — Documents inédits relatifs à l'histoire du xvie siècle. XXII, 235.

2314. — Les Huguenots et les Gueux. XXIV, 473. XXVIII, 461. XXIX, 483.

2315. — Chroniques de Froissart. XXV, 229.

2316. *Kettlewell*. Thomas a Kempis and the Brothers of common life. XXIV, 183.

2317. *Keyes* (*E.-D.*). Fifty years of observation of men and events, civil and military. XXIX, 135.

2318. *Keym*. Biographie de Tilly, publiée par Marcour. XXVII, 236.

2319. *Khilkov*. (Recueil du prince.) XIX, 119.

2320. *Kiel* (*F.*). Quo tempore Thucydides priorem operis sui partem composuerit. XVI, 423.

2321. — L'armistice conclu en mars 423 entre les Athéniens et les Lacédémoniens. XXIII, 149.

2322. *Kiem* (Père *M.*). Das Kloster Muri im Kanton Aargau. XXIV, 145.

2323. *Kind*. Die Vogtei Chur. XXIV, 162.

2324. *Kingsmill* (*Thos. W.*). The mythical origin of the Chow or Djon dynasty. XVIII, 154.

2325. — The Legend of Wen Wang, Founder of the dynasty of the Chows. XVIII, 154.

2326. — The Story of the Emperor Shun. XVIII, 154.

2327. *Kinkel* (*G.*). Not. nécrol. XXI, 254.

2328. *Kircher* (Père). China illustrata. XVIII, 150.

2329. *Kirchhoff*. Eine attische Todtenliste. XXVI, 367.

2330. — Ueber die von Thukydides benutzten Urkunden. XXVI, 368.

2330 *bis*. — Thüringen doch Hermundurenland. XXVII, 432.

2331. *Kistiakovsky*. Les droits suivant lesquels on juge le peuple petit-russien réunis en un livre dans la ville de Gloukhov en 1743. XIX, 122.

2332. *Kitchener* (*H.*). Voy. Conder.

2333. *Klaproth* (*J. von*). Inschrift des Yü. XVIII, 158.

2334. *Klatt*. Chronologische Beitræge zur Geschichte des achaeischen Bundes. XXVII, 416.

2335. *Klein* (*J.*). Die Verwaltungs-Beamten der Provinzen des Rœmischen Reichs bis auf Diocletian. XV, 459.

2336. — Odenathus Augustus. XVII, 405.

2337. — Fasti Consulares inde a Caesaris nece usque ad Imperium Diocletiani. XVII, 251. XVIII, 265. XXII, 136.

2338. *Klemming* (*G.-E.*). Meddelanden från Riksarkivet. XXI, 149.

2339. *Klimke*. Diodorus Siculus und die Rœmische Annalistik. XVII, 391. XXII, 125.

2340. — Der zweite Samniterkrieg. XXVII, 414.

2341. *Klœden* (*A. von*). Not. nécrol. XXVIII, 232.

2342. *Klopp* (*O.*). Des Jahr 1643 und der folgende grosse Türkenkrieg. XXIII, 399.

2343. *Kluczycki*. Documents concernant l'histoire de Jean Sobieski. XVII, 158.

2344. *Klügmann* et *Kœrte*. Etruskische Spiegel. XXVII, 144.

2345. *Knaake* (*E.*). Aistulf Kœnig der Langobarden. XVII, 406.

2346. *Knaake* (*K. F.*). D. Martin Luther's Werke. XXVI, 125.

2347. *Knorr* (*E.*). Die Polnischen Aufstænde seit 1830. XXI, 437.

2348. *Knott*. De fide ac fontibus Polyaeni. XXVI, 400. XXVII, 394.

2349. *Knox* (*Fr.*). Letters and memorials of Cardinal Allen 1567-1612. XVII, 481.

2350. *Koch* (*A.*). Die frühesten Niederlassungen der Minoriten in Rheingebiete und ihre Wirkungen auf das Kirchliche und politische Leben. XXIV, 180.

2351. *Koch* (*L.*). Den danske Kirkes Historie i Aarene 1801-1817. XVIII, 431.

2352. *Koch* (*L.-G.*). De principe juventutis. XXVIII, 133.

2353. *Kœcher* (*G.*). Memoiren der Kurfürstin Sophie von Hannover. XXV, 177.

2354. *Kœhler*. Eine Quellenkritik zur Geschichte Alexanders des Grossen in Diodor, Curtius und Justin. XVI, 424.

2355. — Der Rœmisch-celtiberische Krieg in den Jahren 153-133. XVII, 401.

2356. — Inscriptiones Atticae. XXVI, 364.

2357. — Attische Psephismen. XXVI, 369.

2358. — Die Gründung des Kœnigreichs Pergamon. XXVI, 373.

2359. *Kœlling*. Geschichte der Arianischen Hæresie. XXVIII, 150.

2360. *Kœrner* (*Ferd.*). Tezel der Ablassprediger. XXIV, 381.

2361. *Kœrte*. Voy. Klügmann.

2362. *Kœstlin*. Luther auf der Koburg. XXIV, 383.

2363. — Martin Luther. XXVI, 126.

2364. *Koetschau* (*P.*). De M. Tullii Ciceronis oratione in toga candida habita. XXII, 132.

2365. *Kohl*. Die rœmischen Inschriften u. Steinsculpturen der Stadt Kreuznach. XVII, 387.
2366. *Kohler*. Étude critique sur le texte de la vie latine de sainte Geneviève de Paris. XVI, 404.
2367. *Kolb* (*G.*). Not. nécrol. XXV, 480.
2368. *Kolde* (*Th.*). Friedrich der Weise und die Anfænge der Reformation. XXIV, 382.
2369. — Der Reichstag zu Worms, 1521. XXVI, 129.
2370. — Martin Luther. XXVI, 127.
2371. — Analecta Lutherana. Briefe und Actenstücke zur Geschichte Luthers. XXVI, 133.
2372. *Koldewey* (*Fr.*). Heinz von Wolfenbüttel. XXVI, 131.
2373. *Kolligs* (*H.*). Wilhelm von Oranien und die Anfænge des Aufstandes der Niederlande. XXVII, 487.
2374. *Koner*. Voy. Trawinski.
2375. *Kopal*. Geschichte des Wiener Vorortes Wœhring. XVI, 158.
2376. *Kopallik*. Cyrillus von Alexandrien. XXII, 147. XXIII, 422.
2377. *Korsakov*. Votzarenie anny Joanoumy (L'avènement au trône de l'impératrice Anne). XV, 516. XIX, 141.
2378. *Korytowski*. Voy. Lukowski.
2379. *Kossuth*. Souvenirs et écrits de mon exil; période de la guerre d'Italie. XV, 144.
2380. *Kostomarov*. L'Hetmanat de Mazeppa. XVII, 484.
2381. — Akty jugo-zapadnoi Rossii. XIX, 121.
2382. — Not. nécrol. XXVIII, 471.
2383. *Kothe*. Zur Œkonomie des Geschichtschreibers Timaeus. XXVI, 395.
2384. *Kotlyarefsky*. Not. nécrol. XVIII, 270.
2385. *Kovalewsky*. La propriété communale; causes et phases de sa dissolution. XIX, 146.
2386. — Organisation sociale de l'Angleterre à la fin du moyen âge. XIX, 146.
2387. *Krackowitzer*. Die staend. Zeughaeuser zu Linz und Enns. XVI, 160.
2388. *Krakauer* (*G.*). Commodus und Pertinax. XXVII, 427.
2389. *Krall*. Manetho und Diodor. XVI, 422.
2390. — Demotische und Assyrische Contracte. XVII, 251.
2391. — Tacitus und der Orient. XVII, 395.
2392. — Zum zweiten Buche Herodots. XXVI, 390.
2393. *Kraner*. L'armée romaine au temps de César. Trad. par Benoist, Baldy et Larroumet. XXVII, 473.
2394. *Kraus* (*F.-X.*). Real Encyclopædie der christlichen Alterthümer. XV, 462. XXII, 146. XXVIII, 151.
2395. — Lehrbuch der Kirchengeschichte für Studierende. XX, 487.
2396. — Kunst und Alterthum in Elsass-Lothringen. XXII, 118. XXVII, 137.
2397. — Briefe Benedicts XIV an den Canonicus Francesco Peggi in Bologna (1727-58). XXVII, 230. XXIX, 175.
2398. — Voy. Alzog (J.).
2399. *Krause* (*C.*). Epistolae aliquot selectae virorum doctorum M. Luthero aequalium. XXVI, 133.
2400. *Krause* (*P.*). Appian als Quelle für die Zeit von der Verschwœrung gegen Cæsar bis zum Tode des Decimus Brutus. XVII, 392.
2401. *Krauss*. De vitarum imperatoris Othonis fide quaestiones. XVII, 394.
2402. *Kreutzer* (*J.*). De Herodiano rerum Romanarum scriptore. XXII, 126.
2403. — Zu den Quellen der Geschichte des Kaisers Septimius Severus. XXVII, 395.
2404. *Krieg* (*C.*). Grundriss der rœmischen Alterthümer. XXVIII, 130.
2405. *Krieger* (Dr). — Monumenta graphica medii aevi. XXI, 480.
2406. *Krœger* (*J.*). Geschichte Bœhmens. XIX, 424.
2407. *Krones*. Die Vereinigung der Steiermark mit OEsterreich. XVI, 162.
2408. — Sigmunds Grafen von Auersperg Tagebuch zur Geschichte der franzœsischen Invasion von Jahr 1797. XVI, 163.
2409. — Grundriss der Œsterreichichen Geschichte. XX, 247.
2410. *Kronfeld* (*J.-C.*). Not. nécrol. XXIII, 479.
2411. *Krusch* (*Br.*). Die Einführung des griechischen Paschalritus im Abendlande. XXVIII, 151.
2412. *Kubicki* (*K.*). De Phaeacis cum Alcibiade testularum contentione. XXIII, 148.
2413. *Kubitscheck*. De Romanorum tribuum origine ac propagatione. XXVIII, 134.
2414. *Küchenmeister* (*F.*). Dr. Martin Luther's Krankheitsgeschichte. XXVI, 133.
2415. *Kuehn* (*C.*). De priscorum Romanorum poesi populari. XXVIII, 146.
2416. *Kuehne* (*R.*). Der Octavius des Minucius Felix. XXVII, 399.
2417. *Kugler*. Histoire des croisades. XVI, 249.

2418. *Kuhn* (*E.*). Ueber die Entstehung der Staedte der Alten. Komenverfassung und Synoikismos. XXIII, 161.
2419. — Not. nécrol. XV, 261.
2420. *Kuhn* (*F.*). Vie de Luther. XXIV, 139. XXV, 128. XXVI, 128. XXVII, 220.
2421. *Kullberg* (*A.*). Svenska Riksrædets protokoll. XXI, 152.
2422. *Kulsfeldt* (*O.*). De Capitoliis imperii Romani. XXVIII, 147.
2423. *Kummer* (*J.*). Das Ministerialengeschlecht von Wildonie. XVI, 164.
2424. *Kuntze* (*J. G.*). Der Provinzialjurist Gaius wissenschaftlich abgeschætzt. XXVII, 394.
2425. — Prolegomena zur Geschichte Roms. XXVII, 409.
2426. *Künziger* (*J.*). La propagande des encyclopédistes français en Belgique dans la seconde moitié du XVIIIe siècle. XVIII, 102.
2427. — Polémique de l'abbé de Feller contre les réformes de Joseph II. XVIII, 102.
2428. — Nos luttes contre l'intolérance et le despotisme au XVIe siècle. XVIII, 119. XXII, 236.
2429. *Kurschat* (*Fr.*). Not. nécrol. XXVI. 457.
2430. *Kurth* (*God.*). Sitting Bull. XVIII, 138.
2431. — Origines de la ville de Liège. XXII, 235.
2432. *Kurts* (*F.*). Allgemeine Mythologie. XXVIII, 147.

L

2433. *L. G.* Voltaire à Bruxelles. Souvenirs divers, 1713-1744. XVIII, 129.
2434. *Labanca* (*B.*). Marsilio da Padova. XXV, 166.
2435. *Labarre* (*F.*). Die rœmische Kolonie Karthago. XXVII, 416.
2436. *La Barre-Duparc* (*E. de*). Histoire d'Henri IV. XIX, 107. XXVII, 114.
2437. *Labiche* (*J.-B.*). Voy. Poulain d'Andecy.
2438. *La Blanchère* (*A. de*). Le Vacher de La Case. XXV, 473.
2439. *La Blanchère* (*R. de*). Terracine, essai d'histoire locale. XXIV, 369. XXIX, 147.
2440. — De rege Juba, regis Jubae filio. XXIV, 369.
2441. *La Borderie* (*A. de*). Étude sur l'Historia Britonum attribuée à Nennius et l'Historia Britannica avant Geoffroi de Monmouth. XXII, 383.
2442. — Etudes historiques bretonnes. XXVI, 101.
2443. — Archives de Bretagne. Complot breton de 1492. XXVIII, 116.
2444. *Laboulaye* (*E.*). Not. nécrol. XXII, 473.
2445. *La Boutelière* (Cte *de*). Not. nécrol. XIX, 490.
2446. *Lacabane* (*J.*). not. nécrol. XXVII, 472.
2447. *La Chapelle* (*Salomon de*). L'abbé Laussel. XXI, 475.
2448. *La Chauvelays*. L'art militaire chez les Romains. XXV, 126.
2449. *Lacombe* (*P.*). Essai d'une bibliographie des ouvrages relatifs à l'histoire religieuse de Paris pendant la Révolution, 1789-1802. XXVI, 218. XXIX, 233, 475.
2450. *Lacroix* (*Paul*). Not. nécrol. XXVII, 205.
2451. *La Croix* (Père *C. de*). Hypogée martyrium de Poitiers. XXIV, 463.
2452. — Mémoire sur les découvertes d'Herbord dites de Sanxay. XXIII, 231.
2453. *Ladischevski*. La mission du prince Prozorovski à Londres en 1662. XVI, 253.
2454. *La Fayette* (Mme *de*). Henriette d'Angleterre, édit. par A. France. XIX, 232.
2455. *La Ferrière* (Cte *H. de*). Lettres de Catherine de Médicis. XVII, 355. XXVIII, 227.
2456. —. Projets de mariage de la reine Élisabeth. XX, 383.
2457. — Trois amoureuses au XVIe siècle. XXVIII, 459.
2458. *Laffetay* (l'abbé). Not. nécrol. XX, 479.
2459. *Laffleur de Kermaingant*. Cartulaire de l'abbaye de Saint-Michel du Tréport. XVI, 398.
2460. *La Fregeolière* (général *de*). Émigration et chouannerie. XVIII, 92.
2461. *La Fuente* (*Vicente de*). Las Quinquagenas de la nobleza de España por el capitan G. Fernandez de Oviedo. XXI, 179.
2462. — Estudios criticos sobre la historia y el derecho de Aragon. XXVIII, 238.
2463. *La Garde* (*H. de*). Le duc de Rohan et les protestants sous Louis XIII. XXVII, 115.
2464. *Lagrèze* (*G. B. de*). La Navarre française. XX, 387.
2465. — Henri IV. XXVII, 114.
2466. *Lahaye* (*L.*). Bibliographie historique belge. XXIX, 240.
2467. *Lahondès* (*J. de*). Annales de Pamiers. XXI, 236.
2468. *Lair* (*J.*). Louise de la Vallière et la jeunesse de Louis XIV. XVI, 409.
2469. *La Jonquière* (Vte *A. de*). His-

toire de l'empire ottoman. XVIII, 99.
2470. *Lalanne* (*L.*). Le livre de Fortune de Jean Cousin. XXI, 234.
2472. *Lallemand* (*A.*). La Belgique ancienne et moderne. XXVIII, 461.
2473. *Lallié* (*Alf.*). Les noyades de Nantes. XV, 208.
2474. — Le sans-culotte J. J. Goullin. XVI, 418.
2475. *Lallier* (*R.*). Guerre de Jugurtha, par Salluste. XXVII, 473.
2476. — Not. nécrol. XXVI, 93.
2477. *Lalor* (*J.-J.*). Cyclopedia of political science, political economy and of the political history of the United States. XXVI, 113.
2478. *Lalore* (l'abbé *Ch.*). Collection des principaux cartulaires du diocèse de Troyes. XVII, 137.
2479. — Documents relatifs à la Champagne méridionale. XXI, 474.
2480. — État de la paroisse de Chaource avant la Révolution. XXVI, 219.
2481. — Saint Liébaut, son culte dans le diocèse de Troyes. XXVI, 219.
2482. *Lamb* (*M.-J.*). History of the city of New-York. XX, 170.
2483. *Lamberterye* (*L.*). Not. nécrol. XX, 479.
2484. *Lambros* (*Spiridion P.*). Κερκυραϊκὰ Ἀνέκδοτα. XIX, 239.
2485. — Ein Besuch auf dem Berge Athos. Trad. all. par le P. Rickenbach. XVIII, 267.
2486. — Ἱστορικὰ Μελετήματα. XXIX, 486.
2487. *Lameere* (*J.*). Du formalisme dans le droit flamand au moyen âge. XVIII, 129.
2488. — « Communes vérités » dans le droit flamand. XXII, 235.
2489. — De l'histoire du droit et de son étude actuelle dans les Pays-Bas. XXVII, 481.
2490. *Lammert* (*G.*). Zur Geschichte des bürgerlichen Lebens in Süddeutschland. XX, 190.
2491. *Lamprecht* (*K.*). Deutsches Wirthschaftsleben in Mittelalter. XXVIII, 233.
2492. *Landau* (*M.*). Rom, Wien, Neapel wæhrend des spanischen Erbfolgekrieges. XXIX, 189.
2493. *Landrodie*. Voy. Nouvion.
2494. *Landwehr*. Papyrus Berolinensis n° 163. XXVI, 377.
2495. *Lane Poole* (*R.*). A History of the Huguenots of the dispersion at the Recall of the edict of Nantes. XXII, 187.
2496. *Lange* (*J. P.*). Not. nécrol. XXVI, 222.
2497. *Lange* (*L.*). De Tacito Plutarchi auctore. XVII, 394.
2498. — De pristina libelli *de republica Atheniensium* forma restituenda. XXVI, 392.
2499. — De diebus ineundo consulatui sollemnibus interregnorum causa mutatis commentatio. XXVII, 406.
2500. — Rœmische Alterthümer, trad. par A. Berthelot et Didier. XXVII, 218, 473.
2501. — De sacrosanctae potestatis tribuniciae natura ejusque origine commentatio. XXVIII, 133.
2502. — Not. nécrol. XXIX, 477.
2503. *Langen* (*A.*). Die Heeresverfassung der Rœmer im letzten Jahrhundert der Republik. XVII, 409. XXVIII, 140.
2504. *Langen* (*J.*). Geschichte der Rœmischen Kirche bis zum Pontificate Leo's I. XXVIII, 149.
2505. *Langer* (*O.*). Politische Geschichte Genuas und Pisas im XII Jahrhundert. XXIV, 179.
2506. *Langwerth de Simmern* (baron). Voy. Simmern.
2507. *Lanier* (*L.*). Choix de lectures de géographie. XXII, 232.
2508. — Étude historique sur les relations de la France et du royaume de Siam, de 1662 à 1703. XXIII, 377.
2509. — L'Afrique. XXV, 474.
2510. *Larchey* (*L.*). Vie de Bayard par le loyal serviteur. XVIII, 393.
2511. — Journal du sergent Fricasse. XX, 241. XXI, 126.
2512. — Cahiers du capitaine Coignet. XXI, 126.
2513. *Larfeld*. Sylloge inscriptionum Beoticarum dialectum popularem exhibentium. XXVI, 365.
2514. *Larocque* (*J.*). La Grèce au siècle de Périclès. XXIII, 234.
2515. *Larroumet* (*G.*). Les Béjart. XXIX, 471.
2516. *Larsen* (*A.*). Fra Krigens Tid 1807-14 (La guerre maritime de 1807 à 1814). XVIII, 143.
2517. *Lascombe* (*Ad.*). Répertoire général des hommages de l'évêché du Puy, 1154-1741. XX, 378.
2518. *Lasinio*. Catalogue des mss. orientaux des bibliothèques italiennes. XV, 266.
2519. *Lasker* (*E.*). Not. nécrol. XXIV, 465.
2520. *La Tourette* (*Gilles de*). Théophraste Renaudot. XXIV, 140.
2521. *Latischew*. Zur Epigraphik von Bœotien und Lamia. XXVI, 371.
2522. *Laugel* (*A.*). La réforme au XVIe siècle, études et portraits. XVI, 151.

2523. *Laurian*. Histoire des Roumains. XV, 441.
2524. *Laurie* (*S.*). John Amos Comenius. XIX, 425.
2525. *Lauwereyns de Roosendaele* (*de*). Procès des Jésuites au XVIIIe siècle, à Saint-Omer. XV, 506.
2526. — Lettres de Marissal, échevin de Saint-Omer, pendant les conférences de Gertruydenberg, 1710. XX, 482.
2527. — Une année terrible. Jacqueline Robins, 1700. XVII, 245.
2528. *Lavallay* (*G.*). Etudes sur les compagnies du Papeguay. XVII, 476.
2529. *Laveix* (*A.*). La sénéchaussée de Ventadour. XVII, 476.
2530. *Laveleye* (*E. de*). Lettres d'Italie. XVIII, 139.
2531. — Eléments d'économie politique. XXI, 476.
2532. — Le socialisme contemporain. XXIV, 461.
2533. *Lavisse* (*E.*). Questions d'enseignement national. XXVII, 358.
2534. — Etudes sur l'histoire de Prusse. XXVIII, 459.
2535. *Lavoix*. Histoire de la musique. XXVII, 220.
2536. *Lawley*. Breviarium secundum usum ecclesiae Eboracensis. XXVI, 343.
2537. *Layre* (baron *de*). Voy. Mortimer-Ternaux.
2538. *Lazari* (*V.*). I viaggi di Marco Polo Veneziano. XVIII, 169.
2539. *Lea* (*H.-C.*). Studies in church history. XXVI, 111.
2540. — History of sacerdotal celibacy. XXVI, 111.
2541. *Le Blant*. Les actes des Martyrs. Supplément aux Acta sincera de dom Ruinart. XX, 483. XXI, 369. XXIV, 391.
2542. — Voy. Berger (Ph.).
2543. *Lebon* (*A.*). L'Angleterre et l'émigration française. XIX, 389.
2544. *Le Bon* (Dr *G.*). L'homme et les sociétés. XV, 425.
2545. — La civilisation des Arabes. XXV, 128.
2546. *Lebret* (*G.*). Etude sur la propriété foncière en Angleterre. XXI, 372.
2547. *Lebrun*. Bazeilles-Sedan. XXVII, 154.
2548. *Leboucq* (le Père). Associations de la Chine. XVIII, 164.
2549. *Le Boucq de Ternas* (*A.-J.*). Not. nécrol. XX, 235.
2550. *Lecène* (*P.*). Les marins de la République et de l'Empire. XXV, 474.
2551. *Lecesne* (*E.*). Histoire d'Arras depuis les temps les plus reculés jusqu'en 1789. XIX, 188.
2552. *Le Charpentier* (*H.*). Not. nécrol. XXVI, 215.
2553. *Lecky*. A history of England in the eighteenth century. XXII, 403.
2554. *Le Clerc de Bussy de Vauchelles* (Cte). Not. nécrol. XVIII, 254.
2555. *Le Comte* (Père *L.*). Nouveaux mémoires sur l'état présent de la Chine. XVIII, 149.
2556. *Lecocq* (*G.*). La prise de la Bastille et ses anniversaires. XVII, 245.
2557. *Lecoy de la Marche*. Saint Martin. XV, 425. Rép. à l'art. de M. Monod. XVI, 177.
2558. — Les manuscrits et la miniature. XXVII, 220.
2559. *Lécrivain* (*Ch.*). Remarques sur les formules du Curator et du Defensor civitatis dans Cassiodore. XXVII, 218.
2560. *Ledain* (*B.*). Histoire de la ville de Bressuire. XVIII, 452.
2561. *Ledrain*. Histoire d'Israël. XX, 382.
2562. *Ledru* (l'abbé). Les Seigneurs de la Roche-Coisnon. XVII, 476.
2563. — Louis XI et Colette de Chambes. XX, 481.
2564. *Le Duc* (*Ph.*). Histoire de la révolution dans l'Ain. XX, 243.
2565. *Lee*. Voy. Browne.
2566. *Leeb* (*H.*). Die Einnahme von Ulm. 1702. XXIII, 401.
2568. *Lefebvre Saint-Ogan*. Essai sur l'influence française. XXV, 475.
2569. *Lefeuve* (*Ch.*). Not. nécrol. XX, 235.
2570. *Lefèvre-Pontalis* (*A.*). Jean de Witt. XXV, 371. XXVIII, 417.
2571. *Le Fort* (*Ch.*). L'émancipation politique de Genève et les premières relations de cette ville avec les cités suisses. XXII, 248. XXIII, 246. XXIV. 160.
2572. — Chartes communales du pays de Vaud de 1214 à 1527. XXIV, 152.
2573. — Les franchises de Flumet de 1228 et les chartes communales des Zæhringen. XXIV, 152.
2574. — Un traité d'alliance au XIVe siècle. XXIV, 156.
2575. — Une société de Jésus au XVe siècle. Doc. inéd. des archives de Genève. XXIV, 161.
2576. — Les Sarrasins dans les Alpes. XXIV, 161.
2577. *Lefrançais*. Lectures patriotiques. XVIII, 258.
2578. *Legeay* (*F.*). Nécrologie et bibliographie contemporaines de la Sarthe. XVII, 246.
2579. *Leger* (*L.*). La chronique dite de Nestor. XXIV, 460. XXV, 120. XXVII, 238.

2580. *Legge* (D[r]). The Chinese Classics. XVIII, 146, 155.
2581. *Legge* (*O.*). The impopular King. XXIX, 481.
2582. *Le Glay* (*Edw.*). Les Flamands aux croisades. XV, 257.
2583. — Histoire du bienheureux Charles le Bon, comte de Flandre. XXVII, 376.
2584. *Le Goff.* Not. nécrol. XXVIII, 454.
2585. *Legué* (*G.*). Urbain Grandier et les possédées de Loudun. XXVII, 223.
2586. *Le Hardy.* Le dernier des ducs de Normandie. XVI, 478.
2587. *Lehec* (*H.*). Généalogie des Bourbons de France, d'Espagne, de Naples et de Parme, depuis les temps les plus reculés jusqu'à nos jours. XVII, 474.
2588. *Léher.* 1812, lettre d'un capitaine de cuirassiers sur la campagne de Russie. XXIX, 384.
2589. *Lehmann* (*B.*). Das Volk der Sueben von Cæsar bis Tacitus. XXVII, 420.
2590. *Lehmann* (*M.*). Preussen und die katholische Kirche seit 1640. XXIII, 172, 406. XXIX, 479.
2591. *Lehr* (*E.*). Die Handfeste von Friburg (1249). XV, 516. XXIV, 152.
2592. *Leicht* (*M.*). Di un sepolcro scoperto in Cividale di Friuli. XXI, 390.
2593. *Lejeune* (*Th.*). Histoire des Estienne. XVIII, 132.
2594. — Histoire de la ville de Binche. XXVII, 228.
2595. *Lelièvre* (*M.*). Un déporté pour la foi. XVII, 244.
2596. *Lemaire* (*E.*). Les fêtes publiques à Saint-Quentin pendant la Révolution. XXVII, 378.
2597. — Voy. Bouchot (H.).
2598. *Lemaire* (*J.*). Illustrations de Gaule édit. par Stecher. XXI, 250.
2599. *Lemcke* (*H.*). Description des mss. de la bibl. capitulaire de Cammin. XV, 508.
2600. *Lemos* (*M.*). Luis de Camoens. XVII, 243.
3601. *Lempens.* Pragmatische Geschichte des dreissigjæhrigen Krieges. XXIII, 390.
2602. *Lenel* (*O.*). Das edictum perpetuum. XXVIII, 136.
2603. *Lenoir* (*A.*). Archives du musée des monuments français. XXIX, 98.
2604. *Lenormant* (*Fr.*). La Grande Grèce. XV, 256. XVI, 149. XIX, 159. XXV, 368.
2605. — Les origines de l'histoire. XIX, 383. XXVII, 219.
2606. — A travers l'Apulie et la Lucanie. XXII, 383.
2607. — Monnaies et médailles. XXIV, 370.
2608. — Not. nécrol. XXIV, 228, 363.
2609. — Histoire ancienne de l'Orient continuée par E. Babelon. XXVIII, 343.
2610. *Lens* (*L. de*). L'Université d'Angers du xve siècle à la Révolution. XV, 150. XVII, 170.
2611. *Lenshoek.* Catalogue de sa bibliothèque. XXV, 229.
2612. *Lenz* (*E.*). Das Synedrion der Bundesgenossen im zweiten Athenischen Bunde. XXIII, 149.
2613. *Lenz* (*M.*). Briefwechsel Landgraf Philipp's des Grossmüthigen von Hessen mit Bucer. XVIII, 414.
2614. — Martin Luther. XXVI, 127.
2615. — Marburger Universitætsprogram zur Lutherfeier. XXVI, 130.
2616. *Leo* (*H.*). Aus meiner Jugendzeit. XXIX, 417.
2617. *Leonetti* (*A.*). Papa Alessandro VI. XIX, 417. XX, 251.
2618. *Leonii* (*L.*). Inventario dei codici della biblioteca communale di Todi. XIX, 418.
2619. *Léontovitch.* K istorii prava rousskych morodtzev. Mongolo-kalmytzki ili oïrctzkij oustav (Code pénal ancien des mongoles-kalmouks ou oïrats). XIX, 139.
2620. *Léouzon Le Duc.* Correspondance diplomatique du baron de Stael-Holstein, ambassadeur de Suède en France. XVI, 417.
2621. — Lettres de M. de Kagenek. XXVI, 100.
2622. *Le Paulmier.* Ambroise Paré. XXVII, 368.
2623. *Lépinay* (*G. de*). Voy. Fage.
2624. *Lepsius.* Bericht über die Erwerbungen der ægyptischen Abtheilung der Kœnigl. Museen in Berlin. XXVIII, 141.
2625. — Not. nécrol. XXVI, 221.
2626. *Leris* (*G. de*). La comtesse de Verrue et la cour de Victor-Amédée II de Savoie. XVI, 154.
2627. *Leroux* (*A.*). Notice historique sur l'hôpital de Magnac-Laval en Basse-Marche. XV, 502.
2628. — Recherches critiques sur les relations politiques de la France avec l'Allemagne, de 1292 à 1378. XVIII, 399.
2629. — Inventaire sommaire des archives départementales de la Haute-Vienne. XX, 137.
2630. — Inventaire sommaire des archives hospitalières antérieures à 1790 dans la Marche et le Limousin. XXVI, 217.

2631. — *E. Molinier* et *A. Thomas*. Documents historiques bas-latins, provençaux et français concernant principalement la Marche et le Limousin. XXIV, 367. XXVII, 363.

2632. *Le Roux Deshauterayes*. Doutes sur la dissertation de M. de Guignes. XVIII, 156.

2633. — Voy. Mailla (Père J. de).

2634. *Leroy*. Voy. Bramston.

2635. *Le Roy de Sainte-Croix*. L'Alsace en fête sous la domination des Louis de France. — Le chant de guerre pour l'armée du Rhin ou la Marseillaise. — La Marseillaise et Rouget de l'Isle. — L'Alsace qui rit, boit et chante. — Les dames d'Alsace. — Les anniversaires glorieux de l'Alsace, 1781-1848. XV, 174.

2636. *Leroy-Beaulieu* (*A.*). L'empire des tsars et les Russes. XVII, 246. XX, 482.

2637. — Les catholiques libéraux. XXIX, 109.

2638. *Leroy-Beaulieu* (*P.*). La colonisation chez les peuples modernes. XXI, 241.

2639. *Lesbos* (l'abbé). Philis de La Tour du Pin, Mlle de la Charce. XXIII, 380.

2640. *Lescure* (*M. de*). Mémoires sur les assemblées parlementaires de la Révolution. XV, 260. XVI, 476.

2641. — Rivarol et la société française pendant la Révolution. XXII, 390.

2642. — Les grandes épouses. XXIV, 377.

2643. *Leslie Stephen*. Dictionary of national biography. XXVII, 479. XXVIII, 467.

2644. *L'Estoile* (*P. de*). Mémoires-Journaux. XXIII, 435.

2645. *Lethbridge* (*R.*). A short manual of the history of India. XXIV, 419.

2646. *Leuse* (l'abbé *Am. de*). Histoire de Laroche. XVIII, 132.

2647. *Leva* (*G. de*). Storia documentata di Carlo V in correlazione all' Italia. XVI, 252. XXVIII, 361.

2648. *Le Vaillant de Folleville* (Cte). Not. nécrol. XIX, 490.

2649. *Levasseur*. Précis d'économie politique. XXIII, 236.

2650. *Lévy-Herzfeld*. Not. nécrol. XXV, 233.

2651. *Lhardy* (*B.-H.*). Not. nécrol. XXVIII, 232.

2652. *Libieratos* (*E.*). Alterthümer von der Insel Kephalenia. XXIII, 157.

2653. Libri commemoriali della Repubblica di Venezia. XXVI, 226.

2654. Libri erectionum archidiœcesis Pragensis sec. XIV et XV. XVI, 173.

2655. *Lichtenberger* (*F.*). Encyclopédie des sciences religieuses. XVII, 246. XXI, 238.

2656. *Liebenam* (*W.*). Quaestionum epigraphicarum de imperii Romani administratione capita selecta. XXVIII, 133.

2657. *Liebenau*. Die Beziehungen der Eidgenossenschaft zum Auslande in den Jahren 1447 bis 1459. XXIV, 157.

2658. *Liebermann* (*F.*). Ungedruckte Anglo-normannische Geschichtsquellen. XVI, 204.

2659. Liège. Les banquiers et les quatre canges (changes) à Liège avant 1468. XVIII, 130.

2660. Liège (histoire de) de 1830 à 1880. XVIII, 506.

2661. *Lièvre* (*A. Fr.*). Restes du culte des divinités topiques dans la Charente. XXIV, 463.

2662. *Liliéev*. Description des manuscrits du séminaire ecclésiastique de Tchernigov. XIX, 132.

2663. *Limayrac* (*L.*). Histoire d'une commune et d'une baronnie de Quercy (Castelnau de Montratier). XXXI, 133.

2664. *Limburg-Stirum* (Cte *de*). Codex diplomaticus Flandriae inde ab anno 1296 ad 1325. XVIII, 109.

2665. — Pavement en mosaïque de l'abbaye de Baudeloo à Gand. XVIII, 129.

2666. *Limminghe* (Cte *de*). Cronicque contenant l'estat ancien et moderne du pays et conté de Namur par P. de Croonendael. XVIII, 112.

2667. *Linde*. Epistolae Reformatorum. XVIII, 413.

2668. *Lindenlaub* (*Th.*). Université de Strasbourg. XV, 160.

2669. *Lindenschmidt*. Tracht und Bewaffnung des rœmischen Heeres waehrend der Kaiserzeit. XXI, 245. XXVIII, 139.

2670. — Handbuch der deutschen Alterthumskunde. XXII, 140.

2671. *Linke* (*H.*). Quaestiones de Macrobii saturnaliorum fontibus. XXII, 127.

2672. *Lioy* (*G.*). Voy. Villari.

2673. *Lippert* (*J.*). Die Religionen der europæischen Culturvœlker, der Litauer, Slaven, Germanen, Griechen und Rœmer in ihrem geschichtlichen Ursprunge. XXIII, 157.

2674. — Allgemeine Geschichte des Priesterthums. XXVIII, 147.

2675. *Lipsius* (*J.-H.*). Zum Griechischen Kalenderwesen. XVI, 431.

2676. — Voy. Meier.

2677. *Lisch* (*Fr.*). Not. nécrol. XXIII, 478.

2678. *Lisicki* (*H.*). Le marquis Wielo-

polski, sa vie et son temps. XXII, 190.
2679. *Liské*. Akta Grodzkie è Ziemskie (Acta castrensia et terrestria). XVII, 163.
2680. — Voy. Bielowski.
2681. *Littré*. Not. nécrol. XVII, 122.
2682. *Livet*. Précieux et précieuses. XXVIII, 126.
2683. — Portraits du grand siècle. XXVIII, 126.
2684. *Livi* (*Giov.*). Il Guicciardini 'e Domenico d'Amoretto. XV, 434.
2685. *Lizeray* (*H.*) et *W. O'Dwyer*. Leabar Gabala. Livre des invasions. XXVII, 444.
2686. *Lockroy* (*E.*). Journal d'une bourgeoise pendant la Révolution. XVII, 368.
2687. *Lodge* (*H. C.*). A short history of the english colonies in America. XX, 170.
2688. — Vie d'Alex. Hamilton. XXVI, 120.
2689. — Vie de Daniel Webster. XXVI, 121.
2690. *Lœffler* (*J. B.*). Sjælbands Stiftlandsbykirker. XVIII, 431.
2691. — Udsigt over Danmarks Kirkebygninger fra den tidligere Middelalder. XXV, 393.
2692. *Lœher*. Ueber alter Herkunft und Verwandtschaft der Germanen. XXVII, 430.
2693. *Lœhner* (*E. von*). Mémoires de M. Goldoni pour servir à l'histoire de sa vie et à celle de son théâtre. XXVIII, 370.
2694. *Lœhrer* (*J.*). De Julio Vero Maximino Romanorum imperatore. XXVII, 427.
2695. *Lœrsch*. Voy. Harless.
2696. *Lœschke*. Phidias Tod und die Chronologie des Olympischen Zeus. XXVI, 388.
2697. *Lœwy*. Untersuchungen zur griech. Künstlergesch. XXVI, 375.
2698. *Loff* (*L.*). Der Prozess des Ktesiphon. XXIII, 152.
2699. *Lohr*. Zur Schlacht von Marathon. XXVI, 403.
2700. *Loiseleur* (*J.*). Marie Mancini et Mazarin. XVIII, 495.
2701. — Trois énigmes historiques. XXI, 133.
2702. *Lolling*. Mittheil. aus Thessalien. XXVI, 370.
2703. — Das Artemision auf Nordeubœa. XXVI, 377.
2704. — Ausgrabungen am Artemision auf Nord-Eubœa. XXVI, 377.
2705. — Voy. Conze (A.).
2706. London (City of) livery Companies' Commission Report and appendix. XXVII, 233.
2707. *Longé* (*M. de*). Coutumes de la ville de Malines. XVIII, 106.
2708. *Longman* (*F. W.*). Frederik the great and the seven years' war. XXI, 483.
2709. *Longnon* (*Aug.*). Documents parisiens sur l'iconographie de saint Louis. XX, 378.
2710. — Atlas historique de la France. XXVII, 219, 366.
2711. *Longpérier* (*A. de*). Mémoires sur la chronologie et l'iconographie des rois parthes Arsacides. XX, 242.
2712. — Not. nécrol. XVIII, 389.
2713. *Lootens* (*Ad.*) et *Feys*. Chants populaires flamands avec les airs notés. XVIII, 112.
2714. *Lopez*. Historia de la Republica argentina. XXVIII, 239.
2715. *Lorentzen* (*H.*) et *A. Thiset*. Danmarks Adels Aarbog. XXV, 404.
2716. *Lorenzo* (*A. de*). Memorie intorno agli ultimi anni della vita di s. Tommaso d'Aquino. XIX, 420.
2717. *Loring*. A confederate soldier in Egypt. XXIX, 129.
2718. *Loriot* (*F.*). D. Livingstone. XVI, 477.
2719. *Losert*. Traité de Nicolas de Tempelfeld. XVI, 175.
2720. *Loserth* (*H.*). Étude critique sur Cosmas de Prague. XVI, 175.
2721. *Loserth* (*J.*). Hus und Wiclif. XXVIII, 153.
2722. *Lossen* (*M.*). Der Kœlnische Krieg. XXV, 171.
2723. *Lossing*. Harpers popular cyclopædia of United States history. XX, 168.
2724. *Lossius* (*J.*). Die Urkunden der Grafen de Lagardie. XXIII, 241.
2725. *Loth* (*J.*). L'émigration bretonne en Armorique. XXIV, 370.
2726. *Louandre* (*Ch.*). Voy. Monteil (Alexis).
2727. *Louiche-Desfontaines* (*H.*). Voy. Rousset (Aug.).
2728. *Loureiro* (*Pedro*). 100 years anglo-chinese calendar. XVIII, 167.
2729. *Low*. English catalogue of books. XX, 490.
2730. — et *F.-S. Pulling*. Dictionary of english history. XXVII, 479. XXIX, 124.
2731. *Lowell*. The Hessians and other german auxiliaries of Great Britain in the revolutionary war. XXIX, 132.
2732. *Luard*. Matthaei Parisiensis, monachi Sancti Albani Chronica majora. XVII, 383. XXV, 479. XXVI, 333.
2733. *Lübbert* (*E.*). Alexandria unter Ptolemaeus Philadelphus und Euergètes. XXIII, 152.

2734. *Lubomirski* (prince). Antiquissimi judiciorum in Polonia libri. XVII, 164.
2735. *Lucas* (*G.*). Das hæusliche Leben in Athen zu den Zeiten des Aristophanes. XXIII, 159.
2736. *Lucas* (*P. S.*). Étude sur la vénalité des charges et fonctions publiques depuis l'antiquité romaine jusqu'à nos jours. XXI, 235.
2737. *Luçay* (Cte *de*). Les secrétaires d'Etat. XVI, 411.
2738. *Luchaire* (*A.*). Recueil de textes de l'ancien dialecte gascon. XIX, 492.
2739. — Histoire des institutions monarchiques de la France sous les premiers Capétiens. XXIV, 372.
2740. — Études sur les actes de Louis VII. XXVII, 361.
2741. *Luciani* (*T.*). Albona, studii storico-etnografici. XVI, 170.
2742. *Luebbert* (*G.*). De amnestia anno CCCCIII a Chr. n. ab Atheniensibus decreta. XXIII, 149.
2743. *Luffman*. The Charters of London. XXIX, 390.
2744. *Lufft* (*A.*). Die Schlachten bei Freiburg (Breisgau) 1644. XXIII, 394.
2745. *Lüken*. Die Gœtterlehre der Griechen und Rœmer. XXVIII, 147.
2746. *Lüken* (*H.*). Not. nécrol. XXI, 243.
2747. *Lukowski* et *Korylowski*. Joannis de Lasco liber beneficiorum archidioecesis Gnesnensis. XVII, 163.
2748. *Lumby* (*M.*). Polychronicon Ranulphi Higden. XVII, 384. XXVI, 339.
2749. *Lund* (Dr *Troels*). Danmarks og Norges Historie i Slutningen af det 16de Aarhundrede. XVIII, 425. XX, 499. XXV, 395.
2750. *Lundh*. Rigsregistranter. XVIII, 140.
2751. *Lungo* (*Isid. del*). Dino Compagni. XIX, 412.
2752. — Dell' esiglio di Dante. XVII, 484. XIX, 413.
2753. *Lupi* (*C.*). Nuovi studi nelle antiche terme Pisane. XXVIII, 469.
2754. *Lups* (*B.*). Cornelius Nepos oder Julius Hyginus? XXVII, 383.
2755. *Luschin* (*de*). Œsterreicher an Italien. Universitæten zur Zeit der Reception des rœm. Rechtes. XVI, 159.
2756. *Luterbacher*. Der Prodigienglaube und der Prodigienstil der Rœmer. XVII, 407.
2757. *Luthner*. La joaillerie de la renaissance. XXI, 239.
2758. *Luzio* (*A.*). Fabrizio Maramaldo. XXVIII, 364.
2759. *Lyall* (*Alfred C.*). Études sur les mœurs religieuses et sociales de l'Extrême-Orient. XXVIII, 356.

M

2760. *Maassen*. Die Rœmische Staatsstrasse von Trier über Belgika bis Wesseling und der Rœmerkanal am Vorgebirge. XXVII, 123.
2761. — Ueber die Gründe des Kampfes zwischen dem heidnisch-rœmischen Staat und dem Christenthum. XXVIII, 150.
2762. *Mabilleau* (*L.*). Étude historique sur la philosophie de la Renaissance en Italie. XVIII, 400.
2763. *Macaulay*. OEuvres trad. par G. Guizot. XX, 242.
2764. *Mac Carthy* (*C.*). Soldier life in the Army of Northern Virginia. XXVI, 125.
2765. *Maccarthy* (*J.*). A History of the four Georges. XXIX, 117.
2766. *Macheras* (*Léonce*). Voy. Miller.
2767. *Maciejowski* (*A.*). Not. nécrol. XXII, 247.
2768. *Mac Clellan*. The peninsular campaign of general Mac Clellan in 1862. XXVI, 124.
2769. *Macri* (*G.*). Mario Giurba, giureconsulto siciliano del sec. XVII. XXVIII, 370.
2770. *Madvig*. L'État romain, traduit par Ch. Morel. XXIV, 231. XXV, 152. XXVI, 145. XXVIII, 457. XXIX, 415.
2771. *Magalhaens* (Père *G. de*). Nouvelle relation de la Chine. XVIII, 149.
2772. *Magenta*. I Visconti e gli Sforza nel castello di Pavia. XXVIII, 363.
2773. *Magistris* (*A. de*) et *J. Ghiron*. Diario di Nicola Roncalli dall' anno 1849 al 1870. XXVIII, 375.
2774. *Magnienville* (*R. de*). Le maréchal d'Humières et le gouvernement de Compiègne. XVII, 135.
2775. — Claude de France, duchesse de Lorraine. XXVII, 368.
2776. *Magnusson*. Thomas Saga erkibyskups. A life of Th. Becket in Icelandic with english translation. XXVI, 332.
2777. *Mailla* (Père *Jos.-Anne-Marie de*). Tong Kien Kang mou (Histoire générale de la Chine), trad. par le Père de Mailla, publ. par M. l'abbé Grosier et dirig. par M. le Roux des Hauterayes. XVIII, 144.
2778. *Maillard* (*E.*). Histoire d'Ancenis et de ses barons. XVIII, 260.
2779. *Mailly* (*Ed.*). Origines du Conservatoire royal de musique de Bruxelles. XVIII, 101.
2780. *Maionica*. Aquileja zur Rœmerzeit. XXVII, 137.
2781. *Maior* (*P.*). Histoire pour le com-

mencement des Roumains dans la Dacie. XV, 440.
2782. *Maistre* (l'abbé). Dampierre. XXIX, 230.
2783. *Makary*. Istoria rousskoi zerkvi (Histoire de l'église russe). XIX, 136.
2784. *Makouchev* (*V.*). Not. nécrol. XXII, 485.
2785. *Malachowski* (*de*). Ueber die Entwickelung der leitenden Gedanken zur ersten Campagne Bonapartes. XXVI, 460.
2786. *Malagola* (*C.*). Memorie sulle maioliche di Faenza. XIX, 409.
2787. *Malamanni*. Isabella Teodochi Albrizzi, i suoi amici ed il suo tempo. XXVIII, 371.
2788. *Malherbe* (*Renier*). Liber memorialis, 1779-1879. XVIII, 131.
2789. *Malmesbury* (lord). Memoirs of an ex-minister. XXIX, 123.
2790. — Mémoires d'un ancien ministre. XXIX, 477.
2791. *Manceaux* (l'abbé). Histoire de l'abbaye et du village d'Hautvillers. XVI, 408.
2792. *Mandet* (*Fr.*). Not. nécrol. XXIX, 465.
2793. *Mandrot* (*B. de*). Relations de Charles VII et Louis XI, rois de France, avec les cantons suisses. XX, 418. XXIV, 157.
2794. *Mangold*. De ecclesia primaeva pro Caesaribus ac magistratibus Romanis preces fundente. XXII, 146.
2795. *Manitius*. Zur Quellen Kritik der *Germania* des Tacitus und der *Chorographia* des Mela. XXVII, 393.
2796. *Mankell*. Om Gustaf II Adolfs politik. XXI, 159.
2797. *Mannhardt* (Dr *W.*). Not. nécrol. XV, 506.
2798. *Manno*. Recueil de notices sur la société d'histoire de Turin. XXVII, 482.
2799. — et *V. Promis*. Bibliographie historique des États composant la monarchie de Savoie. XXVII, 482.
2800. *Mantey*. De gradu et statu quaestorum in municipiis colonisque quaestio epigraphica. XXVIII, 136.
2801. *Manzoni* (*L.*). Libro de Carnevali del sec. XV et XVI. XXVIII, 367.
2802. *Manzoni* (*A.*). Lettres. XXI, 485.
2803. *Maquet* (*A.*). Les seigneurs de Marly. XX, 386.
2804. *Marbeau* (*E.*). Slaves et Teutons. XXII, 475.
2805. *Marcel* (*A.*). Voy. Pollio (J.).
2806. *Marc-Monnier*. La Renaissance de Dante à Luther. XXVI, 326.
2807. — Un aventurier italien au XVIIIe siècle. XXIX, 233.
2808. — Histoire de la littérature moderne. XXIX, 384.
2809. *Marchand* (*Alf.*). Moines et nonnes, histoire, constitution,... des ordres religieux. XVI, 245. XIX, 230.
2810. *Marchegay* (*P.*). Not. nécrol. XXIX, 465.
2811. *Marcotti*. Donne e monache. XXVIII, 367.
2812. *Marcour*. Voy. Keym.
2813. Marc-Pol (voyage de). Coll. de la Société de géographie. XVIII, 169.
2814. *Marczali* (*H.*). Ungarns Geschichtsquellen im Zeitalter der Arpaden. XX, 247.
2815. *Maréchal*. Histoire romaine. XVI, 476.
2816. *Mares* (*Fr.*). Vaclava Brezava zivot Petra Voka z. Rosenberka. XVI, 174.
2817. *Margerie* (*A. de*). Le comte Joseph de Maistre. XXII, 390. XXV, 181.
2818. *Marguerin*. Not. nécrol. XXVII, 205.
2819. *Mariano* (*R.*). Giordano Bruno. XVIII, 269.
2820. *Maricourt* (comte *de*). Le procès des Borgia. XXII, 106.
2821. *Mariette* (*Aug.*). Not. nécrol. XV, 499.
2822. *Marinelli* (*G.*). Saggio di cartografia della regione veneta. XIX, 400. XXI, 397.
2823. *Marian-Marienescu* (*Ath.*). Étude sur la vie et les œuvres de Pierre Maïor. XXV, 390.
2824. *Mariani* (lieut.-col.). Not. nécrol. XXV, 235.
2825. *Marjan* (*H.*). Keltische u. lateinische Ortsnamen in der Rheinprovinz. XXVII, 135.
2826. *Markham* (*R.*). The voyages of William Baffin (1612-22). XVII, 481.
2827. *Marlet* (*Léon*). Correspondance d'Odet de Coligny, cardinal de Châtillon. XXIX, 383.
2828. *Marquardt* (*J.*). Das Privatleben der Rœmer. XVII, 438.
2829. — et *Th. Mommsen*. Handbuch der rœmischen Alterthümer. XXVIII, 129.
2830. — Not. nécrol. XXII, 237.
2831. *Marsden* (*W.*). The Travels of Marco Polo. XVIII, 169.
2832. *Marsy* (comte *de*). Pierre l'Ermite, son histoire et sa légende. XXVII, 220.
2833. *Martel* (comte *de*). Les historiens fantaisistes. XXIX, 477.
2834. *Martens*. Recueil des traités et

conventions avec l'Allemagne en 1656-1762. XIX, 130.
2835. *Martens* (*W.*). Politische Geschichte des Langobardenreichs unter Kœnig Liutprand. XV, 509.
2836. *Martha*. Les sacerdoces athéniens. XIX, 384.
2837. *Martin*. Registrum epistolarum fratris Johannis Peckham archiepiscopi Cantuariensis. XXVI, 335.
2838. — Voy. Brewer.
2839. *Martin*. History of Louisiana. XX, 499.
2840. *Martin* (*A.*). Origines du Havre. XXI, 237. XXII, 114. XXVIII, 357.
2841. *Martin* (*H.*). Histoire de France depuis 1789 jusqu'à nos jours. XVII, 478. XXII, 391.
2842. — Voy. Bouchot (H.).
2843. — Not. nécrol. XXIV, 228, 363.
2844. *Martin* (*Th.*). Le prince Albert de Saxe-Cobourg, époux de la reine Victoria. XXII, 112.
2845. *Martini* (Père *M.*). Sinicae Historiae Decas prima. XVIII, 147.
2846. — Histoire de la guerre des Tartares. XVIII, 160.
2847. *Marvin*. Merv the queen of the world. XV, 264.
2848. *Marx* (*Edg.*). Essai sur les pouvoirs du gouverneur de province sous la République romaine. XV, 457.
2849. *Marzo* (*G. di*). Le procès de l'insurrection de Sicile en 1282, d'après une bulle du pape Martin IV. XXI, 142.
2850. — Histoire de Ferdinand II. XXVIII, 373.
2851. *Mas Latrie* (*L. de*). Commerce et expéditions militaires de la France et de Venise au moyen âge. XV, 416.
2852. — Documents nouveaux servant de preuves à l'histoire de Chypre. XXI, 125.
2853. — Histoire des archevêques latins de Chypre. XXIII, 124.
2854. — Glossaire des dates. XXV, 225.
2855. *Mas Latrie* (*R. de*). Chronique italienne de Florio Bustron. XXIX, 95.
2856. *Masi* (*E.*). Studi et retratti. XIX, 418.
2857. *Mason* (*Ch.*). Reminiscences of Newport. XXIX, 131.
2858. *Maspero*. Guide du visiteur de Boulaq. XXV, 470.
2859. *Massabie* (l'abbé *B.*). Question de prééminence entre les abbayes de Conques et de Figeac. XVIII, 185.
2860. *Massari* (*G.*). La vita ed il regno di Vittorio Emmanuele II di Savoia primo re d'Italia. XV, 217, 436.
2861. *Masson*. The life of Milton. XV, 166.
2862. *Masson* (*Fréd.*). Le marquis de Grignan. XVIII, 97.
2863. — Journal du marquis de Torcy. XXV, 123.
2864. — Le cardinal de Bernis. XXVII, 370.
2865. *Masson* (*Gust.*). Les chroniqueurs de la France. XXVI, 345.
2866. *Master* (*Mac*). A history of the people of the United States, from the Revolution to the civil war. XXVI, 114.
2867. *Matinée* (*A.*). Annales de la Révolution de Saint-Domingue, racontées par Guillaume Mauviel, évêque de la colonie. XXVIII, 460.
2868. *Matthew*. The English works of Wyclif. XVII, 386.
2869. *Matthiass* (*B.*). Die rœmische Grundsteuer und das Vectigalrecht. XXV, 406. XXVIII, 140.
2870. *Mathieu* (*Al.*). Histoire du conseil de Flandre. XVIII, 129.
2871. *Matile* (*G. A.*). Not. nécrol. XVII, 484.
2872. *Matzat*. Rœmische Chronologie. XXVII, 405.
2873. *Mau* (*A.*). Geschichte der dekorativen Wandmalerei in Pompeji. XXVII, 141.
2874. *Maulde* (*R. de*). Anciens textes de droit français inédits ou rarissimes. XV, 186.
2875. — Louis XII et Anne de Bretagne. XXIII, 125.
2877. *Maupas* (*de*). Mémoires sur le second Empire. XXIX, 178.
2878. *Maurer* (*K.*). Ueber die Wasserweihe des Germanischen Heidenthumes. XVII, 251.
2879. *Maurer*. Noch einmal Cæsar's Brücke über den Rhein. XXVII, 420.
2880. *Maverick* (*S.*). Histoire primitive de la Nouvelle-Angleterre. XXIX, 130.
2881. *Mayer* (*A.*). Die Bürgerschule zu St Stephan in Wien. XVI, 158.
2882. *Mayer* (*F.-M.*). Untersuchungen über die œsterreich. Chronik des Matthæus oder Gregor Hagen. XVI, 157.
2883. — Zur Geschichte des Jagd- u. Forstwesens Steiermarks in der Zeit Maximilians I. XVI, 160.
2884. — Beitræge zur Gesch. des Erzbisthums Salzburg. XVI, 161.
2885. — Zur Geschichte Innerœsterreichs, 1599-1600. XVI, 162.

2886. *Mayerhœfer*. Die Brücken im alten Rom. XXVI, 144. XXVII, 143.
2887. *Mayers* (*W. Fr.*). Chinese Reader's Manual. XVIII, 166.
2888. — Anglo-Chinese Calendar Manual. XVIII, 167.
2889. *Maynz* (*Ch.*). Not. nécrol. XXI, 249.
2890. *Mayr* (*A.*). Stimmt der Cato und Atticus des Cornelius Nepos in Sprache und Stil mit den demselben Schriftsteller zugeschriebenen Vitæ überein oder nicht? XXVII, 383.
2891. *Mazade* (*Ch. de*). M. Thiers. XXV, 131.
2892. — Correspondance du maréchal Davout. XXIX, 383.
2893. *Mazens* (*L.*). Voy. Cabié (Edm.).
2894. *Meadows*. Desultory notes on the government and people of China and on the Chinese language. XVIII, 163.
2895. — The Chinese and their rebellions. XVIII, 164.
2896. *Medhurst* (*W. H.*). China, its state and prospects. XVIII, 151.
2897. — Ancient China. The Shoo King. XVIII, 154.
2898. — Inscriptions on porcelain bottles found in ancient Egyptian tombs. XVIII, 157.
2899. — The tablet of Yü. XVIII, 158.
2900. *Meding* (*O.*). Memoiren zur Zeitgeschichte. XVI, 249.
2901. *Meester de Ravestein* (*E. de*). Musée royal d'antiquités et d'armures, musée de Ravestein. XVIII, 136.
2902. *Mège* (*Fr.*). L'Académie des sciences... et arts de Clermont-Ferrand. XXVII, 377.
2903. — Chroniques et récits de la Révolution dans la Basse-Auvergne. XXII, 189.
2904. — Pascal Grimaud. XXIX, 474.
2905. *Mehlis* (*C.*). Ein gallisch-rœmischer Ringwall. XXVII, 132.
2906. — Markomannen und Bajuwaren. XXVII, 431.
2907. *Meindl* (*K.*). Bartolomaei Hoyer dicti Schirmer cellerarii 1462-69 registrum procurationis rei domesticae pro familia Reichersperg. XVI, 160.
2908. *Meinel* (*G.*). Zur Chronologie des Jugurthinischen Krieges. XXVII, 417.
2909. *Meier* (*P.-J.*). De gladiatura Romana quaestiones selectae. XXII, 143.
2910. — Gladiatorendarstellungen auf rheinischen Monumenten. XXVIII, 143.
2911. *Meier* et *Schœmann*. Der attische Process. Neu bearb. von I. H. Lipsius. XXIII, 155. XXVI, 415.
2912. *Mejborg* (*R.*). Borgerlige Huse. XVIII, 420.
2913. Mélanges historiques (Coll. des documents inédits). XV, 416.
2914. Mélanges d'archéologie et d'histoire de l'École de Rome. XVI, 394. XXVII, 218.
2915. *Melchisédek* (Mgr). Papismul. XXV, 381.
2916. — Mitropolitul Grigorie Tzamblac, viatza si operile sale. XXVIII, 393.
2917. *Meltzer* (*O.*). Geschichte der Karthager. XVI, 428.
2918. *Menadier* (*J.*). Qua condicione Ephesii usi sint inde ab Asia in formam provinciae redacta. XVI, 432.
2919. *Ménage* (*G.*). Histoire de Sablé édit. p. C. Port et l'abbé G. Esnault. XV, 259.
2920. *Mendoça* (*J. Gonzalez de*). Historia de las cosas mas notables del Gran Reyno de la China. XVIII, 150.
2921. *Menger*. Die Irrthümer des Historismus in der deutschen Nationalœkonomie. XXVI, 460.
2922. Menidi (Das Kuppelgrab bei). XVI, 421.
2923. *Mensinga* (*A. M.*). La liberté religieuse dans la ville de Frederikstadt. XX, 394.
2924. *Mention*. De duce Rohanio post pacem apud Alesium usque ad mortem. XXVII, 115.
2925. — Le comte de Saint-Germain et ses réformes. XXVII, 115.
2926. *Meran* (comte *Franz v.*) et *F. Pichler*. Das Landes-Zeughaus in Graz. XVI, 167.
2927. *Mericik*. Konrad Waldhauser. XIX, 423.
2928. *Mérimée*. Lettres à M. Panizzi publ. par L. Fagan. XVI, 400.
2929. *Merkel* (*J.*). Abhandlungen aus dem Gebiete des rœmischen Rechts. XXVIII, 136.
2930. *Merriam* (*Aug.*). The Greek and latin inscriptions on the obeliskcrab in the metropolitan museum. XXVI, 463.
2931. *Mertz*. Beitrag zur Feststellung der Lage u. d. jetzigen Beschaffenheit der Rœmermauer zu Kœln. XXVII, 131.
2932. *Metcalfe* (*F.*). Passio et miracula beati Olani. XVIII, 503.
2933. *Metcalfe* (*W. C.*). Visites en Suffolk en 1561, 1577 et 1612. XVIII, 503.
2934. *Metternich*. Mémoires. XV, 507.

XVI, 147. XIX, 382. XXII, 381. XXV, 364.
2935. *Meyboom*. Heinrich Suso. XXIX, 140.
2936. *Meyer*. Geschichte des schweizerischen Bundesrechtes. XXIV, 163.
2937. *Meyer*. Étude sur le moine Tetzel. XXVIII, 471.
2938. *Meyer (E.)*. Rettung eines Theiles des rœmischen Heeres nach der Schlacht im Teutoburger Walde. XXVII, 423.
2939. — Untersuchungen über Diodor's rœmische Geschichte. XXVII, 392.
2940. *Meyer (Edm.)*. Histoire de Vernon et de sa châtellenie. XVII, 243.
2941. *Meyer (G.)*. Quibus temporibus Thucydides historiae suae partes scripserit. XVI, 423.
2942. *Meyer (J.)*. Ueber die Quellen in Plutarchs Lebensbeschreibung des Themistocles und Aristides für die Zeit der Perserkriege. XXVI, 399.
2943. *Meyer (L.)*. Tibur. Eine rœmische Studie. XXVII, 141.
2944. *Meyer (P.)*. Découverte du poème contenant la vie de Guillaume le Maréchal. XIX, 378.
2945. — Girart de Roussillon. XXV, 121.
2946. — Les premières compilations françaises d'histoire ancienne. XXVIII, 457.
2947. — Fragment d'une chanson d'Antioche en provençal. XXVIII, 225.
2948. *Meyer (P.)*. De vita Constantini Eusebiana. XXVII, 427.
2949. — Untersuchung über die Frage der Echtheit des Briefwechsels Cicero ad Brutum. XXII, 125.
2950. *Meyer von Knonau*. Sources de l'histoire de Saint-Gall. XIX, 238.
2951. — Cartulaire de Rheinau. XXIV, 145.
2952. — Chroniques de Saint-Gall. XXIV, 147.
2952 *bis*. — Zur æltesten alamanischen Geschichte. XXIV, 150.
2953. — Lebensbild des heiligen Notker von St Gallen. XXIV, 150.
2954. — Die Beziehungen des Gotteshauses St Gallen zu den Kœnigen Rudolf und Albrecht. XXIV, 153.
2955. — Denkwürdigkeiten von Ludwig Meyer von Knonau. XXIV, 478.
2956. — Aus einer zürcherischen Familienchronik. XXVII, 236.
2957. *Meyer von Mayerfels (C.)*. Not. nécrol. XXII, 236.
2958. *Meynier (J.)*. Les médecins à l'université de Besançon. XVI, 248.
2959. *Mézières*. Hors de France. XXIII, 235.
2960. *Michael (H.)*. Die verlorene Bücher des Ammianus Marcellinus. XVII, 395.
2961. *Michaud*. Louis XIV et Innocent XI. XXI, 375. XXII, 109. XXIII, 127.
2962. *Michel (A.)*. Correspondance inédite de Mallet du Pan avec la cour de Vienne. XXV, 123.
2963. *Michel (Fr.)*. Les Portugais en France, les Français en Portugal. XX, 142.
2964. — La vie et les faits d'armes d'Édouard le prince Noir par le héraut Chandos. XXIII, 482.
2965. — Rôles gascons. XXIX, 379.
2966. *Michelant* et *G. Raynaud*. Itinéraires à Jérusalem. XXII, 106.
2967. *Michelet*. Précis de l'histoire de la Révolution française. XVI, 412.
2968. — Abrégé d'histoire de France. XVIII, 406.
2969. — Ma jeunesse. XXV, 130.
2970. *Mickiewicz (L.)*. Chefs-d'œuvre poétiques d'Adam Mickiewicz. XX, 243.
2971. *Mignet (F.)*. Not. nécrol. XXV, 118.
2972. *Militchevitch*. Description des provinces acquises par la Serbie après la guerre de 1876-1878. XXIX, 487.
2973. Milanesi (famiglie notabili). XIX, 397.
2974. — Voy. Vasari (G.).
2975. *Milchhœfer (A.)*. Die Anfænge der Kunst in Griechenland. XXVI, 382.
2976. *Miller (A.)*. Die Alexandergeschichte nach Strabo. XXVI, 396.
2977. *Miller (E.)*. Bibliothecae Matritensis codices graeci. XXVII, 219.
2978. — et *Sathas*. La Chronique de Chypre de Léonce Machéras. XVIII, 261.
2979. *Miller (M.)*. Das Jagdwesen der alten Griechen u. Rœmer. XXVIII, 146.
2980. *Miller (V.)*. Les Ossètes. XVI, 485.
2981. *Milsand*. Bibliographie bourguignonne. XXVIII, 226.
2982. *Ming*. Nicolas de Flue. XXIV, 158.
2983. *Minghetti (M.)*. L'État et l'Église. Trad. par L. Borguet. XVIII, 499.
2984. *Minieri Riccio (C.)*. Saggio di codice diplomatico... dell' archivio di stato di Napoli. XIX, 419.
2985. — Not. nécrol. XX, 250.
2986. *Mira*. Bibliografia siciliana. XXVIII, 237.

2987. *Miron de l'Espinay* (*A.*). François Miron et l'administration municipale de Paris sous Henri IV. XXVIII, 348.
2988. *Mirsch* (*P.*). De M. Terentii Varronis antiquitatum humanarum libris. XXVII, 381.
2989. *Mispoulet*. Institutions politiques des Romains. XX, 383. XXII, 155. XXIII, 124. XXVI, 422.
2990. *Mitchell* (*L. M.*). A history of ancient sculpture. XXVI, 110.
2991. *Mitre* (*B.*). Historia de Belgrano y de la independencia argentina. XX, 197.
2992. *Mitschenko* (*Th.*). Le rationalisme de Thucydide. XX, 254.
2993. *Mittag*. Beitræge zur Geschichte Œsterreich's wæhrend der ersten Jahre des dressigjæhrigen Krieges. XXIII, 391.
2994. *Mœller*. Der Hunsrücken zur Zeit der Rœmer. XVII, 387.
2995. — Ein Nymphæum in Sablon bei Metz. XXVII, 132.
2996. *Mœrschbacher* (*J.*). Ueber Aufnahme griechischer Gottheiten in den rœmischen Kultus. XXVIII, 148.
2997. *Moland*. Vie de Bayard par le loyal serviteur. XVIII, 393.
2998. *Molinier* (*Aug.*). Étude sur le projet de fondation par Philippe de Mézières d'un ordre religieux et militaire. XVII, 242.
2999. — Catalogue des mss. de la bibliothèque Mazarine. XXIX, 476.
3000. — et *Ém.* Chronique normande du xive siècle. XIX, 381.
3001. *Molinier* (*Ém.*). Arnoul d'Audrehem. XXIII, 376.
3002. — Dictionnaire des émailleurs. XXIX, 97.
3003. — Voy. Leroux (A.).
3004. — Voy. Courajod.
3005. *Molinier* (*Ch.*). De fratre Guillelmo Pelisso veterrimo inquisitionis historico. XV, 142.
3006. — L'inquisition dans le midi de la France au xiiie et au xive siècle. XV, 147. XVIII, 189.
3007. — Un traité inédit du xiiie siècle contre les hérétiques cathares. XXIII, 232.
3008. *Molinier* (*V.*). Cours élémentaire de droit constitutionnel. XXVII, 376.
3009. *Moll*. De temporibus epistolarum Tullianarum quaestiones selectae. XXVII, 384.
3010. *Moll* (*A.*). Lettre sur les événements qui se sont passés à Ferrette le 22 juillet 1789. XV, 158.
3011. *Moll* (*G.*). Not. nécrol. XVII, 141.
3012. *Mollerup* (*W.*). Danmarks Forhold til Lifland fra Salget af Estland til Ordensstatens Oplœsning (1346-1561). XVIII, 423.
3013. *Molmenti* (*G.*). La storia di Venezia nella vita privata. XV, 435. XIX, 401. XXVIII, 367.
3014. — Dogaressa di Venezia. XXVIII, 367.
3015. *Mommsen* (*A.*). Chronologische Untersuchungen über das Kalenderwesen der Griechen, insonderheit der Athener. XXVI, 408.
3016. *Mommsen* (*Th.*). Sources d'Ammien Marcellin. XXII, 126.
3017. — Rœmische Forschungen. XVII, 166.
3018. — La légende de Rémus. XXII, 130.
3019. — Corpus inscriptionum latinarum. XXIII, 240.
3020. — Mittheil. aus Thessalien. XXVI, 370.
3021. — Jordanis Romana et Getica. XXVII, 397.
3022. — Die Inschrift von Hissarlik und die rœmische Sammtherrschaft in ihrem titularen Ausdruck. XXVII, 428.
3023. — Die untergangenen Ortschaften im eigentlichen Latium. XXVII, 413.
3024. — Kœnig Philipp V und die Larissaer. XXVII, 416.
3025. — Die italischen Bürger Colonien von Sulla bis Vespasian. XXVIII, 134.
3026. — Observationes epigraphicae. XXVIII, 136.
3027. — Die Konskriptionsordnung der rœmischen Kaiserzeit. XXVIII, 137.
3028. — Die germanischen Leibwæchter der rœmischen Kaiser. XXVIII, 137.
3029. — Numismatische Notizen. XXVIII, 143.
3030. — Das Augustische Festverzeichniss von Cumæ. XXVIII, 149.
3031. — Res gestae divi Augusti ex monumentis Ancyrano et Apolloniensi. XXVII, 147. XXVIII, 402.
3032. — Sidoine Apollinaire. XXIX, 236.
3033. *Monaci* (*E.*). Voy. Paoli (C.).
3034. *Monaci* (*L.*). Voyez Ancona (A. d').
3035. *Monceaux*. Fouilles au sanctuaire des Jeux isthmiques. XXIX, 377.
3036. *Monchanin* (*A.*). Dumouriez. XXV, 472.
3037. *Money*. The battle of Newbury. XXIX, 113.
3038. *Monin* (*H.*). Essai sur l'histoire

administrative du Languedoc pendant l'intendance de Basville. XXVIII, 127.

3039. *Monnet* (*E.*). Histoire de l'administration provinciale, départementale et commerciale en France. XXVII, 375.

3040. *Monnier* (*Marc.*). Not. nécrol. XXVIII, 469.

3041. *Monod* (*G.*). Du lieu d'origine de la chronique dite de Frédégaire. XXIV, 150.

3042. — et *G. Dhombres*. Cours d'histoire. XVII, 410.

3043. *Mont* (*P. de*). Hendrik Conscience. XXVII, 228.

3044. *Montagnac*. Lettres d'un soldat. XXIX, 384.

3045. *Montaiglon* (*A. de*). Procès-verbaux de l'Académie de peinture. XXVIII, 227.

3046. *Montégut* (*E.*). Maréchal Davout. XIX, 493.

3047. *Monteil* (*Alexis*). Histoire des Francais des divers États, rééditée par Ch. Louandre. XV, 259.

3048. *Montereale-Mantica* (*Gaetano di*). Cronaca di Pordenone. XXI, 392.

3049. Monumenta franciscana. XIX, 497. XXI, 482.

3050. Monumenta Germaniae historica. XV, 183, 508. XVII, 249. XIX, 499. XXII, 478. XXV, 481. XXVI, 458. XXVIII, 233, 463. XXIX, 478.

3051. Monumenta Germanicae paedagogica. XXV, 481.

3052. Monumenta historiae Britanniae. XVI, 250.

3053. Monumenta literaria rerum publicarum scientiae quae saeculo xv in Polonia viguit. XVII, 160.

3054. Monumenti paleografici di Roma. XXVIII, 237.

3055. Monumenti storici pertinenti alle provincie della Romagna. XXVII, 234.

3056. *Monzie* (*E. de*). Not. nécrol. XXVIII, 454.

3057. *Mook* (*Fr.*). Not. nécrol. XV, 506.

3058. *Moore* (*J. L.*). History of North Carolina. XX, 170.

3059. *Moore* (*N.*). La maladie et la mort d'Henri, prince de Galles, en 1612. XX, 250.

3060. *Morand*. Chronique de Jean Le Fèvre de Saint-Remy. XVIII, 391.

3061. *Morel* (*Ch.*). Voy. Madvig.

3062. *Morel d'Arcy* (*C.*). La maison des Tyrel. XV, 260.

3063. — Les sires de Poix. XV, 260.

3064. *Morel-Fatio*. Catalogue des mss. espagnols de la Bibliothèque nationale. XVII, 240. XX, 138.

3065. — Chronique de Morée aux xiiie et xive siècles. XXIX, 382.

3066. *Morelli* (*C.*) et *A. Gherardi*. Statuti della università e studio fiorentino dell' anno 1387. XIX, 415.

3067. *Morey* (*W. C.*). Outlines of Roman law. XXIX, 127.

3068. *Morgan* (*H. J.*). Dominion annual register and review. XX, 492.

3069. *Morgan* (*L.*). Les maisons des indigènes de l'Amérique, XX, 162.

3070. — Not. nécrol. XVIII, 508. XX, 160.

3071. *Morgand* et *Fatout*. Répertoire méthodique de leur librairie. XX, 242.

3072. *Morin* (*A. S.*). Essais de critique religieuse. XXVII, 220.

3073. *Morison*. Essai sur Macaulay. XXI, 483.

3074. *Morize* (*P.*). Denys d'Alexandrie, étude d'histoire religieuse. XVIII, 93.

3075. *Morlais* (l'abbé). Robert de Thorigny. XVII, 241.

3076. *Morlet*. Victorin de Feltre. XV, 259.

3077. *Morley* (*John*). Life of Richard Cobden. XX, 156.

3078. — La vie de Richard Cobden, trad. par Mme S. Raffalovich. XXVIII, 356.

3079. *Morosi* (*Gius.*). L'invito di Eudoxia a Genserico. XX, 252.

3080. *Morosov*. Teofan Prokopovitch. XIX, 142.

3081. *Morpurgo* (*E.*). Marco Foscarini e Venezia nel secolo xviii. XV, 435.

3082. *Morris* (*Ch.*). The autobiography of commodore Charles Morris. XX, 173.

3083. *Morris* (*H.*) et *Edmond Blanc*. Cartulaire de l'abbaye de Lérins. XXIV, 367.

3084. *Morrison* (*J. R.*). Anglo-Chinese Calendar. XVIII, 167.

3085. *Morse* (*J.*). American Statesmen. XXVI, 119.

3086. — Vie de Th. Jefferson. XXVI, 121.

3087. — John Adams. XXIX, 133.

3088. *Morse-Stephens*. Cahiers des doléances du tiers état des sénéchaussées de Limoges et Saint-Yrieix. XXV, 226.

3089. *Mortet* (*V.*). Une élection épiscopale au xiie siècle. XXIX, 468.

3090. *Mortimer-Ternaux*. Histoire de la Terreur, continuée par le baron de Layre. XVI, 413. XXIII, 182.

3091. *Mosbach* (*A.*). De Aenae Tactici commentario poliorcetico. XXIII, 141.

3092. *Moschovakis*. Le droit public de la Grèce. XXIV, 400.

3093. *Mossman* (*X.*). Les origines du théâtre à Colmar. XV, 161.
3094. — Un échec de Henri IV en Alsace. XVII, 477.
3095. — Cartulaire de Mulhouse. XXI, 124. XXVIII, 340.
3096. *Motley*. Histoire de la Révolution des Pays-Bas au XVIe siècle. XX, 483.
3097. *Motte* (*Adh.*). La paix de Cimon. XVIII, 136.
3098. *Moufflet* (*S.*). Étude sur une négociation diplomatique de Louis XI. XXVII, 363.
3099. *Mouillard*. Les régiments sous Louis XV. XXIII, 128.
3100. *Moulenq* (*F.*). Documents historiques sur le Lot-et-Garonne. XVIII, 498.
3101. *Mourier* (*Ath.*) et *F. Deltour*. Notice sur le doctorat ès lettres. XVI, 247.
3102. *Moutarde* (*E.*). Étude historique sur la réforme à Lyon. XIX, 231.
3103. *Moüy* (comte *Ch. de*). Discours sur l'histoire de France. XXIX, 108.
3104. *Mowat*. Voy. Berger (Ph.).
3105. *Mühlbacher* (*E.*). Voy. Bœhmer.
3106. *Müller* (*A.*). Abdallae Beidavaei Historia Sinensis, persice e gemino manuscripto edita, latine quoque reddita ab Andrea Mullero. XVIII, 147.
3107. — De auctoribus rerum a M. Claudio Marcello in Sicilia gestarum. XXVII, 388.
3108. — Zur Geschichte des Commodus. XXVII, 427.
3109. — Abcommandierte Centurionen. XXVIII, 138.
3110. *Müller* (*C.*). Der Kampf Ludwigs des Baiern mit der rœmischen Curie. XXI, 414.
3111. *Müller* (*Gius.*). Documenti sulle relazioni delle città toscane coll' Oriente cristiano e coi Turchi, fino all' anno 1531. XVI, 443. XIX, 441.
3112. *Müller* (*H.*). Not. nécrol. XXVII, 476.
3113. *Müller* (*J.*). Luther's reformatorische Verdienste um Schule und Unterricht. XXVI, 132.
3114. — De M. Antonio Gordiano III Rom. imperatore. XXVII, 427.
3115. *Müller* (*K.*). Eine griechische Schrift über Seekrieg. XXVII, 399.
3116. — Handschriftliches zur den Poliorketika und zu der Geodæsie des sog. Hero. XXVII, 399.
3117. *Müller* (*K.-E.*). Das Ende Wallenstein's. XXIII, 392.
3118. *Müller* (*L.*). Quintus Ennius. Einleitung in das Studium der rœmischen Poesie. XXVII, 380.
3119. *Müller* (*O.*). De demis Atticis. XXIII, 154.
3120. *Müller* (*P.-L.*). Wilhelm von Oranien und Georg Friedrich von Waldeck. XVII, 148.
3121. — Regesta Hannonensia. XX, 395.
3122. *Müller* (*R.*). Die geographische Tafel nach den Angaben Herodots mit Berücksichtigung seiner Vorgænger. XXIII, 137.
3123. *Müller-Strübing* (*H.*). Die Attische Schrift vom Staat der Athener. XVI, 422.
3124. — Thukydideische Forschungen. XXIII, 137.
3125. — Der Vertrag der Athener mit den Haliern. XXVI, 367.
3126. — Die Legenden von Phidias Tod. XXVI, 388.
3127. — Das erste Jahr des peloponnesischen Krieges. XXVI, 412.
3128. *Müllner* (*A.*). Archæologische Excurse nach Süd-Steiermarck u. Krain. XVI, 169.
3129. *Müntz* (*E.*). Raphaël. XV, 502.
3130. — Les précurseurs de la Renaissance. XVIII, 395.
3131. — Histoire de la peinture et de l'iconographie chrétiennes. XVIII, 396.
3132. — Les arts à la cour des papes. XX, 139.
3133. — Histoire de la tapisserie. XXI, 234.
3134. — Les historiens et les critiques de Raphaël. XXIV, 374.
3135. — La Renaissance en Italie et en France à l'époque de Charles VIII. XXV, 476. XXVII, 110.
3136. — Documents inédits sur les graveurs de monnaies et de sceaux... de la cour pontificale depuis Innocent VIII jusqu'à Paul III. XXVI, 457.
3137. *Muhlenbeck*. Une église calviniste au XVIe siècle (Sainte-Marie-aux-Mines). XX, 240.
3138. *Muir* (*J.*). Not. nécrol. XIX, 496.
3139. *Mullenheim* (*de*). Das alte Bethaus Allerheiligen zu Strassburg und Regesten der Müllenheim. XV, 160.
3140. *Müllenhoff* (*C.*). Ueber den südœstlichen Winkel des alten Germaniens. XXVII, 137.
3141. — Not. nécrol. XXV, 232.
3142. *Muller* (*S.*). Lijst van Noord-Nederlandsche Kronyken (Catalogue des chroniques relatives aux Pays-Bas septentrionaux). XVII, 143.
3143. — Dyreornamentiken i Norden. XVIII, 420.
3144. — De Middeleeuwsche Rechts-

bronnen der Stad Utrecht. XXVIII, 470.

3145. *Mullinger (J. B.)*. The University of Cambridge from 1535 to the accession of Charles I. XXVII, 479. XXIX, 111, 399.

3146. — Voy. Gardiner.

3147. *Munier*. Die Palæographie als Wissenschaft und die Inschriften des Mainzer Museums. XXVII, 146.

3148. *Munier-Jolain*. Ancien régime dans une bourgeoisie lorraine. XXIX, 103.

3149. *Murphy*. Cromwell in Ireland. XXIX, 113.

3150. *Murray (Th. Ch.)*. Lectures on the origin and growth of the psalms. XX, 164.

3151. *Musatti (Eug.)*. Venezia e le sue conquiste nel medio evo. XIX, 401.

3152. *Musset (G.)*. Documents inédits sur la ville de Pons. XVIII, 260.

3153. *Muteau (Ch.)*. Les écoles et collèges en province depuis les temps les plus reculés jusqu'en 1789. XIX, 111.

3154. *Muzzey (A. B.)*. Reminiscences and Memorials of men of the Revolution and their families. XXVI, 119.

N

3155. *Naber*. Calvinist of Libertynsch? XXIX, 141.

3156. *Naeher* et *Christ*. Die ersten germanischen Vertheidigungsbauten am Oberrhein. XXVII, 127.

3157. *Nagy (E.)*. Anjoukori okmànytar (Codex diplom. hungaricus Andegavensis). XXV, 415.

3158. *Namèche* (Mgr). Histoire nationale (Belgique) depuis les origines jusqu'à l'avènement du roi Léopold II. XVIII, 124.

3159. — Cours d'histoire nationale. XXIII, 237. XXIV, 238.

3160. *Nani (Cesare)*. Gli statuti di Pietro II conte di Savoia. XIX, 394.

3161. — Gli statuti dell' anno 1379 di Amedeo VI conte di Savoia. XIX, 394.

3162. — I primi statuti sopra la camera dei conti nella monarchia di Savoia. XIX, 394.

3163. *Natorp (A.)*. Martin Butzer, ein Lebensbild. XV, 156.

3164. *Naudé (A.)*. Die Fælschung der æltesten Reinhardsbrunner Urkunden. XXIV, 466.

3165. *Nauroy (Ch.)*. Le premier mariage du duc de Berry. XV, 260.

3166. — Les secrets des Bourbons. XX, 241.

3167.—Les derniers Bourbons. XXIII, 235.

3168. *Needham*. De inscriptione quadam aegyptiaca Taurini inventa et characteribus aegyptiis olim et sinis communibus exarata. XVIII, 156.

3169. *Negrea*. Gheorghe Asaky. XXII, 408.

3170. *Neri (A.)*. Osservazioni di G. L. Oderico sopra alcuni codici della libreria di G. F. Durazzo. XVIII, 508.

3171. *Neri (D.)*. Passatempi litterari. XX, 253.

3172. *Nesselmann (F.)*. Not. nécrol. XV, 507.

3173. *Neubaur*. Beitræge zu einer Geschichte der rœmischen Christengemeinde in den beiden ersten Jahrhunderten. XVII, 407.

3174. — Athen in rœmischer Zeit. XXVI, 408.

3175. — Atheniensium reipublicae quaenam Romanorum temporibus fuerit condicio. XXVIII, 135.

3176. *Neubert (R.)*. De Xenophontis Anabasi et Diodori quae est de Cyri expeditione parte bibliothecae questiones. XXIII, 140. XXVI, 393.

3177. *Neumann*. Geschichte Roms wæhrend des Verfalles der Republik. XXII, 127.

3178. *Neumann (C.)*. Bernhard von Clairvaux u. die Anfænge des zweiten Kreuzzuges. XXIII, 240.

3179. *Neumann (F.-J.)*. De Charone Lampsaceno ejusque fragmentis commentatio. XXIII, 135.

3180. *Neumann (K.)* Gützlaff's Geschichte des Chinesischen Reiches. XVIII, 147.

3181. — Zur Landeskunde und Geschichte Kilikiens mit Beitrægen zur Kritik der Geschichtschreiber Alexanders. XXVI, 396.

3182. — Strabons Landeskunde von Kaukasien. XXVI, 398.

3183. *Neumeyer (A.)*. Agis und Kleomenes. XXIII, 152.

3184. — Not. nécrol. XVIII, 262.

3185. *Neuville (D.)*. Les écoles d'hydrographie et les ingénieurs de la marine au XVIIe siècle. XX, 240.

3186. — et *Bréard*. Voyages de Savorgnan de Brazza. XXV, 478.

3187. *Nevius (J. L.)*. China and the Chinese. XVIII, 151.

3188. *Newald*. Die Jagd in Niederœsterreich. XVI, 159.

3189. *Ney*. Geschichte des Reichstags zu Speier im Jahre 1529. XVIII, 419.

3190. *Neymark (A.)*. Turgot et ses doctrines. XXVII, 374.

3191. *Niccolini* (*B.*). Storia della casa di Svevia in Italia. XIX, 392.

3192. *Niccolini* (*G.*). Vespro Siciliano publ. per cura di C. Gargiolli. XXI, 138.

3193. *Nicolay* (*J. G.*). The outbreak of rebellion. XX, 177.

3194. *Nicoletti* (*A.*). Il castello di Cormons. XVI, 168.

3195. *Niehues* (*B.*). Commentatio de fontibus Plutarchi vitae Camilli. XVII, 390.

3196. *Nielsen* (*O.*). Kjœbenhavn i Aarene 1536-1660. XXI, 419. XXII, 247.

3197. *Nielsen* (*Y.*). Biskop Jens Nilssœns Visitatsbœger og Reiseoptegnelser 1574-97. XVIII, 140.

3198. — Det Norske Rigsraad (Le conseil du royaume norvégien). XVIII, 141.

3199. *Niese* (*B.*). Kritische Bemerkungen über die æltere griechische Geschichte. XVI, 428.

3200. — Zur Geschichte Solons und seiner Zeit. XXVI, 387.

3201. — Straboniana. XXVII, 391.

3202. *Nikitsky*. Otcherk Onoutrennei istorii zerkvi v Novgorodie (Aperçu de l'histoire ecclésiastique de Veliky Novgorod). XIX, 137.

3203. *Nirschl* (*Jos.*). Lehrbuch der Patrologie und Patristik. XXVII, 399.

3204. *Nisco* (*N.*). Histoire de Ferdinand II. XXVIII, 373.

3205. *Nissen* (*H.*). Der Ausbruch des Bürgerkriegs. XVII, 402. XXII, 132.

3206. — Die Alpen in Rœmischer Zeit. XXVII, 139.

3207.—Italische Landeskunde. XXVII, 140.

3208. *Nitzsch* (*W.*). Die rœmische Annalistik. XVII, 389.

3209. — Geschichte des deutschen Volkes. XXIV, 241. XXVII, 429. XXIX, 478.

3210. — Geschichte der rœmischen Republik. XXIV, 241.

3211. *Noailles* (duc *de*). Not. nécrol. XXIX, 228.

3212. *Noel* (*O.*). Étude sur l'organisation financière de la France. XVI, 477. XVIII, 204.

3213. *Nœldeke* (*Th.*). Geschichte der Perser und Araber zur Zeit der Sasaniden. XVI, 199.

3214. — Atropatene. XVI, 430.

3215. *Noer* (comte *de*). Kaiser Akbar. XVIII, 196.

3216. — Not. nécrol. XVIII, 500. XIX, 236.

3217. *Noethe* (*H.*). De pugna Marathonia quaestiones. XXIII, 147.

3218. *Nolhac* (*P. de*). Lettres inédites du cardinal de Granvelle. XXVI, 456.

3219. *Nolte* (*F.*). L'Europe militaire et diplomatique au XIXe siècle. XXVI, 107.

3220. — Not. nécrol. XXVII, 472.

3221. *Noorden* (*C. von*). Europæische Geschichte im XVIII Jahrhundert. XXIII, 400.

3222. — Not. nécrol. XXIV, 465.

3223. *Normand* (*Ch.*). Saint-Quentin et la royauté aux XVIIe et XVIIIe siècles. XXIV, 379.

3224. — De Benjamini Prioli vita et scriptis. XXIV, 380.

3225. *Norton* (*Ch. E.*). Historical studies of church buildings in the Middle Ages : Venice, Siena, Florence. XX, 166.

3226. Notices et documents publiés par la Société de l'Histoire de France. XXV, 468.

3227. Notices et extraits des manuscrits. XXVI, 216. XXVII, 219.

3228. *Nourrisson*. Trois révolutionnaires. XXVIII, 352.

3229. *Nourse* (*H. S.*). The early records of Lancaster. XXIX, 131.

3230. Schemiaka (Nouvelle sur le jugement de). XIX, 119.

3231. *Nouvion* (*de*) et *Landrodie*. Vie du comte de Chambord. XXVI, 218.

3232. *Novikov*. Recueil de matériaux pour servir à l'histoire de la noblesse du gouvernement d'Oufa. XIX, 144.

3233. *Nuyens*. Histoire des Pays-Bas depuis 1815. XXIX, 144.

3234. *Nys* (*E.*). Les théories du droit des gens au XIVe siècle. XXI, 252.

3235. — L'arbre des batailles d'H. Bonnet. XXIV, 238.

3236. — Les origines de la diplomatie et le droit d'ambassade jusqu'à Grotius. XXV, 229.

3237. — Le droit de la guerre et les précurseurs de Grotius. XIX, 495.

O

3238. *Oberdick*. Die Wohnsitze der Marsen, Ansibarier und Chattuarier. XVII, 403.

3239. *Oberhummer* (*E.*). Phœnicier in Akarnanien. XXVI, 384.

3240. *O'Callaghan* (*J. C.*). Not. nécrol. XXII, 481.

3241. *Ochsenbein*. Der Inquisitionsprozess wider die Waldenser im Jahre 1430 zu Freiburg. XVII, 485. XXIV, 160.

3242. — Die Winkelriedsfrage. XXIV, 155.

3244. *Odhner*. Om orsakerna till Gustaf II Adolfs deltagande i Trettioariga Kriget. XXI, 159.

3245. — Histoire du règne de Gustave III. XXI, 163.

3246. *Odobescou* (*A. J.*). Documents relatifs à l'histoire de la Roumanie. XXV, 383.

3247. — Istoria Archeologiei (Histoire de l'archéologie). XXV, 385.

3248. *Œchsli* (*W.*). Die Anfænge des Glaubensconflicktes zwischen Zürich und den Eidgenossen. XXIII, 245.

3249. — Lehrbuch für den Geschichtsunterricht in der Secundarschule, Vaterlændische Geschichte. XXIX, 484.

3250. *Œhlmann*. Die Alpenpæsse im Mittelalter. XXIV, 161.

3251. *Œverland* (*A.*). Armfeldts Tog Nordenfjelds (1718). XVIII, 142.

3252. *Ohlenschlager*. Eine wiedergefundene Rœmerstætte. XXVII, 128.

3253. — Bedaium und die Bedaius-Inschriften aus Chieming. XXVII, 128.

3254. — Beitræge zur Anthropologie und Urgeschichte Bayerns. XXVII, 136.

3255. *Ohnesseit* (*W.*). De jure municipali Romanorum quod primo imperatorum saeculo obtinuit. XXII, 142.

3256. — Ueber den Ursprung der Ædelitæt in den italischen Landstædten. XXVIII, 135.

3257. *Ohsson* (*C. d'*). Histoire des Mongols depuis Tchinguiz-Khan jusqu'à Tamerlan. XVIII, 160.

3258. *Olascoaga* (*M.*). Estudio topografico de la Pampe y rio Negro. XX, 197.

3259. *Olshausen* (*J.*). Not. nécrol. XXI, 478.

3260. *Oman* (*C.-W.*). The art of war in the middle ages. XXIX, 410.

3261. *Onciul* (*D.*). Juga Vodă al Moldovei la 1374 si 1400. XXVIII, 390.

3262. — Dragos si Bogdan, fondatorii principatului moldovenesc. XXVIII, 391.

3263. *Oncken* (*W.*). Œsterreich und Preussen im Befreiungs-Kriege. XVII, 431.

3264. — Allgemeine Geschichte. XVI, 431. XVII, 250.

3265. — Das Zeitalter Friedrichs des Grossen. XIX, 501. XXIII, 404.

3266. — Martin Luther in Worms und sein Fortleben in der deutschen Nation. XXVI, 129.

3267. *Onyszkiewicz*. Not. nécrol. XXII, 481.

3268. *Opel* (*O. J.*). Die Vereinigung des Herzogthums Magdeburg mit Kurbrandenburg. XXIII, 403.

3269. *Opitz* (*Th.*). Maria Stuart nach den neuesten Forschungen. XXVI, 45.

3270. *Oppolzer* (*Th.*). Syzygien-Tafeln für den Mond. XXVI, 410.

3271. *Ordinaire* (*L.*). Not. nécrol. XVIII, 254.

3272. *O'Reilly*. Mémoires sur la vie de Claude Pellot. XVI, 245. XVII, 132. XXI, 134.

3273. *Orelli*. Grundriss zu den Vorlesungen über schweizerische Rechtsgeschichte. XXIV, 163.

3274. *Orléans* (Père *J. d'*). Histoire des deux conquérants tartares qui ont subjugué la Chine. XVIII, 161.

3275. Ormulum. XVII, 383.

3276. *Orozen* (*J.*). Die Diœcese Lavant. XVI, 163.

3277. — Die lutherische Kirche zu Scharfenau. XVI, 164.

3278. *Orsi* (*P.*). Giovanni Botero. XXIII, 244.

3279. *Ort*. Oude wegen en landweren in Limburg. XXIX, 139.

3280. *Ortolan*. Histoire de la législation romaine. XXVIII, 119.

8281. *Orts* (*Aug.*). Not. nécrol. XVIII, 100.

3282. Othée (la bataille d') en 1408. XVIII, 129.

3283. *Oursel* (*P.*). Essais de L. Macaulay. XXI, 483.

3284. *Ouspensky*. Formation du second empire de Bulgarie. XIX, 147.

3285. *Ouverleaux* (*E.*). Notes et documents sur les juifs de Belgique sous l'ancien régime. XXIX, 483.

3286. *Overbeck*. Pompeji in seinen Gebæuden, Alterthümer und Kunstwerken. XXVII, 142.

3287. *Ow* (*H. C. von*). Not. nécrol. XXI, 478.

P

3288. *Pæpe* (Dr *César de*). Jahrbuch für Socialwissenschaft und Socialpolitik. XVIII, 122.

3289. *Paganini* (*P.*). Delle relazioni di messer Francesco Petrarca con Pisa. XIX, 413.

3290. *Pagart d'Hermansart*. Les anciennes communautés d'arts et métiers à Saint-Omer. XVII, 128.

3291. — Convocation du tiers état de Saint-Omer aux états généraux de France ou des Pays-Bas. XXIII, 231.

3292. *Pagot-Ogier*. Histoire des îles de la Manche, Jersey, Guernesey, Serck. XVII, 128.
3293. *Paillard* (*Ch.*). Le procès du chancelier Hugonet et du seigneur d'Humbercourt. XV, 264. XVIII, 101.
3294. — Le voyage dans les Pays-Bas et la maladie d'Éléonore, femme de François Ier. XVIII, 101.
3295. — L'invasion allemande en 1544, ouvrage posthume p. p. G. Herelle. XXVIII, 125. XXIX, 166.
3296. — Not. nécrol. XVIII, 252.
3297. *Païs* (*E.*). La Sardegna prima del dominio romano. XVIII, 268.
3298. *Pajol* (comte). Les guerres sous Louis XV. XXIII, 128. XXVI, 169.
3299. — Not. nécrol. XXVIII, 454.
3300. *Palafox y Mendoça* (don *Juan de*). Historia de la Conquista de la China por el Tartaro. XVIII, 161.
3301. *Palfrey* (*J. G.*). Not. nécrol. XX, 159.
3302. *Pallain* (*A.-G.*). Correspondance inédite du prince de Talleyrand et du roi Louis XVIII pendant le congrès de Vienne. XVII, 126.
3303. *Pallavicino* (*G.*). Memorie. XX, 253.
3304. *Palm* (*H.*). Not. nécrol. XXIX, 235.
3305. *Palmen* (*E.*). L'œuvre de la Société de littérature finnoise et le mouvement national en Finlande de 1831 à 1881. XX, 500.
3306. *Palmieri* (*Gr.*). Ad Vaticani archivi Romanorum Pontificum Regesta manuductio. XXVI, 226.
3307. *Palmov* (*J.*). Vopros o case v gusitskom dvizenij. XXIII, 382.
3308. *Palmstierna* (*F.*). Berættelser ur Frih. C. O. Palmstiernas. XXI, 164.
3309. *Paludan-Müller*. Études sur les voyages de Christian Ier de Danemark en Allemagne et en Italie en 1474 et 1475. XVIII, 424.
3310. — Not. nécrol. XIX, 502.
3311. *Pampero* (*A. di*). Il dazio dei panni e l'arte della lana in Udine dal 1324 al 1368. XXI, 396.
3312. — Statuto dei cimatori di panni in Udine. XXI, 396.
3313. — Saggio di un glossario geografico friulano dal VI al XIII secolo. XIX, 405. XXI, 398.
3314. *Panisse-Passis* (comte *de*). Mémoires historiques de L. O. Doublet sur l'occupation de Malte par une armée française en 1798. XXIV, 136.
3315. *Pannenborg* (*A.*). Zur Kritik der Philippis. XVIII, 186.
3316. — Der Verfasser des Ligurinus; Studien zu den Schriften des Magister Gunther. XXIII, 240.
3317. *Pantaleoni*. Storia civile e costituzionale di Roma. XVII, 253.
3318. *Panum*. Bidrag til Kundskab om vort medicinske Facultets Historie 1648-1766. XVIII, 431.
3319. *Panzer* (*C.*). Die Eroberung Britanniens durch die Rœmer bis auf die Statthalterschaft des Agricola. XXVII, 424.
3320. *Paoli* (*Ces.*). Del magistrato della Balia nella Repubblica di Siena. XV, 433.
3321. — Programma di paleografia latina e di diplomatica. XXIII, 244.
3322. — Voy. Vitelli.
3323. — et *E. Monaci*. Archivio paleografico italiano. XVI, 252.
3324. *Papa* (l'abbé *V.*). Il Vespro siciliano, lettera di V. Papa a mons. C. E. Freppel. XXI, 141.
3325. *Papadopoulo-Callimaque* (*Al.*). Dioscorides si Apuleius. XXV, 389.
3326. *Parczewski*. Analecta majoris Poloniae. XVII, 164.
3327. *Parennin* (Père). Lettres d'un missionnaire à Pékin. XVIII, 156.
3328. *Paris* (comte *de*). Histoire de la guerre civile en Amérique. XXIV, 423.
3329. — History of the civil war of America. Trad. par Porter et Coates. XXVI, 123.
3330. *Paris* (*G.*). La poésie au moyen âge. XXVIII, 347.
3331. — Notice sur M. Paulin Paris. XIX, 226.
3332. — et *A. Bos*. Vie de saint Gilles. XX, 136.
3333. *Paris* (*P.*). Études sur le règne de François Ier. XXVIII, 123.
3334. — Not. nécrol. XV, 499.
3334. *Parker*. Résumé de l'histoire de l'archéologie romaine. XIX, 496.
3335. *Parkes* (*H.*). Chinese Porcelain Bottles found in the Egytian Tombs. XVIII, 157.
3336. *Parkmann* (*Fr.*). Count Frontenac and New France under Louis XIV. XVII, 196.
3337. — Montcalm and Wolfe. XXIX, 119, 129.
3338. — Œuvres. XV, 265. XX, 171.
3339. — Lettre au sujet de la transplantation des Franco-Acadiens par les Anglais en 1755. XXVII, 484.
3340. *Parrot*. Mémorial des abbesses de Fontevrault issues de la maison royale de France. XV, 142.
3341. *Pasolini* (*D.*). Documenti riguardanti antiche relazioni fra Venezia e Ravenna. XVIII, 270. XIX, 402.

3342. *Pasquier* (*F.*). Nomenclature des chartes de coutumes de l'Ariège du XIIIe au XVIe siècle. XX, 243.

3343. *Pasquier* (*J.-B.*). Précis d'histoire moderne et contemporaine. XX, 483.

3344. — Étude et enseignement de la géographie en France. XXIX, 466.

3345. *Patricolo* (*G.*). L'église du Saint-Esprit près de Palerme. XXI, 143.

3346. *Pattison* (*M.*). Milton. XV, 204.

3347. — Claude Lorrain. XXIV, 374.

3348. *Pauer*. De rerum ab Agricola in Britannia gestarum narratione Tacitea. XXII, 125.

3350. *Pauli* (*C.*). Die etruskischen Zahlwœrter. XXVII, 407.

3351. — Altitalische Studien. XXVII, 407.

3352. *Pauli* (*R.*). Aufsætze zur englischen Geschichte. XXIV, 242.

3353. — Not. nécrol. XIX, 497.

3354. *Paulus* (*E.*). Archæologische Entdeckungen und Untersuchungen im 1880. XXII, 116.

3355. — Die baulichen Anlagen d. Rœmer in d. Zehntlanden. XXVII, 127.

3356. — Beschreibung des Oberamts Neckarsulm. XXVII, 135.

3357. — und *Hang*. Das Kœnigreich Würtemberg. XXVII, 135.

3358. *Pauthier* (*G.*). Sinico-Aegyptiaca. XVIII, 157.

3359. — Documents statistiques officiels sur l'empire de la Chine. XVIII, 167.

3360. — Documents officiels chinois sur les ambassades étrangères. XVIII, 167.

3361. — Histoire des relations politiques de la Chine avec les puissances occidentales. XVIII, 167.

3362. — Le livre de Marco Polo citoyen de Venise. XVIII, 169.

3363. — et *Bazin*. Chine moderne. XVIII, 151.

3364. *Pauw* (*Nap. de*). Rekeningen der stadt Gent. Tijdvak van Jacob Van Artevelde. XVIII, 110. XXVIII, 461.

3365. *Pavie* (*Eug.*). Le marquis de Jarzé. XVIII, 498.

3366. *Pawinski* (*A.*). Sources historiques de la Pologne. XVII, 164.

3367. *Pécheur* (l'abbé). Annales du diocèse de Soissons. XVI, 408.

3368. *Pecile* (*L.*). Capitoli dell' arte della lana in Pordenone 1516-29. XXI, 397.

3369. *Pedone Lauriel* (*Luigi*). Bibliografia del VI centenario del vespro siciliano. XX, 253. XXI, 147.

3370. *Peigné-Delacourt*. Not. nécrol. XVII, 472.

3371. *Peinlich* (*R.*). Chronistische Uebersicht der merkwürdigsten Naturereignisse... der Steiermark vom J. 1000-1500. XVI, 163.

3372. — Geschichte der Pest in Steiermark. XVI, 163.

3373. — Dr Adam von Lebenwaldt. XVI, 165.

3374. *Péjacsevich* (comte *J.*). Peter Freiherr von Parcevich Erzbischoff von Martianopol (1612 - 1674). XXVIII, 398.

3375. *Pélicier* (*P.*). Essai sur le gouvernement de la dame de Beaujeu. XXII, 388.

3376. *Pellegrini* (*C.*). Sulla repubblica fiorentina al tempo di Cosimo il vecchio. XIX, 413.

3377. *Pellengahr* (*A.*). Die technische Chronologie der Rœmer in ihrer Entwickelung, vom Anfange bis zur gregorianischen Kalender-Reform. XXII, 141.

3378. *Pellet* (*M.*). Variétés révolutionnaires. XXVII, 221.

3379. *Pellisson* (*M.*). Les Romains au temps de Pline le Jeune. Leur vie privée. XXI, 235.

3380. *Pène* (*H. de*). Henri de France. XXVI, 218.

3381. *Penka*. Origines Ariacae. XXVI, 379.

3382. *Pennypacker* (*S. W.*). Historical and biographical sketches. XXVI, 118.

3383. *Pepe* (*L.*). Notizie storiche ed archeologiche dell' antica Gnathia. XX, 500.

3384. *Perdou de Subligny*. La muse dauphine. XXII, 107.

3385. *Perey* (*L.*) et *G. Maugras*. Correspondance de l'abbé Galiani. XVI, 329. XVII, 125.

3386. — et —. La jeunesse de Mme d'Épinay. XIX, 387.

3387. — et —. Vie privée de Voltaire aux Délices et à Ferney. XXIX, 106.

3388. *Pergameni* (*H.*). Dix ans d'histoire de Belgique. XVIII, 120.

3389. — Les guerres des paysans. XVIII, 138.

3390. *Périgot* (*Ch.*). Histoire du commerce français. XXV, 473.

3391. — Not. nécrol. XXIX, 228.

3392. *Perini* (*C.*). Not. nécrol. XXVII, 233.

3393. *Perino* (*E.*). De fontibus vitarum Hadriani et Septimii Severi imperatorum ab Aelio Spartiano conscriptarum. XXII, 126.

3394. *Perraud* (*Ph.*). Not. nécrol. XVII, 472.
3395. *Perrens*. Histoire de Florence. XXV, 369.
3396. *Perrot* (*Ch.*). Table générale des causeries du lundi et des portraits littéraires. XVI, 482.
3397. *Perrot* (*G.*) et *Chipiez*. Histoire de l'art dans l'antiquité. XVI, 401. XXIV, 231. XXVI, 108. XXIX, 374.
3398. *Perroud* (*Cl.*). Lettre à un ami sur la réforme de l'enseignement de l'histoire dans les lycées. XVI, 248.
3399. — Les origines du premier duché d'Aquitaine. XVI, 405.
3400. — De Syrticis Emporiis. XXIII, 408.
3401. *Perry*. The life of St Hugh of Avalon. XVII, 386.
3402. — The life and letters of Francis Lieber. XXVI, 121.
3403. *Person* (*L.*). Les papiers de Pierre Rotrou de Saudreville. XXIV, 460.
3404. — Précis historique et statistique de la commune de Sommesous. XXIV, 462.
3405. *Pertz* (*Fr.*). Not. nécrol. XVII, 478.
3406. *Peter* (*C.*). Zur Kritik der Quellen der ælteren rœmischen; Geschichte. XVII, 389. XVIII, 178.
3407. *Peter* (*H.*). Lexikon der Geschichte des Alterthums und der alten Geographie. XXIII, 145.
3408. — Historicorum Romanorum fragmenta. XXVII, 379.
3409. — Die Scriptores historiæ Augustæ in den Jahren 1865 - 1882. XXVII, 395.
3410. Petersburger Gesellschaft (Aus der). XV, 220.
3411. *Petersen* (*H.*). Danske geistlige Sigiller fra Middelalderen. XXIII, 485. XXV, 404.
3412. *Petersen* (*W.*). Quaestiones de historia gentium Atticarum. XVI, 432. XXII, 412.
3413. — Voy. Plitt.
3414. *Petit*. Bibliothèque des Pamphlets néerlandais. XXIX, 145.
3415. *Petit* (*E.*). Correspondance de l'abbé Lebeuf avec le président Bouhier. XXIX, 471.
3416. *Petit* (*J.-A.*). Histoire contemporaine de la France. XIX, 115. XX, 483.
3417. *Petit de Julleville*. Les mystères. XV, 428.
3418. *Pétrov*. Histoire de la seconde guerre turque pendant le règne de Catherine II. XIX, 143.
3419. *Petz* (*H.*). Codex Falkensteinensis. XVI, 157.
3420. *Pey* (*A.*). L'Allemagne d'aujourd'hui. XXIII, 236.
3421. *Peyrat* (*M.*). Histoire des Albigeois. XXI, 128.
3423. *Pfitzner* (*J.-C.*). Quae causae fuerint cur Nero princeps, omissa in praesens Achaia, a Benevento in urbem subito regressus sit. XXVII, 423.
3424. *Pfitzner* (*W.*). Geschichte der Rœmischen Kaiserlegionen von Augustus bis Hadrianus. XXII, 148. XXV, 156.
3425. *Pflugk-Hartung*. Chartarum pontificum romanorum specimina selecta. XXVI, 223.
3426. *Philippi* (*F.*). Die Arginusen-Schlacht und das Psephisma des Kannonos. XVI, 429.
3427. — Zur Reconstruction der Weltkarte des Agrippa. XVII, 393. XXVII, 390.
3428. *Philippson* (*M.*). West Europa im Zeitalter von Philipp II, Elisabeth u. Heinrich IV. XIX, 501. XXIV, 473.
3429. — Programme du cours d'histoire politique du moyen âge. XVIII, 136.
3430. — Importance historique du moyen âge. XVIII, 136.
3431. — Geschichte des preussischen Staatswesens vom Tode Friedrichs des Grossen bis zu den Freiheitskriegen. XVIII, 137. XXIII, 407. XXIV, 190.
3432. — Les origines du catholicisme moderne. La contre-Révolution religieuse au XVIe siècle. XXVI, 104.
3433. *Picard* (*E.*). La vénerie et la fauconnerie des ducs de Bourgogne. XVII, 129.
3434. — Discours parlementaires. XVIII, 496.
3435. *Pichler* (*F.*). Etruskische Reste in Steiermark u. Kaernten. XVI, 163.
3436. — Beitræge z. Gesch. der landesfürstl. Rüst- und Kunstkammer in Graz. XVI, 166.
3437. *Pichon* (baron). Vie de Charles-Henry comte de Hoym, ambassadeur de Saxe-Pologne en France, 1694-1736. XVII, 241.
3438. *Picone* (*G.*). Memorie storiche agrigentine. XIX, 421.
3439. *Picot* (*E.*). Recueil des continuateurs de Loret préparé par le baron J. de Rothschild et publié par E. Picot. XXII, 107.
3440. — et *G. Bengesco*. Alexandre le Bon, prince de Moldavie (1401-1423). XXII, 410.

3441. *Picot (G.)*. Le dépôt légal. XXIII, 236.
3442. *Picton (J.-A.)*. Oliver Cromwell. XXII, 399. XXV, 188.
3443. *Piekosinski*. Libri antiquissimi civitatis Cracoviensis. XVII, 155.
3444. — Codex diplomaticus civitatis Cracoviensis, pars prima. XVII, 155.
3445. *Piépape (L. de)*. Histoire de la réunion de la Franche-Comté à la France. XVII, 132.
3446. *Pierling (P.)*. La Sorbonne et la Russie au XIIIe siècle. XXI, 238.
3447. — Rome et Moscou (1547-1679). XXIII, 232.
3448. Pierre Ier (Rapports et décisions du sénat sous le règne de). XX, 254.
3449. *Pierre (Victor)*. L'école sous la Révolution française. XVI, 413.
3450. *Pierret (C.)*. L'ancienne terre franche et baronnie d'Etrœungt. XVIII, 260.
3451. *Piesse* et *de Grammont*. Les illustres captifs par le P. Dan. XXIX, 469.
3452. *Piétrement (C.-A.)*. Les chevaux dans les temps préhistoriques et historiques. XXI, 367.
3453. *Pigeonneau (H.)*. La politique économique des rois de France de Louis XI à Henri III. XVI, 480.
3454. — Les grandes époques du commerce de la France. XXIII, 235.
3455. — Histoire du commerce de la France. XXVII, 367.
3456. — et *de Foville*. Procès-verbaux et rapports du comité d'administration de l'agriculture. XXI, 126.
3457. *Pigeotte (L.)*. Anciens seigneurs de Beaufort, aujourd'hui Montmorency. XVII, 477.
3458. *Pignot (J.-H.)*. Barthélemy de Chasseneuz. XXII, 173.
3459. *Pike*. Year-books of the reign of Edward III. XXVI, 338.
3460. *Pillot (E.)*. Polissoires mégalithiques du département de l'Aube. XVII, 477.
3461. *Pilot de Thorey*. Réponse à une lettre de M. l'abbé Bellet. XVII, 208.
3462. *Pimodan* (marquis *de*). La réunion de Toul à la France et les derniers évêques souverains. XXIX, 103.
3463. *Pinchart (Alex.)*. Inventaire des archives des chambres des comptes. XVII, 107.
3464. — Not. nécrol. XXVI, 462.
3465. *Pingaud*. Louis Vulliemin. XVII, 473.
3466. *Piot (Ch.)*. Jean-Henri Maubert de Gouvest à Bruxelles. XVIII, 103.
3467. — François-Antoine Chevrier en Belgique. XVIII, 103.
3468. — Chroniques de Brabant et de Flandre. XVIII, 104.
3469. — Les guerres en Belgique pendant le dernier quart du XVIIe siècle. XVIII, 106.
3470. — Inventaires divers. XVIII, 107.
3471. — Correspondance du cardinal Granvelle. XXVII, 227.
3472. *Piper*. Livres des confréries de Saint-Gall... XXVI, 458.
3473. *Pirenne (H.)*. Sedulius de Liège. XX, 244.
3474. — De l'organisation des études d'histoire provinciale et locale en Belgique. XXIX, 482.
3475. *Pirona (A.)*. Jacopo conte di Porcia. XXI, 390.
3476. — Cronaca Udinese dal 1532 al 1616 di Marcantonio e Lapro Emiliani. XXI, 392.
3477. *Piscicelli-Taeggi (D. O.)*. Paleografia artistica. XVI, 484. Nei codici Cassinesi. XXVI, 226.
3478. *Pistner (J.)*. L. Ælius Sejanus. XVII, 403.
3479. *Pitra* (cardinal). Analecta sacra spicilegio Solesmensi parata. XX, 240.
3480. *Pitré (G.)*. Proverbi Siciliani. XV, 266.
3481. — Les vêpres siciliennes dans les traditions populaires de la Sicile. XXI, 143.
3482. *Pizard*. La France en 1789. XXIII, 234.
3483. — Les origines de la nation française. XXVI, 219.
3484. *Plaine* (dom). Vie inédite de saint Brieuc. XXIII, 476.
3485. *Planer (H.)*. Cæsars Antesignanen. XVII, 408.
3486. *Planta (C. von)*. Die curraetischen Herrschaften in der Feudalzeit. XXIII, 246. XXIV, 162.
3487. *Plathner (J.)*. Zur Quellenkritik der Geschichte des Bürgerkrieges zwischen Cæsar u. Pompejus. XXVII, 389.
3488. *Pletteau* (l'abbé). Not. nécrol. XVI, 474.
3489. *Pleyte*. L'Iconographie des comtes de Hollande. XXIX, 139.
3490. *Plitt* et *Petersen*. D. Martin Luthers Leben und Wirken. XXVI, 127.
3491. *Plœckinger (E.)*. Politische Wirren zu Athen wæhrend des peloponnesischen Krieges. XXIII, 148.
3492. *Plon (E.)*. Benvenuto Cellini. XXI, 131.

3493. *Ploncher* (*A.*). Della vita e delle opere di Lodovico Castelvetro. XVI, 437.

3494. *Plüss*. La plus ancienne constitution romaine. XXII, 131.

3495. *Pocquet* (*B.*). Les origines de la Révolution en Bretagne. XXVIII, 127.

3496. *Pœhlmann*. Die Anfænge Roms. XXII, 129.

3497. *Pœlzl*. Die Herren von Meissau. XVI, 158.

3498. *Poénariu* (*P.*). Biographie de Georges Lazare. XXV, 390.

3499. *Polevoï*. Otcherki rousskoj istorii v pamiatnikach byta (Aperçus de l'histoire russe d'après des monuments). XIX, 135.

3500. *Pollio* (*J.*) et *A. Marcel*. Le bataillon du 10 août. XVIII, 405. Voy. aussi XIX, 234.

3501. *Pollock*. The land-laws. XXIX, 407.

3502. *Pompéry* (*de*). Un coin de la Bretagne pendant la Révolution. XXVII, 121.

3503. *Pomtow* (*J.-R.*). Quaestionum de oraculis caput selectum. XXIII, 158.

3504. — Die Orakelinschriften von Dodona. XXVI, 370.

3505. *Ponnat* (baron *de*). Histoire des variations et contradictions de l'Église romaine. XX, 241.

3506. *Pontal* (*E.*). Voy. Cosnac (comte de).

3507. *Poole*. Illustrations of the history of medieval thought. XXVII, 479. XXVIII, 480.

3508. *Popko*. Cosaques du Terek depuis les temps les plus anciens jusqu'au règne d'Alexandre Ier. XIX, 144.

3509. *Popov* (*André*). Recueil d'écrits polémiques contre les juifs, les catholiques, les protestants, etc. XIX, 121.

3510. — L'Ekklesis. XIX, 121.

3511. *Porrée* (l'abbé). Chronique du Bec et chronique de François Carré. XXVI, 98.

3512. *Porri* (*G.*). Not. nécrol. XXVIII, 236.

3513. *Porro* (*G.*). Catalogue des mss. de la Trivulziana. XXVII, 482.

3514. *Port* (*Cél.*). Souvenirs d'un nonagénaire. Mémoires de Fr. Yves Besnard. XV, 259. XXI, 193.

3515. — Les artistes angevins. XVII, 246.

3516. — Questions angevines. XXIX, 472.

3517. — Voy. Ménage.

3518. *Porter* (*W.*). A history of the Knights of Malta. XXV, 480.

3519. *Porter* (*R. P.*). The West, from the Census of 1880; a history of the development from 1800 to 1880. XXVI, 117.

3520. *Posner* (*M.*). Frédéric II. Histoire de mon temps. XXV, 177.

3521. *Potter* (*Fr. de*). Geschiedenis van Jacoba van Beieren (1401-1436). XVIII, 103.

3522. — Histoire de l'échevinage dans les provinces belges. XX, 244. XXI, 250.

3523. — Chronijcke van Ghendt. XXVIII, 461.

3524. — Gent van den vroegsten tijd tot heden. XXVII, 480. XXIX, 483.

3525. — et *J. Broeckaert*. Geschiedenis van de gemeenten des provincie Oost Vlaanderen. XVIII, 129. XXII, 236.

3526. — et —. Geschiedenis van den Belgischen bœrenstand. XVIII, 103.

3527. — et —. Monographie de la ville de Lokeren. XXVI, 463.

3528. *Potvin* (*Ch.*). Les Artevelde, Jacques et Philippe. XXIX, 483.

3529. *Poudra* (*J.*). Not. nécrol. XXVII, 472.

3530. *Poulain* (l'abbé). Duguay-Trouin et Saint-Malo. XX, 480.

3531. *Poulain d'Andecy*. Notice sur les dépôts littéraires et la révolution bibliographique de la fin du dernier siècle, par J.-B. Labiche. XVII, 240.

3532. *Poullet* (*Edm.*). Correspondance du cardinal Granvelle. XVIII, 104.

3533. — Histoire politique interne de la Belgique. XVIII, 116.

3534. — Origines, développements et transformations des institutions dans les anciens Pays-Bas. XIX, 494. XXII, 235.

3535. — Not. nécrol. XXI, 249.

3536. *Pouthas*. Aperçu d'histoire ancienne. XXIII, 230.

3537. *Poutzillo*. Catalogue des manuscrits des archives de Moscou. XIX, 131.

3538. *Pouy* (*F.*). La chambre du conseil des états de Picardie. XX, 139.

3539. *Powel* (*J. A.*). Report of the American Bureau of ethnology. XXIX, 126.

3541. *Prarond*. La topographie d'Abbeville. XXVIII, 357.

3542. *Preble* (amiral *H.*). History of the United States of America. XV, 512. XX, 173.

3543. *Predelli* (*R.*). Discours sur l'histoire de l'écriture. XVI, 252.
3544. *Preger* (*W.*). Ueber die Anfænge des Kirchenpolitischen Kampfes unter Ludwig den Baier. XXI, 414.
3545. — Die Vertræge Ludwigs des Baiern mit Friedrich dem Schœnen. XXIX, 157.
3546. *Prel* (baron *du*). Die deutsche Verwaltung in Elsass-Lothringen von 1870-1879. XV, 158.
3547. *Prelini* (*Ces.*). S. Siro primo vescovo e patrono della città e diocesi di Pavia. XIX, 398.
3548. *Preller* (*L.*). Rœmische Mythologie. Nouv. édit. XXII, 144.
3549. *Prémare* (Père *de*). Discours préliminaire ou Recherches sur les temps antérieurs à ceux dont parle le Chou-King. XVIII, 155.
3550. *Presac* (*E.*). Études sur la ville de la Charité-sur-Loire. XX, 481.
3551. *Pressensé* (*de*). Vie de Jésus. XXV, 126.
3552. *Presuhn* (*E.*). Pompeji. Die neuesten Ausgrabungen von 1874-1881. XXII, 120.
3553. Preux (les) et la gravure à Liège en 1444. XVIII, 130.
3554. *Prévost* (*G.-A.*). Voy. Izarn.
3555. *Prina* (*B.*). Scritti biografici. XV, 438.
3556. *Prins*. La Démocratie et le régime parlementaire. XXV, 230.
3557. *Prinzinger* (*A.*). Der vorchristliche Sonnendienst im deutschen Südosten. XVI, 161.
3558. — Die Keltenfrage deutsch beantwortet. XXVII, 432.
3559. *Prittwitz und Gaffron* (*V. von*). Not. nécrol. XXVI, 457.
3560. *Promis* (*V.*). Voy. Manno (A.).
3561. *Prost* (*Aug.*). Corneille Agrippa. XIX, 385. XXI, 373.
3562. — L'immunité. XX, 483.
3563. *Prou* (*M.*). Le De ordine palatii d'Hincmar. XXVII, 360.
3564. — Les coutumes de Lorris et leur propagation au XIIe et au XIIIe siècle. XXVIII, 121. XXIX, 123.
3565. *Prozorovsky*. Inventaire des manuscrits anciens du musée de la Société archéologique de Saint-Pétersbourg. XIX, 130.
3566. *Prudhomme* (*A.*). Les Juifs en Dauphiné aux XIVe et XVe siècles. XXIII, 231.
3567. — Notes sur Pierre de Sébiville. XXVIII, 227. XXIX, 470.
3568. *Prutz*. Geheimlehre und Geheimstatuten des Tempelsherren Ordens. XV, 507.
3569. — Kulturgeschichte der Kreuzzüge. XXII, 385.
3570. *Ptschanik*. La plus ancienne constitution romaine. XXII, 131.
3571. *Puaux* (*Fr.*). Les précurseurs français de la tolérance au XVIIe siècle. XV, 430. XVIII, 455.
3572. — Les plaintes des protestants cruellement opprimés dans le royaume de France. XXIX, 470.
3573. *Puchstein* (*O.*). Epigrammata Graeca in Aegypto reperta. XXIII, 135.
3574. — Bericht über eine Reise in Kurdistan. XXVII, 146, 372.
3575. *Puhl*. De Othone et Vitellio imperatoribus quaestiones. XXVII, 423.
3576. *Pulling*. The order of the coif. XXIX, 414.
3577. — Voy. Low.
3578. *Pünjer* (*B.*). Not. nécrol. XXVIII, 463.
3579. *Pupikofer* (*J.-A.*). Histoire de la Thurgovie. XXVII, 485.
3580. — Not. nécrol. XX, 502.
3581. *Puschi* (*A.*). Attinenze tra casa d'Austria e la Repubblica di Venezia del 1529 al 1616. XV, 434. XVI, 170.
3582. — Cenni intorno alla guerra tra l'Austria e la Repubblica di Venezia negli anni 1616 e 1617. XVI, 170.
3583. *Putman* (*J.-J.*). Studien over Calderon (Études sur Calderon). XX, 398.
3584. *Puymaigre* (comte *A. de*). Souvenirs sur l'émigration, l'Empire et la Restauration. XXV, 125.

Q

3585. *Quarré de Verneuil*. L'armée en France depuis Charles VII jusqu'à la Révolution. XV, 149.
3586. *Quépat*. Recherches historiques sur la Grande-Thury, près Metz. XVI, 407.
3587. *Quesnet* (*Ed.*). De l'esprit des étiquettes de l'ancienne cour et des usages du monde de ce temps, par Mme de Genlis. XXIX, 474.
3588. *Queux de Saint-Hilaire* (marquis *de*). Lettres de Coray au Protopsalte de Smyrne Dimitrios Lotos. XV, 423.
3589. — Œuvres complètes d'Eustache Deschamps. XVIII, 392.
3590. *Queva* (don *Alfonso della*). Relazione dello stato d. Rep. Veneta. XV, 435.
3591. *Quicherat* (*Jules*). Rodrigue de Villandrando. XVII, 174.
3592. — Mélanges d'archéologie et d'histoire. XXVII, 365.
3593. — Not. nécrol. XIX, 226.
3594. *Quidde* (*L.*). Die Entstehung

des Kurfürstencollegiums. XXIX, 156.
3595. *Quiquerez* (*Aug.*). Not. nécrol. XX, 502.

R

3596. *Raby* (*R.*). Not. nécrol. XVII, 478.
3597. *Rade*. Damasus, Bischof von Rom. XXVIII, 150.
3598. *Radics* (*P. V.*). Maria Theresia u. das Land Krain. XVI, 168.
3599. *Rædlé*. Johannis Gruyere descriptio belli annis 1447 et 1448 gesti. XXIV, 150.
3600. *Raffalovich* (Mme *S.*). Voy. Morley.
3601. *Raggi* (*O.*). Not. nécrol. XIX, 503.
3602. *Rahlenbeck* (*Ch.*). Metz et Thionville sous Charles-Quint. XVI, 249. XVIII, 137.
3603. *Raine*. The Historians of the church of York. XVII, 385.
3604. — Dialogi Laurentii Dunhelmensis monachi ac prioris. XXVI, 330.
3605. *Rajna* (*P.*). Le origini dell' epopea francese. XXVI, 458.
3606. *Rambaud* (*A.*). Histoire de la Révolution française. XXIII, 234.
3607. — Histoire de la civilisation française. XXIX, 386.
3608. — Voy. Seeley.
3609. *Ranke* (*L. von*). Weltgeschichte. XV, 447. XIX, 171. XXIII, 413. XXVI, 389.
3610. — Hardenberg et l'État prussien de 1793 à 1813. XV, 262.
3611. — Kulturgeschichte. XV, 262.
3612. — Serbien und die Türkei im neunzehnten Jahrhundert. XVII, 195.
3613. — Sæmmtliche Werke. XXIII, 388.
3614. *Rapetti* (comte). Not. nécrol. XXIX, 465.
3615. Rapports politiques envoyés de France dans les Pays-Bas pendant les années 1650-1653. XX, 390.
3616. Rapports des préfets de légions roumaines de 1848. XXVIII, 389.
3617. *Rasch* (*F.*). De ludo Trojae commentatio philologica. XXVIII, 146.
3618. *Raschdorff* (*O.*). Voy. Conze (A.).
3619. *Raszfeld*. Zwei monate Wallensteinischer Kriegsführung. XXIII, 392.
3620. *Ratzinger*. Geschichte der Kirchlichen Armenpflege. XXVII, 231.
3621. *Rau* (D^r^). The Palenque Tablet in the United States national museum Washington. XX, 163.
3622. *Rauchenstein* (*H.*). Der Feldzud Caesars gegen die Helvetier. XXVII, 419.
3623. *Raunié* (*E.*). Chansonnier historique. XVI, 477. XIX, 230. XXI, 238. XXIX, 232.
3624. *Ravaisson* (*Fr.*). Archives de la Bastille. XVII, 125. XX, 140. XXII, 108. XXIV, 135. XXVIII, 117.
3625. *Ravaisson-Mollien* (*Fr.*). Not. nécrol. XXVII, 205.
3626. *Ravenel*. Not. nécrol. XXVIII, 454.
3627. *Rayet* (*O.*). Monuments de l'art antique. XV, 170. XVI, 402. XVIII, 394. XXI, 234. XXIV, 231. XXVI, 215.
3628. *Raynaud* (*G.*). Catalogue des mss. anglais de la Bibl. nat. XXV, 473.
3629. — Voy. Michelant.
3630. Realia. Registre des résolutions générales issues de la citadelle de Batavia (1632-1805). XXVII, 487.
3631. *Réaume* (*E.*). Étude historique et littéraire sur Agrippa d'Aubigné. XXII, 109.
3632. Recueil des archives du ministère des affaires étrangères à Moscou. XIX, 139.
3633. Recueil complet des chroniques russes. XIX, 118.
3634. Recueil des fac-similés à l'usage de l'École des chartes. XVII, 241. XXIV, 232.
3635. Recueil des lois, instructions et règlements relatifs aux archives départementales, communales et hospitalières. XXVIII, 225.
3636. Recueil des provinces baltiques. XIX, 145.
3637. Recueil des traités et autres actes relatifs à la paix avec l'Allemagne. XV, 216.
3638. *Redepenning* (*E.-R.*). Not. nécrol. XXII, 477.
3639. *Rédet* (*L.*). Dictionnaire topographique du département de la Vienne. XVIII, 258.
3640. — Not. nécrol. XVIII, 494.
3641. *Redslob* (*G.-M.*). Not. nécrol. XIX, 236.
3642. *Reese* (*R.*). Die staatsrechtliche Stellung der Bischœfe Burgunds und Italiens unter Kaiser Friedrich I. XXIX, 478.
3643. *Regell* (*P.*). Die Schautempla der Auguren. XXII, 145.
3644. — Fragmenta auguralia. XXVIII, 149.
3645. Regesta Clementis V papae. XXIX, 239.
3646. Regesta diplomatica historiae Danicae. XVI, 253.
3647. *Regnard* (*A.*). Résumé de l'histoire d'Angleterre. XIX, 493.
3648. *Regnault* (Père *Em.*). Christophe

de Beaumont, archevêque de Paris. XX, 384.
3649. *Régnier* (*Ad.*). Not. nécrol. XXVII, 205.
3650. *Reichensperger* (*P.*). Erlebnisse eines alten Parlementariers im Revolutionsjahre 1848. XXV, 187.
3651. *Reifferscheid* (*A.*). Anecdotum Fulgentianum. XXVII, 396.
3652. *Reinach* (*J.*). Histoire du ministère Gambetta. XXV, 373.
3653. — Voy. Gambetta.
3654. *Reinach* (*S.*). Manuel de philologie classique. XXV, 225. XXVII, 109. XXIX, 378.
3655. *Reinach* (*Th.*). Histoire des Israélites. XXVIII, 119.
3656. — L'état de siège. XXIX, 468.
3657. *Reinhardt* (*F.*). Valdemar Atterdag og hans Kongegjerning. XVIII, 422.
3658. *Reiset* (comte *de*). Modes et usages au temps de Marie-Antoinette. XXV, 476.
3659. *Reissessen* (*Fr.*). Voy. Reuss (Rod.).
3660. Relazione dello stato della Republica Veneta di don Alfonso della Queva ambasciatore di Spagna mandata al re Filippo IV. XV, 435.
3661. Relazione sugli archivi di stato italiani. XXVI, 228.
3662. *Rembry*. Le Père Marc d'Aviano. XXVII, 481.
3663. *Rémusat* (*P. de*). Lettres de Mme de Rémusat. XVI, 400.
3664. — Correspondance de M. de Rémusat. XXIV, 137. XXVII, 222. XXVIII, 117.
3665. *Rémy* (Dr *Aug.*). Histoire de Châtillon-sur-Marne. XVIII, 498.
3666. *Renan*. Marc-Aurèle. XVII, 362.
3667. — Index de l'histoire des origines du christianisme. XXIII, 231.
3668. *Renard* (général *Bruno*). Not. nécrol. XVIII, 100.
3669. *Rendall* (*G.-H.*). The Emperor Julian. XVII, 381.
3670. *Rendu* (*A.*). Voy. Boca (L.).
3671. *Renier*. Le ban de Jalhay. XVIII, 131.
3672. *Renier* (*L.*). Not. nécrol. XXVIII, 454. XXIX, 89.
3673. *Renieri* (*M.*). Ἱστωρικαὶ μελέται. (Études historiques.) XXI, 190.
3674. Répertoire des travaux historiques. XVIII, 406.
3675. Repertorium des verhandelingen en bijdragen betreffende de geschiedenis des vaderlands. Voy. Du Rieu.
3676. Report of the deputy Keeper of the Public records. XV, 263. XVII, 481. XXIV, 468. XXVIII, 236.
3677. Report of the Royal commission of historical mss. XVII, 481. XXII, 241, 483. XXVII, 480. XXIX, 124, 480.
3678. *Rettberg* (*L. von*). Not. nécrol. XXVIII, 282.
3679. *Rettig*. Ueber die Schrift vom Staat der Athener. XXVI, 392.
3680. *Reumont* (*A. von*). Gino Capponi. Ein Zeit-und Lebensbild. XX, 193.
3681. — Kleine historische Schriften. XXV, 169.
3682. — Lorenzo dei Medici il magnifico. XXVI, 162.
3683. *Reusch* (*Ad.*). De diebus contionum ordinariarum apud Athenienses. XVI, 431.
3684. — Duisburger Alterthümer. XXVII, 135.
3685. *Reuss* (*Ed.*). La Bible. XVIII, 264.
3686. *Reuss* (*F.*). De Jubae regis historia Romana a Plutarcho expressa. XVII, 390.
3687. — Le roi Arybbas d'Épire. XXIII, 152.
3688. *Reuss* (*Rod.*). Les tribulations d'un maître d'école de la Robertsau pendant la Révolution. XV, 158.
3689. — Strassburg im dreissigjæhrigen Kriege. Fragment der Chronik von J. Walther. XV, 157.
3690. — Aufzeichnungen des Ammeisters F. Reisseissen. XV, 157.
3691. — Pierre Brully. XV, 157.
3692. — Notes pour servir à l'histoire de l'Église française de Strasbourg. XV, 157.
3693. — L'Alsace pendant la Révolution française. XVI, 418.
3694. — Colloques scolaires du gymnase de Strasbourg. XVIII, 264.
3695. — Deux manuscrits de la bibliothèque municipale de Strasbourg relatifs à la Révolution municipale de Mulhouse en 1587. XVIII, 264.
3696. — Bilder aus der Schreckenzeit. XXIII, 237.
3697. — Geschichte des Neuhofes bei Strasburg. XXIX, 479.
3698. *Réveillaud*. Histoire du Canada et des Canadiens français. XXVI, 107.
3699. *Rey* (*E.-G.*). Sommaire du supplément aux Familles d'Outremer. XVII, 240.
3700. — Les colonies franques de Syrie aux XIIe et XIIIe siècles. XXII, 384.
3701. *Reyer* (*E.*). Aus Toskana. XXVII, 141.
3702. *Reynaert*. Histoire de la discipline parlementaire. XXVII, 228.

3703. *Reynald.* Louis XIV et Guillaume III. XXIII, 127.
3704. — Not. nécrol. XXIII, 228.
3705. *Reyntjens* (*N.*). Not. nécrol. XVIII, 100.
3706. *Rezek.* Poselkyve starych prébehiev. K. vydani upravil A. Rezek. XVI, 173.
3707. — Geschichte der Regierung Ferdinands I in Boehmen. XVII, 203.
3708. *Rezosco* (*G.*). Dizionario del linguaggio italiano, storico ed amministrativo. XX, 252.
3709. *Rhys* (*J.*). Celtic Britain. XXII, 244. XXIX, 392.
3710. *Riant* (comte). Trois inscriptions relatives à des reliques rapportées de Constantinople par des croisés allemands. XV, 499.
3711. — Archives de l'Orient latin. XIX, 228. XXIX, 94.
3712. — La donation de Hugues, marquis de Toscane, au saint sépulcre et les établissements latins de Jérusalem au xe siècle. XXIX, 421.
3713. *Ribbe* (*Ch. de*). Le Play d'après sa correspondance. XXVII, 224.
3714. *Ricard* (*Louis*). Institutions judiciaires et administratives de l'ancienne France et spécialement du bailliage de Gex. XXIX, 387.
3715. *Ricard* (Mgr). Les premiers jansénistes et Port-Royal. XXII, 389.
3716. *Riccardi* (*G.*). Not. nécrol. XV, 265.
3717. *Ricci* (*C.*). Note storiche e letterarie. XIX, 410.
3718. — et *O. Guerrini.* Studi e polemiche dantesche. XIX, 410.
3719. *Richard.* Les origines du monastère de Saint-Maixent. XV, 505.
3720. *Richardson* (*E.*). Geschichte der Familie Merode. XX, 245.
3721. *Richey.* Traité des lois qui régissent la propriété en Irlande. XV, 263.
3722. *Richemond* (*de*). Claude Masse, sa vie et ses œuvres. XXI, 475.
3723. *Richon* (*G.*). Traité théorique et pratique des archives publiques. XXIV, 234.
3724. *Richter* (*O.*). Altes und neues zur Expedition Xenophons in das Gebiet der Drilen. XVI, 429.
3725. — Clivus Capitolinus. XXVII, 143.
3726. — Die Befestigung des Janiculus. XXVII, 143.
3727. — Die Fabier am Cremera. XXVII, 411.
3728. *Richthofen* (baron *de*). China. Ergebnisse eigener Reisen und darauf gegründeter Studien. XVIII, 152.
3729. *Rickenbach* (le Père). Voy. Lambros.
3730. *Ricotti* (*E.*). I Diarii di Marin Sanuto e una sommossa in Torino nel 1525. XV, 433.
3731. — Del valore storico della battaglia di Legnano. XIX, 395.
3732. — Not. nécrol. XXII, 483.
3733. *Ridder* (*R. de*). L'enseignement professionnel dans ses rapports avec l'enseignement primaire en Belgique. XXV, 228.
3734. *Rieder* (*G.*). Johan III, Kœnig von Polen, Sobieski, in Wien. XXII, 189.
3735. *Riedesel* (General und Generalin). Briefe und Berichte waehrend des Nordamerikanischen Krieges geschrieben. XXIII, 402.
3736. *Rieger* (*Fr.*). Reci dra fr. Lad. Riegra. XXIII, 386.
3737. *Riess* (*Fl.*). Das Geburtsjahr Jesu Christi. XXVII, 422.
3738. *Riess* (Père *Fl.*). Not. nécrol. XXI, 478.
3739. *Riezler* (*S.*). Geschichte Baierns. XXI, 414.
3740. *Rigby* (Dr). Letters from France in 1789. XVIII, 213.
3741. *Rijcker* (*L. de*). Het grondwettelijk bestuur van het oude Gent. XVIII, 128.
3742. — L'enseignement public en Flandre au xve et au xvie siècle. XXI, 251.
3743. *Rilliet* (*A.*). Not. nécrol. XXIV, 245.
3744. *Ring.* Altlateinische Studien. XXVII, 408.
3745. *Rioult de Neuville* (*L.*). Les barons d'Orbec. XVII, 242.
3746. *Risse* (*C.*). De gestis Sexti Pompei. XXVII, 421.
3747. *Ritter* (*E.*). Les confessions et la correspondance de J.-J. Rousseau. XV, 517.
3748. — Origine des idées politiques de Rousseau. XVIII, 510.
3749. *Ritter* (*M.*). Politik und Geschichte der Union zur Zeit des Ausgangs Rudolf's des Zweiten und die Anfænge des Kaisers Mathias. XXIII, 389.
3750. — Der Augsburger Religionsfriede. XXIV. 390.
3751. *Robert* (*F. des*). Journal de Barthélemy Philbert. XXIII, 233.
3752. — Deux codex manuscrits de l'abbaye de Gorze. XXVIII, 227.
3753. *Robert* (*Ch.*). Monnaies gauloises; description raisonnée de la collection de M. Ch. Robert. XVII, 241.
3754. — et *Cagnat.* Épigraphie gallo-romaine de la Moselle. XXIII, 230.

3755. — La prétendue restauration de Maurice Tibère dans la Province et les monnaies qui en seraient la preuve. XXIV, 232.

3756. — Les étrangers à Bordeaux. XXIV, 463.

3757. *Robert* (*C.*). Bild und Lied. XXIII, 146.

3758. — Ein antikes Numerirungssystem und die Bleitæfelchen von Dodona. XXVI, 371.

3759. *Robert* (*P. des*). Campagnes de Charles IV, duc de Lorraine et de Bar, 1634-1638. XXI, 373.

3760. *Robert* (*U.*). Pentateuchi versio latina antiquissima e codice Lugdunensi. XVI, 396.

3761. — Inventaire sommaire des mss. des bibliothèques de France. XIX, 491. XXI, 239.

3762. — Recueil de lois, décrets... concernant les bibliothèques publiques. XXIV, 234.

3763. *Roberts*. Calendar of home office papers of the reign of George III, 1770-1772. XVII, 481.

3764. *Robertson*. Materials for the history of Thomas Becket. XXVI, 332.

3765. — Description de la crypte de la cathédrale de Canterbury. XXVI, 362.

3766. *Robinet* (Dr). Le procès des Dantonistes. XV, 210.

3767. — Danton, sa vie privée. XXV, 472.

3768. *Robiou*. Institutions de la Grèce antique. XX, 383.

3769. — et *Delaunay*. Les institutions de l'ancienne Rome. XXVI, 216.

3770. *Robiquet* (*P.*). Histoire municipale de Paris. XIX, 428.

3771. — Theveneau de Morande. XIX, 493.

3772. *Rochas d'Aiglun* (*de*). Les vallées vaudoises. XVII, 476.

3773. *Roches* (*L.*). Trente-deux ans à travers l'Islam. XXIX, 476.

3774. *Rocholl* (*A. H.*). Der Augustiner Mœnch Joh. Hoffmeister. XV, 157.

3775. *Rocquain* (*Félix*). La papauté au moyen âge. Nicolas Ier, Grégoire VII, Innocent III, Boniface VIII. XX, 414.

3776. *Roehl*. Inscriptiones graecae antiquissimae, praeter atticas in Attica repertas. XXVI, 365.

3777. — Imagines inscriptionum graecarum antiquissimarum in usum scholarum. XXVI, 365.

3778. *Roehricht* (*R.*). Testimonia minora quinti belli sacri. XXII, 105.

3779. *Rogers* (*Th.*). Loci e libro veritatum. XX, 490.

3780. — Six centuries of work and wages. XXV, 480. XXVI, 154.

3781. — The history of agriculture and prices in the XIVth century. XXIX, 403.

3782. *Roget* (*A.*). Étrennes génevoises. XVIII, 510.

3783. — Histoire du peuple de Genève. XV, 516. XIX, 438. XXV, 485.

3784. — Not. nécrol. XXIII, 483.

3785. *Rohde* (*E.*). Ein unbeachtetes Bruchstück des Ptolemæus Lagi. XXVI, 397.

3786. *Rohde* (*Th.*). Die Münzen des Kaisers Aurelianus. XXVIII, 143.

3787. *Rohrer* (*Fr.*). Die Anfænge Lucern's. XXIV, 151.

3788. — Das sogenannte Waldmannische Concordat. XXIV, 159.

3789. — Not. nécrol. XX, 502.

3790. *Rolando* (*A.*). Delle ere principali, come fondamento della cronologia storica. XXVI, 227.

3791. *Rolen-Jaequemyns*. Voordrachten over de Grondwet. XVIII, 125.

3792. *Roller* (*Th.*). Histoire de l'art et des croyances religieuses pendant les premiers siècles du christianisme. XVII, 363. XXI, 406.

3793. *Roman* (*A.*). Military operations of general Beauregard. XXIX, 136.

3794. Romænen (Die) der œsterreichischen Monarchie. XXVIII, 390.

3795. Rœmerstudien eines alten Soldaten. XXVII, 128.

3796. *Ronchaud* (*L. de*). La tapisserie dans l'antiquité. XXIX, 375.

3797. *Ronchi* (*C.*). Relazione del n. h. Alvise Renier ritornato da Luogotenente della patria del Friuli. XXI, 394.

3798. *Roos* (*C.*). De Theodoreto Clementis et Eusebii compilatore. XXVII, 400.

3799. *Rooses* (*M.*). Geschichte der Malerschule Antwerpens von Q. Massys bis zu den letzten Auslæufern der Schule P. P. Rubens. XVIII, 133.

3800. — Christophe Plantin, imprimeur anversois. XX, 244. XXV, 427.

3801. — Rubens et Balthazar Moretus. XXV, 229.

3802. — Correspondance de Christophe Plantin. XXVI, 462.

3803. *Roosevelt* (*Th.*). The naval war of 1812. XXVI, 119.

3804. *Rootselaar* (*F. N.*). Rapport sur l'impôt appelé « les anciens écus ». XX, 388.

3805. *Ropes* (*John C.*). The army under Pope. XX, 177.

3806. *Roscher*. Die Vergiftung mit Stierblut im classischen Alterthum. XXVI, 405.

3807. *Rose* (*A.*). Kaiser Anastasius I. XXVII, 434.

3808. *Roselli (Od.)*. Étude sur la peste de 1630 à Modène. XVIII, 508.

3809. *Roselly de Lorgues* (comte). Histoire posthume de Christophe Colomb. XXVIII, 347.

3810. *Rosenberg*. Nordbœrnes Aandsliv fra oldtiden til vore Dage. XVIII, 421.

3811. *Rosenhauer (H.)*. Symbolae ad quaestiones de fontibus libri qui inscribitur de viris illustribus urbis Romae. XXVII, 384.

3812. *Rosenstiel*. De Xenophontis historiae Grecae parte bis edita. XXVI, 393.

3813. *Roserot (A.)*. Armorial du département de l'Aube. XV, 258.

3814. — Inventaire de la série E des archives de l'Aube. XXV, 475.

3815. — La famille d'Argillières en Picardie et en Champagne. XXVI, 219.

3816. *Rosières (R.)*. Histoire de la société française au moyen âge. XV, 145.

3817. *Rosny (L. de)*. Les populations danubiennes. XX, 483.

3818. *Rospatt* (Dr *J.-J.*). Not. nécrol. XVIII, 500.

3819. *Ross (D. W.)*. The theory of village Communities. XV, 512. XX, 165.

3820. — The early history of Landholding among the Germans. XXVI, 111. XXVIII, 175.

3821. *Rossell* (Don *C.*). Not. nécrol. XXII, 484.

3822. *Rossmann (W.)*. Not. nécrol. XXVIII, 232.

3823. *Roth (F.)*. Augsburgs Reformationsgeschichte, 1517-1527. XVIII, 418.

3824. *Roth (W. E.)*. Geschichte des rœmischen Kœnigs Adolph I von Nassau. XVI, 205.

3825. — Rœmische Geschichte nach den Quellen erzæhlt. XXVII, 401.

3826. *Rothan (G.)*. L'affaire du Luxembourg. XIX, 389.

3827. — Souvenirs diplomatiques d'Allemagne et d'Italie. XXVI, 101. XXVIII, 128.

3828. *Rothschild* (baron *J. de*). Les continuateurs de Loret. XIX, 229.

3829. — Voy. Picot (E.).

3830. — Not. nécrol. XVIII, 252.

3831. *Rott (Ed.)*. Henri IV, les Suisses et la haute Italie. XIX, 109.

3832. — Inventaire sommaire des doc. relatifs à l'histoire de Suisse conservés dans les archives et bibl. de Paris. XXII, 247.

3833. — Récolement des dépêches et autres papiers des ambassadeurs de France en Suisse. XXI, 254.

3835. *Rougemont* (Père *Franç. de*). Historia Tartaro-Sinica. XVIII, 161.

3836. *Roullier (G.)*. Récit des derniers moments de la marquise de Brinvilliers. XXIII, 374.

3837. *Rousset (Aug.)* Histoire des impôts indirects en France complétée et publiée par H. Louiche-Desfontaines. XXIII, 378.

3838. *Rousset (Camille)*. Le marquis de Clermont-Tonnerre. XXVIII, 355.

3839. *Rouxel*. Lettres du commissaire au Châtelet Dubuisson au marquis de Caumont. XX, 240.

3840. *Roy (Jos.)*. Le Kahlenberg. Notes d'histoire et de voyage. XXIV, 461.

3841. *Roy (J.)*. Turenne, sa vie et les institutions militaires de son temps. XXIV, 376.

3842. — L'an mille. XXVIII, 121.

3843. *Roýé (F.)*. Petite histoire de la Révolution. XVIII, 258.

3844. *Ruble (A. de)*. Antoine de Bourbon et Jeanne d'Albret. XVI, 408. XIX, 386. XXVIII, 125. XXIV, 412.

3845. *Ruccellai (G.)*. Diario. XXVIII, 237.

3846. *Rück (C.)*. De M. Tullii Ciceronis oratione de domo sua ad pontifices. XXVII, 419.

3847. *Ruelens (Ch.)*. Refereinen en andere gedichten uit de XVI. XVIII, 112.

3848. — Fac-simile du ms. autogr. de Thomas a Kempis. XV, 264.

3849. *Ruelle (E.)*. Bibliographie générale des Gaules. XIX, 492. XXVII, 218.

3850. *Ruete (E.)*. Die Korrespondenz Ciceros in den Iahren 44 u. 43. XXVII, 385.

3851. *Ruge (A.)*. Geschichte unserer Zeit. XX, 246.

3852. — Not. nécrol. XV, 507.

3853. *Ruge (S.)*. Geschichte des Zeitalters der Entdeckungen. XIX, 501.

3854. *Rühl (F.)*. Herodotisches. XXIII, 136.

3855. — La guérison d'Alexandre à Tarse. XXIII, 152.

3856. *Rupp (J.)*. Not. nécrol. XXVI, 222.

3857. *Rusden (W.)*. History of Australia. XXIX, 120.

3858. — History of New Zealand. XXIX, 120.

3859. *Ruske*. De A. Gellii noctium atticarum fontibus quaestiones. XXVII, 394.

3860. *Russell*. The Haig of Bemersyde. XXIX, 117.

3861. *Rydberg (O. S.)*. Traités de la Suède. XIX, 437. XXI, 150.

3862. *Rye (W.)*. Fines relating to the county of Norfolk. XVIII, 503.

3863. — Index of Norfolk topography. XX, 490.
3864. — The Norfolk antiquarian Miscellany. XVI, 250. XXVIII, 231.
3865. *Rygh* (*O.*). Norske Old-Sager (antiquités norvégiennes). XVIII, 139.

S

3866. *S. M. E.* Le siège du Mans en 1652 d'après des lettres inédites des ducs de Beaufort et de Nemours, du cardinal Mazarin, etc. XVII, 243.
3867. *Saalfeld.* C. Julius Caesar; sein Verfahren gegen die gallischen Stæmme. XXI, 173.
3868. — Der Hellenismus in Latium. XXVI, 385. XXVIII, 144.
3869. — Italograeca. Culturgeschichtliche Studien auf sprachwissenschaftlicher Grundlage. XXVI, 385. XXVIII, 144.
3870. — Der Griechische Einfluss auf Erziehung und Unterricht in Rom. XXVIII, 144.
3871. — Haus und Hof in Rom im Spiegel Griechischer Kultur. XXVIII, 145.
3872. — Küche und Keller in Alt-Rom. XXVIII, 145.
3874. *Sabalini.* Abelardo ed Eloisa secondo la tradizione popolare. XV, 513.
3875. *Sabbadini* (*R.*). Lettere inedite di Ognibene da Lonigo. XIX, 406.
3876. *Sachau* (*E.*). Die Lage von Tigranokerta. XXIII, 135.
3877. — Reise in Syrien und Mesopotamien. XXVII, 139.
3878. *Sacken* (*E. Fr. von*). Not. nécrol. XXII, 239.
3879. *Sacy* (*Silvestre de*). Voy. Gaubil (Père).
3880. *Sadler.* Peter der Grosse als Mensch und Regent. XXIII, 247.
3881. *Sahagun* (*B. de*). Histoire générale des choses de la Nouvelle-Espagne. Trad. par Jourdanet et Rémi Siméon. XVII, 414.
3882. *Saige* (*G.*). Les juifs du Languedoc antérieurement au XIVe siècle. XX, 184.
3883. — Journal des guerres civiles de Dubuisson-Aubenay. XXII, 377. XXVIII, 340.
3884. *Sainsbury.* Calendar of State Papers. Colonial series. America and the West Indies. XXIX, 115.
3885. *Saint-Clair-Feilden* (*H.*). A short constitutional history of England. XXVI, 428.
3886. *Saint-Ferréol* (*A.*). Notices historiques sur la ville de Brioude. XX, 188.
3887. *Saint-Hilaire* (*B.*). Aristote. Histoire des animaux. Trad. XXIV, 231.
3888. Sainte-Marie aux Mines (Documents historiques concernant). XV, 161.
3889. *Salles* (*Al. de*). Not. nécrol. XXIII, 228.
3890. *Salimbeni* (*L.*). Achille Menotti. XV, 438.
3891. *Sallet* (*A. von*). Die Nachfolger Alexanders des Grossen in Baktrien und Indien. XVI, 430.
3892. *Salomon de la Chapelle.* Histoire judiciaire de Lyon et des départements de Rhône-et-Loire et du Rhône depuis 1790. XV, 421.
3893. — Histoire des tribunaux révolutionnaires de Lyon et de Feurs. XV, 421.
3894. *Salvador* (*G.*). J. Salvador. XVII, 369.
3895. *Samwer* (*Ch.*) et *Jules Hopf.* Nouveau recueil général de traités. XV, 216.
3896. — Geschichte des aelteren rœmischen Münzwesens. XXVIII, 143.
3897. — Not. nécrol. XXII, 237.
3898. *Samwer* (*F.*). Not. nécrol. XXI, 478.
3899. *Sanchez y Pinillos.* Voy. Siguenza.
3900. *Sand* (*G.*). Correspondance. XXII, 232.
3901. *Sandonnini* (*T.*). Lodovico Castelvetro e la sua famiglia. XXIX, 163.
3902. *Sandret* (*L.*). Louis II de la Trémoille. XVII, 243.
3903. — Mémoires de la comtesse de la Boutetière de Saint-Mars. XXVIII, 460.
3904. *Sandys.* The Bacchae of Euripides. XVII, 372.
3905. *Sansi* (baron *A.*). Storia del comune di Spoleto. XVII, 253. XXVII, 234.
3906. — Documenti storici inediti in sussidio allo studio delle memorie Umbre. XVIII, 507.
3907. *Santi* (*V.*). Considerazioni sul passagio di Annibale attraverso l'Appennino. XXVI, 461.
3908. *Sanuto* (*Marin*). Voy. Barozzi (N.).
3909. *Sarasin* (*A.*). Obituaire de l'église cathédrale de Saint-Pierre de Genève. XXII, 416. XXIV, 147.
3910. *Sarauw* (*Chr. von*). Die Feldzüge Karl's XII. XVIII, 430. XXI, 160.
3911. *Sardagna* (*G. di*). Memorie di soldati istriani e di altri italiani e

forestieri che militarono nell' Istria allo stipendio di Venezia nei secoli XIII, XIV e XV. XVI, 172.
3912. *Sardagna* (*Vitt.*). Storia della Grecia antica. XVIII, 267.
3913. *Saripoulos*. Essai politique et moral sur Thucydide. XVIII, 104.
3914. *Sarot*. Les sociétés populaires dans le département de la Manche et en particulier à Coutances. XV, 260.
3915. — De l'organisation des pouvoirs publics dans le département de la Manche pendant la Révolution. XV, 260.
3916. *Sarrazin* (*J.-V.*). De Theodoro Lectore, Theophanis fonte praecipuo. XXII, 127.
3917. *Sarzec* (*E. de*) et *L. Heuzey*. Découvertes de Chaldée. XXIX, 374.
3918. *Sass* (*F.*). Plutarchs Apophthegmata regum et imperatorum. XXIII, 142.
3919. *Sathas* (*Const.*). Monumenta historiae hellenicae. XVIII, 192.
3920. — Voy. Miller.
3921. *Sauerbrei* (*P.*). Étude sur les sources des 14e et 15e livres de Zonaras. XXII, 127.
3922. *Saulcy* (*F. de*). Not. nécrol. XV, 251.
3923. *Saunier* (*Féd.*). Histoire de la maison de Poix et de la seigneurie de Fouesnel en Bretagne. XX, 386.
3924. *Sautyn Kluit* (*W.-P.*). La Poste du Bas-Rhin. XVII, 144.
3925. *Sauvaire*. Matériaux pour servir à l'histoire de la numismatique et de la métrologie musulmanes. XX, 483.
3926. *Sauvel* (*Alf.*). Indication du lieu et de la date où naquit Suffren. XXIII, 233.
3927. *Savio*. Studi storici sul marchese Gugliemo III di Monferrato ed i suoi figli. XXIX, 239.
3928. *Sbiera* (*J.-G.*). Étude sur le chroniqueur moldave Gregoire Urechi. XXVIII, 396.
3929. *Sbigoli* (*F.*). Tommaso Crudeli e i primi framassoni in Firenze. XXVIII, 371.
3930. Sbornik Kniazia Khilkova. Voy. Khilkov.
3931. *Scaduto* (*Fr.*). Stato e Chiesa negli Scritti politici, dalla fine della lotta per le Investiture, sino alla morte di Ludovico il Bavaro. XXV, 166.
3932. *Scarth*. Roman Britain. XXV, 144. XXIX, 393.
3933. *Schaaffhausen*. Ueber den Rœmischen Isisdienst am Rhein. XXVIII, 148.
3934. *Schaar* (*J.*). Essai sur la législation économique de la Belgique, de 1830 à 1880. XXII, 236.
3935. *Schacht*. Die Hauptquelle Plutarchs in der vita Luculli. XXVII, 382.
3936. *Schæfer*. Guerre des villes allemandes contre Valdemar IV de Danemark. XVIII, 421.
3937. *Schæfer* (*Arn.*). Abriss der Quellenkunde der griechischen und rœmischen Geschichte. XVIII, 265. XXII, 123.
3938. — Historische Untersuchungen Arnold Schæfer zum 25 jahr. Jubilaeum seiner akademischen Thætigkeit gewidmet. XXVI, 387.
3939. — Not. nécrol. XXIV, 240. XXV, 230.
3940. *Schæffler* (*Aug.*). et *Théod. Henner*. Die Geschichte des Bauernkrieges in Ostfranken von Magister Lorenz Fries. XVIII, 410.
3941. *Schaff* (*Ph.*). History of the Christian church. XXVI, 110.
3942. *Schaller* (*H. de*). Histoire des troupes suisses au service de la France sous Napoléon Ier. XXI, 254.
3943. *Schambach* (*O.*). Die Reiterei bei Cæsar. XXVIII, 139.
3944. — Einige Bemerkungen über die Geschützverwendung bei den Rœmern besonders zur Zeit Cæsars. XXVIII, 139.
3945. *Schanz*. L'Epitome rei militaris de Végèce. XXII, 126.
3946. — Die Analogisten und Anomalisten im rœmischen Recht. XXVIII, 136.
3947. *Schaumann* (*H.-F.*). Not. nécrol. XXI, 478.
3948. *Schaumburg* (*E. von*). Not. nécrol. XXI, 478.
3949. *Schebek* (*E.*). Die Lœsung der Wallensteinfrage. XXIII, 393.
3950. — Kinsky und Feuquieres; Nachtrag zur Lœsung der Wallensteinfrage. XXIII, 393.
3951. *Schefer* (*Ch.*). Journal d'Antoine Galland pendant son séjour à Constantinople. XVII, 125.
3952. — Relation de la cour de France en 1690 par Spanheim. XXII, 104.
3953. *Scheffer* (*Hoop*). Les sectateurs de Browne à Amsterdam. XX, 394.
3954. *Schegg* (*P.*). Das Todesjahr des Kœnigs Herodes und das Todesjahr Jesu Christi. XXVII, 422.
3955. — Not. nécrol. XXIX, 477.
3956. *Scheler* (*Aug.*). Glossaire philologique de la Chron. de Jehan des Preis. XXI, 251.
3957. — Voy. Grandgagnage.
3958. *Schelle* (*E.*). De M. Antonii

triumviri quae supersunt epistolis. XXVII, 386.
3959. *Schenk* (*C.*). Kaiser Leo III. XVII, 406.
3960. *Schenkl* (*H.*). Zur Geschichte des attischen Bürgerrechts. XXVI, 416.
3961. *Scherpenseel*. La vérité sur la situation militaire des Pays-Bas. XVIII, 121.
3962. *Schiano*. Sancti Patres Cavenses. XIX, 394.
3963. *Schiern* (*Fr.*). Not. nécrol. XXI, 255.
3964. *Schiaparelli*. Lezioni sulla etnografia dell' Italia antica. XXII, 154.
3965. — I Pelasgi nell' Italia antica. XXII, 154.
3966. — Le stirpi ibero-liguri nell' Occidente et nell' Italia antica. XXII, 154.
3967. *Schiche*. Zu Cicero's Briefen an Atticus. XXVII, 384.
3968. *Schiller* (*H.*). Geschichte der rœmischen Kaiserzeit. XXVII, 400.
3969. *Schilling* (*L.*). Catilina und Julius Cæsar. XXVII, 418.
3970. *Schinkai* (*G.*). Chronique des Roumains. XV, 440.
3971. *Schinkel* (*J.*). Quaestiones Silianae. XXVII, 389.
3972. *Schinkel* (colonel). Minnen ur Sveriges nyare historia (Souvenirs), publ. par Alen. XXI, 164.
3973. *Schlagintweit* (*R. von*). Not. nécrol. XXIX, 235.
3974. *Schlechta-Wssehrd*. Die Revolutionen in Constantinopel in den Jahren 1807-1808. XXV, 179.
3975. *Schlegel* (*F.*). Seine prosaischen Jugendschriften her. v. Minor. XXVI, 415.
3976. *Schlegel* (*G.*). Sinico-aryaca ou Recherches sur les racines primitives dans les langues chinoises et aryennes. XVIII, 155.
3977. — Sing Chin Khao Youen. Uranographie chinoise. XVIII, 155.
3978. — Réponse aux critiques de l'Uranographie chinoise. XVIII, 156.
3979. — Thian Ti-Hwui. The Hung-League or Heaven-Earth-League. XVIII, 164.
3980. *Schlesinger*. Chronique de Trautenau par S. Hüttel. XIX, 422.
3981. *Schlichteisen*. De fide historica Silii Italici quaestiones historicae et philologicae. XXII, 124.
3982. *Schlickeysen* (*A.*). Erklærung der Abkürzungen auf Münzen der neueren Zeit, des Mittelalters und des Alterthums. XXVIII, 143.
3983. *Schliemann* (*H.*). Ilios, Stadt und Land des Trojaner. XVI, 420.
3984. — Orchomenos. Bericht über meine Ausgrabungen. XXIII, 132.
3985. — Reise in der Troas. XXIII, 132.
3986. — Troja. Ergebnisse meiner neuesten Ausgrabungen auf der Baustelle von Troja. XXVI, 138.
3987. *Schlomka* (*E.*). Kurfürst Moritz und Heinrich II von Frankreich. XXVI, 224.
3988. *Schlottmann* (*C.*). Erasmus redivivus. XXI, 480.
3989. *Schlumberger* (*G.*). Le Trésor de San'â. XV, 255.
3990. — Éloge de M. de Saulcy. XIX, 226.
3991. — Numismatique de l'Orient latin. XX, 239.
3992. — Sigillographie de l'empire byzantin. XXVII, 112.
3993. — Trois sceaux et deux monnaies de l'époque des croisades. XVIII, 260.
3994. — Bulles de hauts fonctionnaires byzantins d'ordre militaire. XVIII, 260.
3995. *Schmaler* (*J.-E.*). Not. nécrol. XXVI, 222.
3996. *Schmeisser* (*G.*). Die Etruskische Disciplin, vom Bundesgenossenkriege bis zum Untergang des Heidenthums. XXII, 145.
3997. *Schmid* (*A.*) et *G. Baur*. Die vorchristliche Erziehung. XXVIII, 146.
3998. *Schmidt* (*Ad.*). Paris pendant la Révolution, trad. par P. Viollet. XXIX, 385.
3999. *Schmidt* (*E.*). Die Belagerung von Hameln und die Schlacht bei Hessisch-Oldendorf im Jahre 1633. XXIII, 393.
4000. — Eine Hauptquelle in Plutarchs Themistokles. XXVI, 399.
4001. *Schmidt* (*Ch.*). Histoire littéraire de l'Alsace à la fin du xve siècle et au commencement du xvie siècle. XV, 155.
4002. — Zur Geschichte der ældesten Bibliotheken und der ersten Buchdrücker zu Strassburg. XX, 245.
4003. *Schmidt* (*G.*). Luther's Bekanntschaft mit den alten Klassikern. XXVI, 132.
4004. — Die Ethik der Griechen. XXVI, 416.
4005. *Schmidt* (*J.*). De seviris Augustalibus. XXVIII, 133.
4006. *Schmidt* (*K.*). Der Streit über das *Jus primae noctis*. XXVI, 459.
4007. *Schmidt* (*L.*). Ravennatische Annalen bei Beda. XXVII, 433.
4008. *Schmidt* (*M.*). Commentatio de Columna Xanthica. XXIII, 135.

4010. *Schmidt* (*O.-E.*). Zu Cicero's Briefwechsel mit M. Brutus. XXVII, 385.

4011. *Schmidt* (*O.-L.*). Die letzten Kaempfe der Rœmischen Republik. XXVII, 421.

4012. *Schmidt* (*P.*). Ueber die geographischen Werke des Polybios. XXVII, 380.

4013. *Schmitt*. Voy. Burckhardt.

4014. *Schmitz* (*G.*). Monumenta tachygraphica Codicis Parisiensis latini 2718. XXI, 245. XXIV, 466.

4015. *Schmitz* (*M.*). Quellenkunde der Rœmischen Geschichte. XVIII, 265. XXII, 122.

4016. *Schmoller* (*G.*). Die Strassburger Tucher- und Weberzunft. XV, 159.

4017. *Schneider* (*A.*). De L. Cornelii Sisennae historiarum reliquiis. XXVII, 381.

4018. *Schneider* (*G.*). Quibus ex fontibus petiverit Diodorus libr. III capp. 1-48. XVI, 422.

4019. — De Diodori fontibus. XVI, 422.

4020. *Schneider* (*J.*). Die alten Heer- u. Handelswege der Germanen, Rœmer u. Franken im Deutschen Reiche. XXVII, 123.

4021. *Schnorr v. Carolsfeld*. Katalog der Handschriften der K. œffent. Bibliothek zu Dresden. XX, 487. XXIII, 479. XXIV, 466.

4022. *Schober* (*K.*). Eroberung Niederœsterreichs durch Mathias Corvinus in den Jahren 1482-90. XVI, 155.

4023. *Schœmann*. Antiquités grecques, trad. Galuski. XXIV, 369.

4024. *Schœnbach* (*A.*). Voy. Bischoff (F.).

4025. *Schœner* (*Ch.*). Ueber die Titulaturen der rœmischen Kaiser. XXII, 142.

4026. *Schouler* (*J.*). History of the United States of America under the Constitution. XX, 173.

4027. *Schoy* (*A.*). Histoire de l'influence italienne sur l'architecture dans les Pays-Bas. XVII, 101.

4028. *Schrader* (*O.*). Sprachvergleichung und Urgeschichte. XXVI, 380.

4029. *Schreiber* (*W.*). Die alten Festungswerke im Westen der Stadt Strassburg. XV, 160.

4030. *Schrœder* (*P.*). Neue Palmyrenische Inschriften. XXVII, 148.

4031. *Schrœrs* (*H.*). Hincmar, Erzbischof von Reims. XXVII, 436.

4032. *Schrœter* (*Fr.*). Hugo Falcandus. XV, 508.

4033. *Schubart*. Pausanias und seine Anklæger. XXVI, 376.

4034. — Not. nécrol. XXVIII, 462.

4035. *Schulte* (*Fréd. de*). Voy. Fournier (Marcel).

4036. *Schulthess* (*H.*). Not. nécrol. XXIX, 478.

4037. *Schultz* (*Al.*). Das hœfische Leben zur Zeit der Minnesinger. XV, 202. XXII, 161.

4038. *Schultze* (*V.*). Die Katakomben. XXVIII, 151.

4039. — Der theologische Ertrag der Katakombenforschung. XXVIII, 152.

4040. *Schum*. Exempla codicum Amplonianorum Erfurtensium, saeculi IX-XV. XX, 246.

4041. *Schurz* (*W.*). De mutationibus in imperio Romano ordinando ab imperatore Hadriano. XXVIII, 134.

4042. *Schuyler* (*E.*). Peter the Great, emperor of Russia. XXIX, 128.

4043. *Schwarcz* (*J.*). Die Demokratie von Athen. XVI, 425. XXIII, 143. XXVIII, 157.

4044. *Schweder* (*S.*). Beitræge zur Kritik der Chronographie des Augustus. XXVII, 390.

4045. *Schweizer*. Geschichte der Habsburgischen Vogtsteuern. XXIV, 154.

4046. — Correspondenz der franzœsische Gesandtschaft in der Schweiz. XV, 270.

4047. *Schwicker* (*J. H.*). Politische Geschichte der Serben in Ungarn. XXI, 418.

4048. *Schybergson* (*G.*). Relations diplomatiques de la Suède et de la Hollande. XXI, 154.

4049. — Underhandlingarna om en evangelisk allians åren 1624-1625. XXI, 438.

4050. — Sveriges och Hollands diplomatiska fœrbindelser 1621 - 1630. XXIII, 171.

4051. *Sciout*. Histoire de la constitution civile du clergé. XVI, 414. XXI, 436.

4052. *Scott* (*T. L.*). Le « Letterbook » de G. Harvey. 1573-80. XXVI, 343.

4053. Scriptores rerum polonicarum. XVII, 159.

4054. *Secrétan* (*Eug.*). Galerie suisse. XV, 219.

4055. *Sedlacek* (*A.*). Hrady a zamky ceske. XIX, 424.

4056. *Seebohm* (*Fr.*). The english village community. XXV, 135.

4057. *Seeck* (*O.*). Urkundenstudien zur ælteren rœmischen Geschichte. XXVII, 412.

4058. — Die Reihe der Stadtpræfekten bei Ammianus Marcellinus. XXVII, 428.

4059. *Seeck* (*O.*). Die Zeit der Schlachten bei Pollentia und Verona. XXVII, 433.
4060. *Seehausen*. Schweizer Politik wæhrend des dreissigjæhrigen Krieges. XXIII, 398.
4061. *Seeley*. L'expansion de l'Angleterre; trad. par A. Rambaud et le colonel Baille. XXVIII, 356.
4062. — The Expansion of England. XXIX, 118.
4063. *Segesser* (*A. de*). Louis Pfyffer et son temps. XVII, 485. XIX, 449.
4064. — Die Zeit der Ligue in Frankreich und in der Schweiz 1585-94. XXII, 247.
4065. — Beitræge zur Geschichte des Stanserverkommnisses. XXIV, 158.
4066. *Seidel* (*H. A.*). Questionum epigraphicarum capita duo. XVII, 389.
4067. *Seifert* (*Fr.*). Die Reformation in Leipzig. XXVI, 135.
4068. *Seignobos*. Le régime féodal en Bourgogne jusqu'en 1360. XIX, 384.
4069. — Histoire de la civilisation. XXVI, 220.
4070. *Sein* (*A. du*). Histoire de la marine chez tous les peuples. XV, 175.
4071. *Seinguerlet*. Strasbourg pendant la Révolution. XVI, 418.
4072. *Seldner* (*C.*). Das Schlachtfeld von Pharsalus. XXVII, 421.
4073. *Sella*. Codice Astense dit de Malabaya. XIX, 503.
4074. *Selmi* (*A.*). Lettere del Muratori al marchese Ubaldino Landi e all' abbate Ales. Giov. Chiappini. XXVIII, 372.
4075. *Selosse* (*L.*). L'enseignement du droit en Espagne. XXIX, 486.
4076. *Semedo* (Père). Imperio de la China i cultura evangelica en el. XVIII, 149.
4077. *Semelaigne*. Aveux et dénombrements de la vicomté de Conches au xve siècle. XVII, 124.
4078. *Semichon*. Not. nécrol. XVIII, 390.
4079. *Sénancour* (*M. de*). Résumé de l'histoire de la Chine. XVIII, 147.
4080. *Senkovski* (*Joseph*). Supplément à l'histoire générale des Huns de de Guignes. XVIII, 168.
4081. *Sepet* (*M.*). Jeanne d'Arc. XXVIII, 415.
4082. *Sepp*. Tagebuch der unglücklichen Schottenkœnigin Maria Stuart wæhrend ihres Aufenthaltes zu Glasgow. XXVI, 45.
4083. — Frankfurt, das alte Askiburg beim Geogr. v. Ravenna. XXVII, 133.
4084. — Die Wanderungen der Cimbern und Teutonen. XXVII, 417.
4085. *Sepp*. Kerkhistorische Studien. XXIX, 482.
4086. *Serre* (l'amiral). Les marines de l'antiquité et du moyen âge. XXIX, 468.
4087. *Serrure* (*R.*). La monnaie en Belgique. XXVII, 228.
4088. *Settembrini*. Ricordanze. XXVIII, 373.
4089. *Seward* (*W. H.*). The diplomatic history of the war for the Union. XXVI, 123.
4090. *Seyffert* (*Osk.*). Lexikon der klassischen Alterthumskunde. XXVIII, 130.
4091. *Shadwell*. The life of Colin Campbell, lord Clyde. XXIII, 185.
4092. *Shaler*. Kentucky a pioneer commonwealth. XXIX, 130.
4093. *Sharpe* (*Samuel*). Not. nécrol. XVII, 480.
4094. *Sheldon Amos*. Fifty Years of the English constitution (1830-80). XV, 168.
4095. *Short*. The North Americans of antiquity; their origin, migration and type of civilization. XX, 163.
4096. *Sicard* (l'abbé *Aug.*). L'éducation morale et civique avant et pendant la Révolution. XXVII, 373.
4097. *Sickel* (*Th.*). Diplomatum regum et imperatorum Germaniae tomi I, pars prior (Mon. Germ.). XV, 183.
4098. — Die Kaiserurkunden der Schweiz. XXIV, 163.
4099. — Das Privilegium Otto I für die rœmische Kirche vom Jahre 962. XXV, 161.
4100. *Sickinger* (*A.*). De linguae latinae apud Plutarchum et reliquiis et vestigiis. XXVII, 394.
4101. *Sieglin* (*W.*). Zwei Doubletten bei Livius. XXVII, 389.
4102. *Siegwart*. Voy. Gfrœrer.
4103. *Siemens* (*K.*). Die Reformation und Gegenreformation in der ehemaligen Herrschaft Breisig am Rhein. XXVI, 135.
4104. *Siemon* (*O.*). Quomodo Plutarchus Thucydidem legerit. XXIII, 142.
4105. *Siguenza* (le P.). Historia del monasterio del Escorial publ. p. Sanchez y Pinillos. XX, 499.
4106. *Silfverstolpe* (*Carl de*). Svenskt Diplomatarium från och med å 1401. XXI, 151.
4107. *Silvestri* (*G.*). De rebus regni Siciliae et documents inédits tirés des archives d'Aragon. XXI, 143.
4108. *Siméon* (*Rémi*). Voy. Sahagun (B. de).
4109. *Simeon de Durham*. Historia

ecclesiae Dunhelmensis publ. par T. Arnold. XXVI, 329.
4110. *Simmern* (baron *Langwerth von*). Œsterreich und das Reich im Kampfe mit der franzœsischen Revolution von 1790 bis 1797. XIX, 464.
4111. — Revolutionskrieg im Lichte unserer Zeit. XXVII, 477.
4112. *Simon*. Histoire de Serpoukhov. XIX, 146.
4113. *Simon* (*J.*). Une Académie sous le Directoire. XXVII, 221.
4114. *Simonnot* (*Nicol. Zach.*). Mes souvenirs. XV, 471.
4115. *Simson* (*J.*). Ueber die Beziehungen Napoleons III zu Preussen u. Deutschland. XX, 488.
4116. *Singels*. De Lucani fontibus ac fide. XXIX, 138.
4117. *Sinigaglia* (*G.*). Saggio di uno studio su P. Aretino. XXVIII, 365.
4118. *Sjœgren* (*O.*). Biographie de Patkul et Paykul. XXI, 163.
4119. — Georg Adlersparre, en historisk Karaktærs bild. XXI, 165.
4120. — K. A. Grewesmœhlen. XXI, 165.
4121. *Slafter* (*E.*). History and causes of the incorrect latitudes. XX, 499.
4122. *Slavik* (*Fr.*). Panstvi Taborské. XXVIII, 154.
4123. *Slavici* (*J.*). Die Rumœnen in Ungarn. XVII, 252.
4124. *Sloet* (baron *L.-W.*). Le rapt d'Anne-Madeleine van Rheden par Gerard van Bevervoorde. XVII, 144.
4125. — Le très noble monastère séculier de Bedbur. XVII, 145.
4126. *Slothouwer* (*F. G.*). Des abus oligarchiques dans le gouvernement de Frise. XX, 394.
4127. *Smedt* (*Ch. de*). Principes de la critique historique. XXII, 235.
4128. *Smirnov*. Istoria doukhovkoi Moskovskoi Academii (Histoire de l'Académie ecclésiastique de Moscou). XIX, 138.
4129. *Smith* (*B.*). Leonora Christina Grevinde Ulfedts Historie. XXV, 397.
4130. — Studier paa det gamle danske Skuespils Omraade. XXV, 398.
4131. *Smith* (*F.*). A study on Plutarch's life of Artaxerxes. XXIII, 142.
4132. *Smith* (*R.*). The prophets of Israel and their place in history to the close of the eighth century. XXV, 151.
4133. *Smith* (*T.*). The Church in Roman Gaul. XXII, 243.
4134. *Smith* (*W.*). A Dictionary of christian Antiquities. XVII, 380.
4135. *Smith* (*W. H.*). Saint-Clair papers. XX, 174.
4136. *Smutek*. Not. nécrol. XXII, 481.
4137. Snemy ceské. Vydava Kr. Zemsky archiv cesky. XVI, 173.
4138. *Socard* (*E.*). Catalogue des imprimés de la bibliothèque de Troyes. XV, 257.
4139. *Socin*. Voy. Bædeker.
4140. *Sœrensen* (*Th.*). Den anden Slesvigske Krig. XXV, 405.
4141. *Sœrgel* (*J.*). Demosthenische Studien. XXIII, 151.
4142 *Sohm* (*R.*). Frænkisches Recht und rœmisches Recht. XXI, 412.
4143. — Lex Ribuaria. Lex Francorum Chamavorum. XXIV, 243.
4144. *Sokolov*. Otnocheniie protestantisma K Rossii XVI i XVII v. (Le protestantisme et la Russie aux XVIe et XVIIe siècles). XIX, 137.
4145. *Soldan* (*Fr.*). Der Reichstag zu Worms. 1521. XXVI, 129.
4146. *Soler y Puig*. Mariners catalans celebres. XX, 499.
4147. *Soley* (*J.-K.*). Voy. Morris (Ch.).
4148. *Soloviev*. Histoire de Russie depuis l'époque la plus ancienne. XIX, 133.
4149. *Soltau* (*W.*). Ueber Entstehung und Zusammensetzung der altrœmischen Volksversammlungen. XVII, 398.
4150. — Ueber den Ursprung von Census und Censur in Rom. XXVIII, 132.
4151. — Die ursprüngliche Bedeutung und Competenz der *aediles plebis*. XXVIII, 132.
4152. *Sommervogel* (*P. C.*). Dictionnaire des ouvrages anonymes et pseudonymes publiés par des religieux de la compagnie de Jésus. XXVII, 228.
4153. — Bibliotheca Mariana de la compagnie de Jésus. XXIX, 476.
4154. *Sonnenberg* (*P.-E.*). Der Historiker Tanusius Geminus und die annales Volusi. XXVII, 386.
4155. *Sophie von Hannover*. Voy. Kœcher (G.).
4156. *Sorel* (*Albert*). Essais de critique et d'histoire. XXI, 378.
4157. — Instructions données aux ambassadeurs de France en Autriche. XXIV, 368.
4158. — L'Europe et la Révolution française. XXVIII, 352.
4159. *Sorof*. Die ἀπαγωγή in Mordprocessen. XXVI, 417.
4160. Sostvianije Moskvy (État de la ville capitale de Moscou en 1785). XIX, 128.
4161. *Soubbotine*. Materialy dla istorii

raskola (Matériaux pour servir à l'histoire du schisme). XIX, 120.
4162. *Sourches* (marquis *de*). Voy. Cosnac (comte de).
4163. *Sozzi* (comte *P. V.*). Not. nécrol. XXIII, 484.
4164. *Spanheim*. Voy. Schefer.
4165. *Sparrow Simpson*. Documents illustrating the history of Saint-Paul's cathedral. XV, 168.
4166. *Spedding*. Voy. Gairdner.
4167. *Spehr* (*F.*). De summis magistratibus coloniarum atque municipiorum. XXII, 142.
4168. *Spengel* (*L. v.*). Not. nécrol. XV, 261.
4169. *Spinelli* (*A.-G.*). Ricerche spettanti a Sesto Calende. XIX, 398.
4170. *Sprinchorn*. Étude sur les rapports diplomatiques de la Suède avec la France avant Gustave II Adolphe. XXI, 158.
4171. *Sse-ma-tsien*. Che Ki (Mémoires historiques). XVIII, 153.
4172. *Stade* (*B.*). De populo Javan. XVI, 428.
4173. *Stadelmann* (*R.*) Preussen's Kœnige in ihrer Thaetigkeit für die Landescultur. XXIII, 407. XXVII, 476.
4174. *Stael Holstein* (baron *de*). Voy. Léouzon Le Duc.
4175. *Staelin* (*P.*). Geschichte Württembergs. XXVII, 135.
4176. *Staes* (*J.*). Theodoor van Rijswijck. XXVII, 228.
4177. *Stæhelin* (*R.*). Huldreich Zwingli und sein Reformationswerk. XXVI, 130.
4178. *Stanley* (D^r). Not. nécrol. XVII, 370.
4179. *Stanley* (lord). The narrative of the Portuguese embassy to Abyssinia by father Fr. Alvarez (1520-27). XVII, 481.
4180. *Stapfer* (*Edm.*). La Palestine au temps de Jésus-Christ. XXVII, 364.
4181. *Starabba* (*R.*). Acte de confédération entre Palerme et Corleone. 3 avril 1282. XXI, 142.
4182. *Starker*. De nomophylacibus Atheniensium. XVI, 432.
4083. *Stecher*. Voy. Lemaire.
4184. *Stecker*. Le rôle de Falck en Belgique en 1830. XX, 244.
4185. *Steenackers*. Les télégraphes et les postes pendant la guerre de 1870-71. XXIII, 235.
4186. — et *Le Goff*. Histoire du gouvernement de la Défense nationale en province. XXV, 477. XXVIII, 229. XXIX, 476.
4187. *Steenstrup* (*J.*). Étude préliminaire pour servir à l'histoire des Normands et de leurs invasions. XVI, 403.
4188. *Steenstrup* (*J.*). Les voyages des frères Zeni. XXIII, 485.
4189. — Danske og norske Riger paa de Brittiske Œer i Danevaeldens Tidsalder. XXVIII, 157.
4190. — Danelag. XXVII, 157.
4191. *Stechow* (*E.*). Not. nécrol. XXVII, 476.
4192. *Stehfen* (*H.*). De Spartanorum re militari. XXIII, 156.
4193. *Stein* (*C.*). Luthers musikalische Bedeutung und ihre segensreichen Folgen. XXVI, 133.
4194. *Stein* (*F.-A.*). Jacob Sturm, Stettmeister von Strassburg. XV, 156.
4195. *Stein* (*H.*). Cartulaire de l'ancienne abbaye de Saint-Nicolas-des-Prés sous Ribemont. XXVII, 361.
4196. *Stein* (*H. K.*). Kritik der Ueberlieferung über den Spartanischen Gesetzgeber Lykurg. XXVI, 403.
4197. *Stein* (*L. von*). Die Verwaltungslehre. XXVIII, 147.
4198. *Steinbüchel-Rheinwall* (*A. von*). Not. nécrol. XXIV, 471.
4199. *Steinwender*. Die Legiones urbanae. XVII, 409.
4200. *Stengel* (*P.*). Les sacrifices grecs en l'honneur des morts et des vents. XXIII, 159.
4201. — Die Einführung der in homerischer Zeit noch nicht bekannten Opfer in Griechenland. XXVI, 386.
4202. *Stephen* (*L.*). Dictionary of national Biography. XXIX, 123.
4203. *Stephenson*. The battle of Stone's River near Murfresboro town. XXIX, 137.
4204. *Stern* (*Alfred*). Der Ursprung der Bartholomæusnacht. XXIII, 477.
4205. — Histoire de la révolution d'Angleterre. XVI, 249.
4206. — Lettres de Stein au baron de Mülinen. XXIV, 245.
4207. — Les socialistes du temps de la Réforme. XXIV, 245.
4208. — Voy. Vischer.
4209. *Stern* (*E. de*). Catilina und die Partei-Kæmpfe in Rom der Jahre 66-63. XXVII, 418.
4210. — Zu den Quellen der sicilischen Expedition. XXVI, 391.
4211. *Sternfeld* (*R.*). Das Verhæltniss des Arelats zu Kaiser und Reich. XXIII, 423.
4212. *Steup* (*J.*). Thukydideische Studien. XXIII, 139.
4213. *Steur* (*Ch.*). Not. nécrol. XVI, 482.
4214. *Stevens*. Le général Gates. XX, 160.

4215. — History of Gustavus-Adolphus. XXIX, 128.

4216. *Stevenson (Enrico)*. Éclaircissements sur un plan de Rome peint par Taddeo di Bartolo. XVIII, 507.

4217. — Codices manuscripti Palatini graeci bibl. Vaticanae descripti. XXIX, 239.

4218. *Stieve (F.)*. Churfürst Maximilian I von Bayern. XXIII, 395.

4219. *Stille (Ch. J.)*. Studies in mediaeval history. XXVI, 110.

4220. *Stiller (H.)*. Voy. Conze (A.).

4221. *Stillfried-Alcantara* (comte *R.*). Not. nécrol. XX, 485.

4222. *Stintzing*. Geschichte der deutschen Rechtswissenschaft. XVIII, 450.

4223. — Not. nécrol. XXIV, 240.

4224. *Stirling-Maxwell (W.)*. Don John of Austria. XXV, 146.

4225. *Stœber (A.)*. Notes sur les recteurs de l'Université de Bâle d'origine alsacienne. XV, 161.

4226. — Recherches sur les étudiants mulhousiens immatriculés à l'Université de Bâle de 1460 à 1805. XV, 161.

4227. *Stœber (F.)*. Zur Kritik der vita S. Johannis Reomaensis. XXIX, 480.

4228. *Stœrck (F.)*. Handbuch der deutschen Verfassungen. XXV, 482.

4229. *Stoffel (J.-G.)*. Not. nécrol. XV, 261.

4230. *Stolpe (M.)*. Dagspressen i Danmark. XVIII, 428.

4231. *Storm (G.)*. Monumenta historica Norvegiae. XVIII, 140.

4232. *Stourm (René)*. Les finances de l'ancien régime et de la Révolution. XXVII, 374.

4233. *Stourza*. Chestiunea Dunărei, acte si documente. XXV, 376.

4234. — Une bibliographie de la numismatique roumaine. XXV, 390.

4236. Strassburger Buchdruck's und Buchhandel's (Zur Geschichte des). XV, 160.

4237. *Straub*. Voy. Herrad de Landsperg.

4238. *Strickler (J.)*. Aktensammlung zur Schweizerischen Reformationsgeschichte. XV, 516. XVII, 255. XVIII, 415. XXII, 247. XXVII, 236.

4239. — Histoire de la commune de Horgen. XXIII, 245.

4240. *Strohl*. Le conseil d'hygiène de la ville de Strasbourg. XV, 158.

4241. *Stronczyciski*. Légendes sur sainte Hedvige. XVII, 161.

4242. *Struman (L.)*. Histoire de Belgique. XVIII, 118.

4243. *Stubbs*. Gervasii monachi Dorobernensis Chronica. XVII, 384.

4244. — Select charters. XXII, 483.

4245. — Chronicles of reigns of Edward I and Edward II. XXIII, 482. XXVI, 337.

4246. *Studer*. Thüring Frickarts Twingherrenstreit, Benedicht Tschachtlans Berner Chronik. XXIV, 150.

4247. *Studniczka (F.)*. Mithræen u. andere Denkmæler aus Dacien I. XXVII, 134.

4248. *Stumpf (Ph.)*. De Nesiotarum republica. XXIII, 157.

4249. *Stumpf-Brentano (Fréd.)*. Not. nécrol. XVIII, 504.

4250. *Stürenburg (H.)*. De Romanorum cladibus Trasimena et Cannensi. XXVII, 415.

4251. *Stürler (M. de)*. Fontes rerum Bernensium. XXII, 159.

4251 *bis*. — L'exploit de Winkelried à Sempach. XVII, 254.

4252. — Not. nécrol. XIX, 504.

4253. *Sturm (J.-B.)*. Quae ratio inter tertiam T. Livi decadem et L. Cæli Antipatri historias intercedat. XXVII, 388.

4254. *Sturm (W.)*. De fontibus Demosthenicae historiae quaestiones duae. XXIII, 141.

4255. *Stüve (C.)*. Geschichte des Stiftes Osnabrück. XXIII, 397.

4256. *Styffe (C.-G.)*. Skandinavien under Unionstiden. XXI, 158.

4257. *Subligny*. Voy. Perdou de Subligny.

4258. *Suman (J.)*. Die Slovenen. XXIV, 421.

4259. *Summer (G.)*. Vie d'A. Jackson. XXVI, 120.

4260. *Sumner-Maine (H.)*. Étude sur la royauté primitive. XXI, 235.

4261. — Études sur l'ancien droit et la coutume primitive. XXVII, 218.

4262. — Dissertations on early law and custom. Trad. franç. par J. Durieu de Leyritz. XXIX, 150.

4263. *Suphan (B.)*. Herders sæmmtliche Werke. XXVI, 164.

4264. *Sweet*. The Epinal Glossary. XXIX, 389.

4265. *Swodoba*. Thukydideische Quellenstudien. XXIII, 138.

4266. — Vortrag des Amyntas von Makedonien mit Olynth. XXVI, 369.

4267. — Athenisches Psephisma über Klazomenes. XXVI, 369.

4268. *Sybel (H. de)*. Entstehung des deutschen Kœnigthums. XVIII, 265.

4269. — Geschichte des ersten Kreuzzugs. XVIII, 502.

4270. — Histoire de l'Europe pendant

la Révolution française, trad. par Mlle Dosquet. XXVIII, 459.

4271. *Sybel (L. de)*. Katalog der Skulpturen zu Athen. XXIII, 134.

4272. *Sylvanecte*. La cour impériale à Compiègne. XXV, 478.

4273. *Szanto (E.)*. Untersuchungen über das Attische Bürgerrecht. XXIII, 154.

4274. *Szilagyi (Alex.)*. Gabriel Bethlen und die schwedische Diplomatie. XXIII, 391.

4275. — Erdélyi orszaggyülési emlékek (Monumenta comitialia regni Transylvaniae). XXV, 415.

4276. *Szujski*. Histoire des princesses de la maison royale des Jagellons. XVII, 162.

4277. — Not. nécrol. XXII, 247.

T

4278. *Tabarrini*. Gino Capponi. XV, 438.

4279. — Vite e ricordi d'Italiani illustri del sec. XIX. XXVIII, 373.

4280. *Taccone-Gallucci (D.)*. Monografia della città e diocesi di Mileto. XIX, 421.

4281. *Tacite*. Vie d'Agricola éd. p. W. F. Allen. XV, 265.

4282. *Tadra (Fr.)*. Cancellaria Arnesti. XVI, 175.

4283. *Tadra (Ferd.)*. Summa Gebhardi. XXIII, 382.

4284. *Tailhan (le P.)*. Chronique latine rimée des derniers rois goths de Tolède et de l'invasion arabe d'Espagne. XXVIII, 225.

4285. *Taine*. Les origines de la France contemporaine. XVI, 414. XXVII, 118.

4286. — Philosophie de l'art. XVIII, 398.

4287. *Talini (P.)*. Dissertations. XIX, 398.

4288. *Tamizey de Larroque (Ph.)*. Note sur le P. Cortade et bibliographie tamizeyenne. XVI, 246.

4289. — Vie inédite de la duchesse de Luynes par l'abbé J. B. Boileau. XVI, 246.

4290. — Lettres inédites de Pierre de Marca au chancelier Séguier. XVI, 246.

4291. — Lettres de Jean Chapelain. XVII, 416. XXVIII, 114.

4292. — Les correspondants de Peiresc. XV, 501. XVIII, 261. XX, 481. XXIII, 233.

4293. — Paulin Paris. XVII, 473.

4294. — Lettres inédites de Joseph Scaliger. XVIII, 261.

4295. — Les vieux papiers du château de Cauzac, documents inédits (1592-1627). XIX, 229.

4296. *Tamizey de Larroque (Ph.)*. L'entrée du roy Charles IX à Bordeaux. XX, 481.

4297. — Notes sur la marquise de Flamarens. XXIII, 233.

4298. — Arnauld de Pontac. XXIV, 233.

4299. — Voyage à Jérusalem de Philippe de Voisins, seigneur de Montaut. XXIV, 464.

4300. — Une demi-douzaine de lettres inédites. XXVI, 457.

4301. — Récit de la conversation d'un ministre de Gontaud. XXVI, 457.

4302. — La Messaline de Bordeaux. XXVI, 457.

4303. — Lettres du comte de Comminges à J.-A. de Thou. XXIX, 471.

4304. — Quelques pages inédites de Louis de Rechignevoisin de Guron. XXIX, 472.

4305. *Tanner (H.)*. The Martyrdom of Lovejoy. XX, 174.

4306. *Tanon (L.)*. Histoire des justices des anciennes églises et communautés de Paris. XXIII, 381.

4307. *Tanzi*. Lettere del Dot. D. de Rosetti. XV, 438.

4308. *Tardif (A.)*. Notions élémentaires de critique historique. XXIV, 134.

4309. — Le coutumier d'Artois. XXIV, 135.

4310. — Les coutumes de Toulouse. XXVII, 362. XXIX, 426.

4311. — La procédure civile et criminelle aux XIIIe et XIVe siècles. XXIX, 96.

4312. *Tardif (Jos.)*. Le très ancien coutumier de Normandie. XIX, 379.

4313. — Les auteurs présumés du Grand Coutumier de Normandie. XXVIII, 459.

4314. *Tardif (Jules)*. Études sur les institutions politiques et administratives de la France. XVIII, 94.

4315. — Not. nécrol. XXI, 229.

4316. *Tardy (G.)*. L'abbé Jallet, curé de Chevigné. XXVII, 221.

4317. *Tartara (Aless.)*. Dalla battaglia della Trebbia a quella del Trasimeno. XX, 253.

4318. *Taswell Langmead (Th. P.)*. Not. nécrol. XXI, 482.

4319. *Tavani (D. V.)*. Quadro storico delle vicende politiche... di Latisana e dell' attuale suo fisico stato (1807). Memoria di P. Donati. XXI, 395.

4320. *Taveau*. Voy. Julliot (G.).

4321. *Taylor (W.)*. Voy. Gibert.

4322. *Tellegen*. De Wedergeboorte van Nederland. XXVII, 488. XXIX, 144.

4323. *Tellegen*. Not. nécrol. XXVIII, 470.
4324. *Ten Brink*. Early english literature. XXIX, 395.
4325. *Ten Brook*. Voy. Gindely.
4326. *Tessier*. Quatrième croisade. La diversion sur Zara et Constantinople. XXVIII, 122.
4327. *Teutsch* (*G. D.*). Die Synodalverhandlungen der evangelischen Landeskirche A. B. in Siebenbürgen im Reformationsjahrhundert. XXVI, 136.
4328. *Thacher*. The 2nd Michigan cavalry. XXIX, 137.
4329. *Thédenat*. Voy. Wilmanns.
4330. *Thédenat* (*H.*) et *Héron de Villefosse*. Les trésors de vaisselle d'argent trouvés en Gaule. XXVII, 220.
4331. *Thévenin* (*M.*). Contributions à l'histoire du droit germanique. XV, 256.
4332. *Thévenot* (*A.*). Statistique intellectuelle et morale du département de l'Aube. XIX, 233.
4333. — Notice topographique sur Fontette. XXIV, 462.
4334. *Thiele*. Manuel de l'histoire des religions. Trad. Vernes. XXIX, 231.
4335. *Thiers*. Discours parlementaires. XXVII, 474.
4336. *Thirion*. Le protestantisme à Metz. XXIX, 102.
4337. — De civitatibus quae a Graecis in Chersoneso Taurica conditae fuerunt. XXIX, 371.
4338. *Tholin* (*G.*). Doléances du tiers état du pays d'Agenais aux états généraux de 1588, 1614, 1649 et 1789. XXIX, 229.
4339. *Thomas*. Not. nécrol. XXVI, 215.
4340. *Thomas* (*Ant.*). Inventaire des archives de la ville de Limoges. XX, 137.
4341. — Voy. Leroux (A.).
4342. *Thomas* (*G.-M.*). Diplomatarium Veneto-levantinum. XIX, 403.
4343. *Thomas* (*P.*). Programme du cours d'histoire politique de l'antiquité. XVIII, 136.
4344. *Thomassin* (*L.-F.*). Mémoire statistique du département de l'Ourthe. XVIII, 113.
4345. *Thompson* (*M.*) et *Bond*. Catalogue of ancient mss. (British Museum). XXIX, 237.
4346. *Thonissen*. Le sens réel du mot *Romanus* dans la loi salique. XVIII, 104.
4347. — Du droit de vengeance dans la société mérovingienne. XVIII, 136.
4348. *Thonissen* (*J.*). L'organisation judiciaire, le droit pénal et la procédure pénale de la loi salique. XIX, 495. XXI, 251.
4349. *Thornton* (*Th.*). A History of China. XVIII, 147.
4350. *Thorsen* (*P. G.*). De danske Runemindesmærker. XVIII, 423.
4351. — Not. nécrol. XXIII, 246.
4352. *Thrap* (*D.*). Bergenske Kirkeforhold i der 17de Aarhundrede (Le diocèse de Bergen au XVIIe siècle). XVIII, 143.
4353. *Thuasne*. Voy. Burchard.
4354. *Thumser* (*V.*). De civium Atheniensium muneribus eorumque immunitate. XVI, 432.
4355. *Thureau-Dangin* (*Paul*). Histoire de la monarchie de juillet. XXV, 372.
4356. *Thürheim* (*A. de*). Feldmarschall Ernst Rüdiger Graf Starhemberg. XXIII, 399.
4357. — Christoph-Martin Freiher... general der Venetianer und seine Sœhne (1600-1733). XXIII, 400.
4358. — Briefe des Grafen Mercy-Argenteau an den Grafen Louis Starhemberg. XXVII, 478.
4359. *Thurot* (*Ch.*). Mélanges de François Thurot. XV, 423.
4360. — Not. nécrol. XVIII, 386.
4361. *Tiersot* (D^r^). La Restauration dans le département de l'Ain. XXVIII, 228.
4362. *Tigerstedt*. Ur Per Brahes Brefvæxling. XXI, 156.
4363. *Tissot* (*Ch.*). Géographie comparée de la province d'Afrique. XXVIII, 118.
4364. *Titov* Dosornyia i perepisnyia Knigi goroda Rostova (Les terriers et les livres de cadastre de la ville de Rostov). XIX, 118.
4365. *Tivaroni*. Storia critica della revoluzione francese. XX, 501.
4366. *Tobler*. Die Beziehungen der schweizerischen Eidgenossenschaft zu den deutschen Reichsstædten zur Zeit der Stædtebünde. XXIV, 154.
4367. *Tobler* (*L.*). Chants populaires de la Suisse. XXVII, 485.
4368. *Tocco* (*F.*). L'eresia nel medio evo. XIX, 503. XXVIII, 414.
4369. *Tocilescou* (*Gr.*). Dacia inainte de Romani. XIX, 153.
4370. *Tokmakov*. Catalogue des manuscrits de droit du ministère des affaires étrangères de Moscou. XIX, 131.
4371. — Catalogue des livres de médecine. XIX, 131.
4372. — Table des matériaux pour servir à l'histoire, à l'archéologie...

et à la statistique de Moscou. XIX, 132.
4373. *Tollin (H.)*. Michael Servet und Martin Butzer. XV, 156.
4374. *Tomaschek*. Die Gothen in Taurien. XXII, 139.
4375. — Zur Kunde der Hæmus-Halbinsel. XXVII, 137.
4376. — Zur histor. Topographie von Persien I. XXVII, 139.
4377. *Tomassetti (G.)*. Della campagna romana nel medio evo. XXVII, 482.
4378. *Tomek (W.)*. Pribehy Klastera a mesta Police nad Medhiejc. XIX, 422.
4379. — Dejepis mesta Prahy. XIX, 422.
4380. — Histoire de Prague. XXVIII, 153.
4381. *Tommasini (O.)*. La vita e gli scritti di N. Machiavelli nella loro relazione col Machiavellismo. XXVIII, 358.
4382. *Toniolo (G.)*. Dei remoti fattori della potenza economica di Firenze nel medio-evo. XXV, 418.
4383. *Toubeau de Maisonneuve*. Les anciennes corporations à Bourges. XXII, 107.
4384. *Toulgoet-Trianna (comte de)*. Histoire de Vierzon et de l'abbaye de Saint-Pierre. XXIV, 378.
4385. *Toulongeon* (marquis de). Voy. Finot (J.).
4386. *Tourmagne (A.)*. Histoire du servage. XV, 465.
4387. — Histoire de l'esclavage. XV, 465.
4388. Tournai (Tapisseries de la cathédrale de). XXIII, 237.
4389. *Tournier*. Inventaire sommaire des archives hospitalières antérieures à 1790 : Hôtel-Dieu. XX, 480.
4390. *Toussenel*. Histoire de l'Europe de 355 à 1270. XVIII, 496.
4391. *Tratchevsky*. La France et l'Allemagne sous Louis XVI. XV, 254.
4392. — Histoire universelle. XVI, 485.
4393. *Trawinsky*. Voy. Guhl et Koner.
4394. *Treitschke (H. de)*. Deutsche Geschichte im XIX Jarh. XXIII, 479.
4395. — Luther und die deutsche Nation. XXVI, 128.
4396. *Treu*. Vermischte Bemerkungen zur olympischen Siegerliste des Pausanias. XXVI, 375.
4397. — Voy. Curtius (E.).
4398. *Trevelyan (G. Otto)*. The early history of Charles James Fox. XVII, 199.
4399. *Tricaud (L. de)*. Voy. Gfrœrer.
4400. *Trieber (C.)*. Die Chronologie des Julius Africanus. XVII, 397.
4401. *Tripard (Just.)*. Notices sur la ville et les communes du canton de Salins. XXI, 240.
4402. *Trousevitch (Kh.)*. Histoire des relations diplomatiques et commerciales entre la Russie et la Chine. XXI, 253.
4403. *Truhlar (J.)*. Registrum bonorum Rosenbergensium. XVI, 174.
4404. *Trumbull (H. Cl.)*. Kadesh-Barnea. XXVI, 110.
4405. *Trumpp*. Not. nécrol. XXVIII, 462.
4406. *Tuetey*. Testaments enregistrés au Parlement de Paris sous le règne de Charles VI. XV, 417.
4407. — Journal d'un bourgeois de Paris. XVI, 146.
4408. — Les Allemands en France et l'invasion du comté de Montbéliard par les Lorrains en 1587-88. XXV, 370.
4409. *Tumminello (G.)*. Giano Vitale. XXIV, 476. XXVIII, 366.
4410. *Turner (H.)*. The autobiography of captain Hogdson. XXIX, 113.
4411. *Tuttle (H.)*. History of Prussia to the accession of Frederic the Great (1134-1740). XXVI, 111.
4412. *Twiss (Tr.)*. Henrici de Bracton de legibus et consuetudinibus Angliae. XIX, 497.
4413. *Twyford*. York of York Castle. XXV, 146.
4414. *Tyler*. The letters and times of the Tylers. XXIX, 134.

U

4415. *Ubicini (A.)*. Not. nécrol. XXVII, 472.
4416. *Uffelmann (J.)*. Die œffentliche Gesundheitspflege im alten Rom. XXII, 142.
4417. *Uhlhorn (G.)*. Die christliche Liebesthætigkeit in der alten Kirche. XXVIII, 151.
4418. *Ulrich (Ad.)*. Geschichte des rœmischen Kœnigs Wilhelm von Holland. XXVI, 151.
4419. *Ulrici (H.)*. Not. nécrol. XXIV, 465.
4420. *Unger (G.-F.)*. Die Jahrepoche des Diodoros. XVI, 422.
4421. — Der attische Schaltkreis. XVI, 431.
4422. — Zeitfolge der vier ersten demosthenischen Reden. XVI, 429.
4423. — Die rœmische Stadt-Œra. XVII, 398.
4424. — Die Lupercalien. XVII, 408.
4425. — Der sogenannte Cornelius Nepos. XXII, 125.

4426. — Sources du XIe livre de Diodore. XXIII, 141.
4427. — Die historischen Glosseme in Xenophons Hellenika. XXVI, 393.
4428. — Die Zeitverhæltnisse des Anaxagoras und Empedocles. XXVI, 410.
4429. — Die Chronik des Apollodoros. XXVI, 411.
4430. — Die Regierungen des Peisistratos. XXVI, 411.
4431. — Zur Geschichte der Pythagoreer. XXVI, 412.
4432. — Der Periplus des Avienus. XXVII, 396.
4433. — Interregnum u. Amtsjahr. XXVII, 406.
4434. — Rœmisch-Punische Vertæge. XXVII, 414.
4435. — et *Huitfeldt*. Diplomatarium Norvegicum. XVIII, 140.
4436. Urkundensammlung zur Geschichte des Kantons Glarus. XXIV, 146.
4437. *Urlichs* (*L. von*). Pergamenische Inschriften. XXVI, 373. XXVII, 145.
4438. — Die Victricenses. XXVII, 135.
4439. — Die Schlacht am Berge Graupius. XXVII, 424.
4440. *Usener* (*H.*). Philologie und Geschichtswissenschaft. XXIII, 240.
4441. *Usinger* und *Velke*. Der Eigelstein bei Mainz. XXVII, 131.
4442. *Ussing* (*L.*). Fra Hellas og Lilleasien i Foraaret 1882. XXV, 404.
4443. *Ussel* (vicomte *Ph. d'*). La démocratie et ses conditions morales. XXVII, 163.

V

4444. *Vaders*. De alis exercitus Romani quales erant imperatorum temporibus. XXVIII, 139.
4445. *Vaesen* (*J.*). Voy. Charavay (Et.).
4446. *Valentini* (*J. J.*). L'alphabet Landa des Mayas du Yucatan. XX, 163.
4447. *Valfrey* (*J.*). La diplomatie française au XVIIe siècle. Hugues de Lionne. XVII, 130.
4448. *Vallardi*. Italia. XIX, 394.
4449. — Mediolanum. XIX, 396.
4450. *Valleau* (*H.*). Voy. Audiat (L.).
4451. *Vallentin* (*Ol.*). Not. nécrol. XXII, 473.
4452. *Valois* (*Noël*). Guillaume d'Auvergne, évêque de Paris. XXI, 175.
4453. *Valroger* (*de*). Not. nécrol. XVII, 472.
4454. *Valsecchi* (*P. A.*). Not. nécrol. XIX, 502.
4455. *Vambéry* (*H.*). Die primitive Cultur des Turko-tatarischen Volkes. XVI, 197.
4456. *Van Bemmel* (*Eug.*). Histoire de Belgique. XVIII, 118.
4457. — La Belgique illustrée. XVIII, 123.
4458. — Not. nécrol. XV, 511. XVIII, 100.
4459. *Van Caster* (l'abbé *G.*). Histoire des rues de Malines et de leurs monuments. XXVII, 228.
4460. *Vandal* (*A.*). Louis XV et Élisabeth de Russie. XIX, 112.
4461. — Le Pacha Bonneval. XXIX, 474.
4462. *Van de Putte* (*Ferd.*). Not. nécrol. XIX, 494.
4463. *Van Deventer*. Opkomet van het Nederlandsch gezag in Oost-Indie. XXIX, 144.
4464. *Van den Berg*. Petite histoire grecque. XV, 256.
4465. — Petite histoire des peuples de l'Orient. XVII, 474.
4466. — Not. nécrol. XXVI, 323.
4467. *Van den Bergh* (*C.*). Nymeegsche byzonderheden (Particularités relatives à la ville de Nimègue). XX, 399.
4468. *Vanden Brande* (*J.*). Geschiedenis der Antwerpsche schilderschool. XVIII, 133. XXI, 250.
4469. — Geschiedenis der Antwerpsche schilderschool. XXIV, 238.
4470. *Vandenpeereboom* (*Alph.*). Cornelius Jansenius, septième évêque d'Ypres. XVIII, 505.
4471. — Ypriana. XVIII, 128. XIX, 495. XXIII, 238. XXIV, 237.
4472. — Not. nécrol. XXVII, 226.
4473. *Van der Chys*. Plakhaatbock des Indes néerlandaises. XXIX, 482.
4474. *Vanderhaeghen* (*Ferd.*). Bibliotheca Belgica. XVIII, 134, 505. XIX, 495. XXII, 235. XXIII, 238. XXIV, 472. XXV, 483. XXVI, 462. XXVIII, 462. XXIX, 483.
4475. — Chronique flamande de Marc Van Vaernewyck (1566-68). XVIII, 505.
4476. *Van der Heim* (*H.-J.*). Het archief van den raad-pensionaris Antonie Heinsius. XVII, 147.
4477. *Vanderkindere*. Du rôle de la tradition dans l'histoire de Belgique. XVIII, 123.
4478. — Le siècle des Artevelde. XVIII, 115.
4479. — Nouvelles recherches sur l'ethnographie de la Belgique. XVIII, 119.
4480. — Histoire de l'antiquité. XXIV, 238.
4481. — Notice historique sur l'université de Bruxelles. XXVII, 480.
4482. *Van der Linden* (*A.*). Gutenberg. XV, 155.

4483. *Van der Meere* (général comte). Mémoires. XVIII, 121.
4484. *Vanden Steen de Jehay* (baron). Monographie de l'ancienne cathédrale de Liège. XVIII, 130.
4485. *Vanderstraeten* (*Edmond*). La musique aux Pays-Bas avant le XIXe siècle. XVIII, 133.
4486. — Les musiciens néerlandais en Espagne du XIIe au XVIIIe siècle. XXIX, 483.
4487. *Vandersypen* (*Ch.*). Les Chasseurs-Chasteler et la Brabançonne (1830-1880). XVIII, 126.
4488. *Van Even* (*Ed.*). Geschiedenis van Leuven. XVIII, 112.
4489. *Van Havre* (Chevalier *Gust.*). Chronyck der stad Antwerpen. XVIII, 111.
4490. *Van Hoorebeke* (*Minard*). Description des méreaux et jetons de présence des gildes et corps de métiers. XVIII, 128.
4491. *Van Horne* (*B.*). The life of major general George H. Thomas. XXVI, 122.
4492. *Vanicek* (*Alois*). Not. nécrol. XXIII, 241.
4493. *Van Langeraad*. Guido de Bray. XXVII, 487. XXIX, 140.
4495. *Van Meurs*. Geschiedenis van Elburg. XXIX, 482.
4496. *Van Praet* (*J.*). Essai sur l'histoire politique des trois derniers siècles. XXIV, 473.
4497. *Vasari* (*G.*). Œuvres éditées par Milanesi. XVII, 253. XVIII, 506.
4498. *Vassiltchikov*. La famille de Rasoumovsky. XIX, 143.
4499. *Vast* (*H.*). Le cardinal Bessarion. XVII, 179.
4500. — Histoire de l'Europe de 1270 à 1610. XXIV, 460.
4501. — et *Jallifier*. Histoire de l'Europe et particulièrement de la France de 1610 à 1789. XXIX, 475.
4502. *Vatel*. Histoire de Mme du Barry. XXI, 379. XXIII, 378.
4503. — Notice historique sur la salle du jeu de Paume de Versailles. XXIII, 378.
4504. — Not. nécrol. XXVII, 472.
4505. *Vaucher* (*P.*). Esquisses d'histoire suisse. XX, 248. XXIV, 164, 398.
4506. — Traditions nationales de la Suisse. XXVIII, 238.
4507. — Lettres de L. Vulliemin. XXIII, 245.
4508. — Études sur la chronique du *livre blanc* et la légende de Guillaume Tell. XXVIII, 470.
4509. *Vaupell* (*Otto*). Rigskansler Grev Griffenfeldt. XVIII, 429. XXV, 396.
4510. *Vayra* (*P.*). Il museo storico della casa di Savoia nell' archivio di stato in Torino. XIX, 395.
4511. — Autografi dei principi sovrani di casa Savoia. XXI, 253.
4512. *Vazio*. Relazione sugli archivi di stato italiani. XXVI, 228.
4513. *Vecchio* (*A. del*). Seconde nozze del conjuge superstite. XXVIII, 468. XXIX, 420.
4514. *Vedel* (*P.*). Correspondance ministérielle du comte E. Bernstorff. XXV, 399. XXVII, 487.
4515. — Den ældre Grev Bernstorffs Ministerium. XXV, 399.
4516. *Veith* (général *de*). Vetera castra mit seinen Umgebungen. XXII, 118.
4517. — Les routes militaires romaines qui conduisent de Trèves et Cologne à Reims. XXVII, 123.
4518. *Vellot* (*A.*). Voy. Chorier (N.).
4519. *Venturi* (*A.*). La galerie de Modène. XXI, 252.
4520. *Verbiest* (Père *Ferd.*). Lettre sur un voyage que l'empereur de la Chine a fait l'an 1683 dans la Tartarie occidentale. XVIII, 161.
4521. — Voyages de l'empereur de Chine dans la Tartarie. XVIII, 161.
4522. *Vercamer* (*Ch.*). Histoire du peuple Belge et de ses institutions. XVIII, 124.
4523. — De l'origine de nos libertés. XXV, 229.
4524. *Vergauwen* (*Fr.*). Catalogue de sa bibliothèque. XXV, 229.
4525. *Verhaeghen* (*A.*). Les cinquante dernières années de l'ancienne université de Louvain. XXV, 483.
4526. *Verhaeyhe de Naeper* (*Léon*). Florence, étude politique. XVIII, 137.
4527. *Verloren van Themaat* (*H.*). Histoire des vicairies dans la province d'Utrecht. XX, 388.
4528. *Vernes* (*M.*). Quelle place faut-il faire à l'histoire des religions aux différents degrés de l'enseignement public? XVI, 391.
4529. — Mélanges d'histoire religieuse. XVI, 391.
4530. — Voy. Thiele.
4531. Vespri siciliani. I papi ed i Vespri Siciliani con documenti inediti o rari. XXI, 141.
4532. *Vessélago*. Inventaire des archives du ministère de la marine de Russie. XIX, 132.
4533. *Vetter*. Benedict Fontana. Eine schweizerische Heldenlegende. XXIV, 159.
4534. — Simon Lemnius und sein

Epos vom Schwabenkrieg. XXIV, 159.
4535. *Veyries*. Not. nécrol. XXI, 231.
4536. *Viatri* (*L.*). Vincenzo Monti; le lettere e la politica in Italia del 1781 al 1790. XXVIII, 371.
4537. Vicence (Elenco dei principali monumenti ed oggetti d'arte esistenti nella provincia). XIX, 406.
4538. *Victorov*. Not. nécrol. XXIV, 477.
4539. *Vigano* (*G.*). Il medio evo delle Carpinete. XIX, 410.
4540. *Vigfusson* (*G.*). Corpus boreale poeticum. XXIX, 388.
4541. *Vigna* (Père *A.*). Supplemento al codice diplomatico delle colonie Tauro-Liguri. 1453-75. XIX, 395.
4542. *Vignati*. Codice diplomatico Laudense. XXIII, 484.
4543. *Vigo* (*P.*). Scelta di curiosità litterarie inedite o rare dal sec. XIII al XVII. XX, 253.
4544. — Acte d'affranchissement d'un esclave, 1172. XV, 266.
4545. *Villard* (*A.*). Histoire du prolétariat ancien et moderne. XX, 386.
4546. *Villaret* (Mlle *de*). Voy. Boucher de Molandon.
4547. *Villari* (*P.*). Machiavel et son temps. XVI, 251. XX, 252. XXII, 421.
4548. — Arte, storia e filosofia. XXVIII, 364, 372.
4549. — L'abolizione della Chinea, par G. Lioy. XXVIII, 372.
4550. *Villemain*. La tribune moderne. XIX, 116.
4551. *Villeneuve* (*H. de*). Le domaine congéable ou bail à convenant. XXIII, 380.
4552. *Villers*. Voy. Alexandre (D^r^).
4553. *Villers* (*Béthune de*). Notice sur G. J. Gérard. XVIII, 113.
4554. *Viollet* (*Paul*). Les Établissements de saint Louis. XVIII, 391. XIX, 380. XXIV, 366.
4555. — Précis de l'histoire du droit français. XXIV, 137.
4556. — Voy. Schmidt (Ad.).
4557. *Virchow* (*R.*). Beitræge zur Landeskunde der Troas. XVI, 420.
4558. — Troja und der Burgberg von Hissarlik. XVI, 420.
4559. *Virgilii* (*Ant.*). Fr. Berni, con documenti inediti. XXVIII, 366.
4560. *Vischer* (*W.*). Bernhard von Weimar und Hans Ludwig von Erlach. XXIII, 397.
4561. — *A. Stern* et *H. Boos*. Chroniques baloises. XV, 516.
4562. — et *Boos*. Johannis Knebel Capellani ecclesiae Basiliensis Diarium. XXIV, 149.
4563. *Vischer Merian*. Henman Seevogel von Basel und sein Geschlecht. XXIV, 157.
4564. *Visconti* (*Escole*). Not. nécrol. XV, 512.
4565. *Vissac* (*Marc de*). Romme-le-Montagnard. XXIV, 376.
4566. *Vit* (*V. de*). Œuvres. XIX, 503.
4567. *Vitelli* et *C. Paoli*. Recueil de fac-similés. XXV, 485.
4568. *Vitevsky*. Nepluev et Orenbourg. XIX, 143.
4569. — Schisme dans l'armée d'Oural au milieu du XVIe siècle. XIX, 143.
4570. — Schisme dans l'armée d'Oural à la fin du XVIIIe et au XIXe siècle. XIX, 143.
4571. — Renseignements sur les églises greco-romaines et l'armée d'Oural. XIX, 143.
4572. *Vitrolles* (baron *de*). Voy. Forgues (Eug.).
4573. *Vivenot* (*de*). Quellen zur Geschichte der deutschen Kaiserpolitik Œsterreichs. Contin. par le Dr de Zeissberg. XXVII, 478.
4574. *Vivien de Saint-Martin*. Atlas universel de géographie. XXVIII, 457.
4575. *Vizanti* (*M.*). Veniamin Costaki Mitropolit Moldovei. XIX, 152. XXV, 186.
4576. *Vlaminck* (*A. de*). La Ménapie et les contrées limitrophes à l'époque de Jules César. XVIII, 128.
4577. — Les Aduatiques, les Menapiens et leurs voisins. XXII, 235.
4578. *Vloten* (*J. van*). Not. nécrol. XXIII, 486.
4579. Vnoutrennij byt rousskaho hossoudarstva (État intérieur de l'empire russe du 17 octobre 1740 au 25 novembre 1741). XIX, 127.
4580. *Vogel* (*A.*). Jahresbericht über Strabon. XXVII, 391.
4581. *Vogel* (*F.*). De Hegesippo qui dicitur Josephi interprete. XXII, 127.
4582. *Vogt* (*W.*). Die Correspondenz des schwæbischen Bundeshauptmanns U. Arzt von Augsburg 1524-1525. XVIII, 410.
4583. — Die Bayerische Politik im Bauernkrieg und der Kanzler Leonhard von Eck. XXIV, 384.
4584. *Vogüé* (*M. de*). Le fils de Pierre le Grand, Mazeppa, un changement de règne. XXVII, 223.
4585. *Voigt* (*G.*). Die Wiederbelebung des classischen Alterthums oder das erste Jahrhundert des Humanismus. XX, 191, 503.
4586. *Voigt* (*M.*). Die XII Tafeln. XXVIII, 136.
4587. *Voillard* (*E.*). Vie de Du Guay-Trouin écrite de sa main. XXV, 363.

4588. *Vojeu de Brunem* (Jouve d'Embrun). Histoire de la conquête de la Chine par les Tartares-Mancheoux. XVIII, 161.
4589. *Vollbrecht*. Zur Würdigung und Erklærung von Xenophon Anabasis. XVI, 424.
4590. *Vollertsen*. Quaestionum Catonianarum capita duo. XVII, 392.
4591. *Vollgraff*. Some reflexions upon the authorities used by Plutarch and Appianus. XVII, 148.
4592. *Vollgraff (J.-C.)*. Greek writers of roman history. XXI, 404.
4593. *Vollmer (A.)*. Die Quellen der dritten Dekade des Livius. XXII, 124.
4594. *Volpicella (L.)*. Not. nécrol. XXIII, 243.
4595. *Volpicella (Sc.)*. Not. nécrol. XXII, 483.
4596. *Volz (B.)*. Zum Jahre der Schlacht von Pollentia. XXVII, 433.
4597. *Vreede (G.)*. La Souabe après la paix de Bâle. XV, 207.
4598. — Correspondance diplomatique et militaire du duc de Marlborough. XVII, 139.
4599. — Contributions à l'histoire de la Révolution de 1795 à 1798. XVII, 139.
4600. — Les Pays-Bas et la Suède dans leurs relations politiques. XVII, 139.
4601. — Introduction à une histoire de la diplomatie néerlandaise. XVII, 137.
4602. — Histoire de la diplomatie de la République batave. XVII, 137.
4603. — Lettres et négociations de Paul Choart, seigneur de Buzanval. XVII, 137.
4604. — L. P. van de Spiegel et ses contemporains. XVII, 140.
4605. — Not. nécrol. XVII, 136.
4606. *Vuitry (A.)*. Études sur le régime financier de la France avant 1789. XXII, 386.
4607. — Le désordre des finances et les excès de la spéculation à la fin du règne de Louis XIV. XXVIII, 126.
4608. — Not. nécrol. XXIX, 90.
4609. *Vulliemin (L.)*. Histoire de la confédération suisse. XV, 516.
4610. — Tableau du canton de Vaud. XXVII, 486.
4611. — Geschichte der Schweiz. Abrégé par J. Keller. XVII, 254.
4612. *Vuy (J.)*. Le réformateur Froment et sa première femme. XXIII, 484.
4613. — Origine des idées politiques de J.-J. Rousseau. XVIII, 510.

W

4614. *Wacker (C.)*. Der Reichstag unter den Hohenstaufen. XXV, 417.
4615. *Wagner (H.)*. Aus dem Zeitalter der Aufklærung. XVI, 161.
4616. *Wagnon (A.)*. La sculpture antique... Classification des monuments de l'Égypte et de la Grèce. XXIX, 374.
4617. *Wahl (M.)*. L'Algérie. XIX, 492.
4618. *Wailly (N. de)*. Histoire de saint Louis. XV, 503.
4619. *Waitz (G.)*. Deutsche Verfassungsgeschichte. XX, 245. XXI, 479. XXIII, 241. XXV, 481. XXVIII, 465.
4620. — Annales Bertiniani. XXIII, 241.
4621. *Walcott*. Concord in the colonial period. XXIX, 131.
4622. *Walford*. Histoire des foires anciennes et modernes en Angleterre. XXVI, 359.
4623. *Waliszewski*. Acta quae in archivio ministerii rerum extranearum gallici ad Johannis III regnum illustrandum spectant ab an. 1674 ad an. 1677. XVII, 159.
4624. *Walker*. History of the first church in Hartford. XXIX, 131.
4625. *Wallon (H.)*. Histoire du Tribunal révolutionnaire de Paris. XV, 422. XVI, 413.
4626. *Wallon (J.)*. Not. nécrol. XIX, 490.
4627. *Walpole (Spencer)*. A history of England from the conclusion of the great war in 1815. XV, 164. XIX, 191.
4628. *Walther (J.)*. Voy. Reuss (Rud.).
4629. *Waltz (O.)*. Epistolae Reformatorum. XVIII, 413.
4630. *Van den Steen (Ed.)*. Éphémérides belges. XVIII, 127.
4631. War Records. XXVI, 123.
4632. *Warner*. Catalogue des mss. du collège de God's Gift. XVII, 481.
4633. *Wartmann (H.)*. Urkundenbuch der Abtei Sanct Gallen. XXIII, 430.
4634. — Das Kloster Pfævers. XXIV, 162.
4635. *Washburne (A.)*. Sketches of Edward Coles, second governor of Illinois and the slavery struggles of 1823-24. XVII, 483. XX, 175.
4636. *Wastler (J.)*. Zur Geschichte der Schatz-Kunst-und Rüstkammer in der K. Burg zu Graz. XVI, 166.
4637. *Watson (B.)*. Marcus Aurelius Antoninus. XXIX, 127.
4638. — Bibliography of the precolumbian discoveries of America. XVIII, 267.

4639. *Wattenbach*. Deutschlands Geschichtsquellen. XXVIII, 233.
4640. — Voy. Jaffé.
4641. *Wauters (Alph.)*. Wissant, l'ancien Portus Iccius. XVIII, 103.
4642. — Efforts tentés à la fin du XVIIe siècle pour entraîner la Belgique dans le système prohibitionniste. XVIII, 103.
4643. — Analectes de diplomatique. XVIII, 106.
4644. — Table chronologique des chartes... concernant l'histoire de Belgique. XIX, 494.
4645. — Recherches sur l'histoire de l'école flamande de peinture de la seconde moitié du XVe siècle. XXI, 250. XXIII, 238.
4646. — Histoire de la peinture flamande. XXIV, 474.
4647. — Les origines de la population flamande de la Belgique. XXIX, 482.
4648. — et *Henne*. Liste des magistrats communaux de Bruxelles, de 1794 à 1883. XXVI, 463.
4649. *Wauwermans* (colonel *H.*). Les citadelles du sud et du nord d'Anvers. XVIII, 129.
4650. *Waylen*. The House of Cromwell and the Story of Dunkerk. XXIX, 113.
4651. *Weale (H, J.)*. Bruges et ses environs. XXVII, 229.
4652. *Webb (Alex. S.)*. The Peninsula. XX, 177.
4653. *Weber (G.)*. Die nationale Politik der Athener. XVI, 429.
4654. — Allgemeine Weltgeschichte. XV, 509. XXVI, 401.
4655. *Weber (H.)*. Ueber das Verhæltniss Englands zu Rom wæhrend der Zeit der Legation des Cardinals Otho. XXIV, 242.
4656. *Weed (Th.)*. Memoirs of Thurlow Weed. XXIX, 134.
4657. *Weegens*. Historische Schetsen. XXIX, 144.
4658. *Wegehaupt (W.)*. P. Cornelius Dolabella. XVII, 401.
4659. *Wegeler (J.)*. Not. nécrol. XXIII, 479.
4660. *Wei Yuan*. Ching von Ki. XVIII, 165.
4661. *Weidling (J.)*. Schwedische Geschichte im Zeitalter der Reformation. XXVI, 427.
4662. *Weil*. Monnaies athéniennes. XXII, 131.
4663. *Weinert (A.)*. Die Achæische Bundesverfassung. XXIII, 157.
4664. *Weingarten*. Die Umwandlung der ursprünglichen Gemeindeorganisation zur katholischen Kirche. XXII, 146.
4665. *Weinitz (Fr.)*. Der Zug des Herzog's von Feria nach Deutschland im Jahre 1633. XXIII, 393.
4666. *Weise (J.)*. The history of the discoveries of America to the year 1525. XXIX, 129.
4667. *Weise (O.)*. Die griechischen Wœrter im Latein. XXVI, 385. XXVIII, 144.
4668. *Weiss*. Not. nécrol. XVIII, 494.
4669. *Weiss (Ad.)*. Die Rœmischen Kaiser in ihrem Verhæltnisse zu Juden und Christen. XXVIII, 150.
4670. *Weiss (Arm.)*. Étude sur la réunion de Strasbourg à la France. XVIII, 500.
4671. *Wellington* (Despatches, correspondance and memoranda of field marshal Arthur duke of). XV, 163.
4672. *Welschinger (H.)*. Le théâtre de la Révolution (1789-1799). XVI, 477.
4673. — La censure sous le premier empire. XX, 385.
4674. *Welte (B. von)*. Not. nécrol. XXIX, 235.
4675. *Wenck (C.)*. Clemens V und Heinrich VII. XXIV, 396.
4676. *Wendelmuth (K.)*. T. Labienus. XXVII, 421.
4677. *Wendrinsky (J.)*. Kaiser Joseph II. XIX, 463.
4678. *Werneburg (A.)*. Die Wohnsitze der Cherusken und die Herkunft der Thüringer. XXVII, 432.
4679. *Werner* (amiral). L'amiral Tegethoff. XXIV, 474.
4680. *Werra (J.)*. Le continuateur de Réginon. XXVI, 458.
4681. *Wertheimer (E.)*. Zwei Schilderungen des Wiener Hofes in XVIII Jahrh. XVII, 251.
4682. — Dépêches adressées de 1807 à 1809 par le comte Fr. L. Stadion, ministre d'Autriche à Munich. XVIII, 502.
4683. — Étude sur le mariage de Napoléon Ier avec Marie-Louise. XXI, 481.
4684. *Werunsky* (Dr *E.*). Geschichte Kaiser Carl's IV und seiner Zeit. XVI, 175. XXVI, 423.
4685. *Wessely (C.)*. Prolegomena ad papyrorum graecorum novam collectionem. XXVIII, 142.
4686. *Westerburg (E.)*. Untersuchung der Sage, dass Seneca Christ gewesen sei. XXVIII, 150.
4687. *Westling*. Étude sur la guerre de Sept ans avec le Danemark, de 1563 à 1570. XXI, 163.
4688. *Weston (S.)*. A Chinese chro-

nicle by Abdalla of Beyza. Translated from the Persian. XVIII, 147.

4689. *Wezel (E.)*. De opificio opificibusque apud veteres Romanos. XXII, 143.

4690. *Wheatley (H.)*. Memoirs of sir Wraxall. XXIX, 120.

4691. *White (W.)*. Memoirs of the Protestant episcopal church in the United states of America. Edited... by F. Da Costa. XX, 169.

4692. *Wichner (J.)*. Geschichte des Benedictinerstiftes Admont. XVI, 164.

4693. *Widmann*. Das Land Œsterreich ob der Enns unter der Herrschaft der Rœmer. XXVII, 137.

4694. *Wiedemann (A.)*. Die ælteslen Beziehungen zwischen Ægypten u. Griechenland. XXVI, 383.

4695. *Wiedemann (Th.)*. Gesch. der Reformation u. Gegenreformation im Lande unter der Enns. XVI, 156. XVIII, 416. XXIV, 390.

4696. *Wiegand (W.)*. Bellum Waltherianum. XV, 154.

4697. — Urkundenbuch der Stadt Strassburg. XV, 159.

4698. — Not. nécrol. XVII, 478.

4699. *Wierzbowski (Th.)*. Synopsis legatorum... in Polonia terrisque adjacentibus. XV, 514.

4700. — Christophori Varsevicii opuscula inedita. XXV, 190.

4701. *Wieseler (C.)*. Not. nécrol. XXII, 477.

4702. *Wietersheim (E. von)*. Geschichte der Vœlkerwanderung. Nouv. édit. par F. Dahn. XVII, 405. XXII, 138.

4703. *Wigram (Rev.)*. Chronicles of the abbey of Elstow. XXVII, 479.

4704. *Wijnne (J. A.)*. Négociations de M. le comte d'Avaux. XX, 380, 391. XXII, 398. XXV, 364.

4705. — De Wording van den Vrede van Nymegen (Les origines de la paix de Nimègue). XX, 395.

4706. *Wilamowitz-Moellendorff (U. von)*. Aus Kydathen. XVI, 428.

4707. — Antigonos von Karystos. XXIII, 151.

4708. *Wildt*. De Clearcho Lacedaemoniorum duce. XXVI, 408.

4709. *Wilken*. Arsinoitische Steuerprofessionen aus dem Jahre 189 n. Chr. XXVI, 379. XXVIII, 142.

4710. — Le matriarchat chez les anciens Arabes. XXIX, 138.

4711. *Wille (J.)*. Philipp der Grossmüthige und die Restitution Ulrich's von Wirtemberg, 1526-35. XXIV, 386.

4712. *Willems (A.)*. Les Elzévier, histoire et annales typographiques. XV, 172. XVIII, 134.

4713. *Willems (C. A.)*. Openbare plechtigheden gedurende de regeering van Koning Leopold den eerste. XVIII, 127.

4714. *Willems (P.)*. Le Sénat de la République romaine. XXI, 251. XXIV, 165. XXVIII, 457.

4715. *Williams (G. W.)*. History of the Negro race in America, from 1619 to 1880. XXVI, 112.

4716. — Not. nécrol. XXVI, 108.

4717. *Williams (S. Welles)*. The Middle Kingdom. XVIII, 151.

4718. — Voy. Bridgman.

4719. *Wilmans (Fr. R.)*. Not. nécrol. XVI, 482.

4720. *Wilmanns (G.)*. Inscriptiones Africae latinae. XXII, 120.

4721. — Étude sur le camp et la ville de Lambèse, trad. par Thédenat. XXVII, 218.

4722. *Wilson (Andrew)*. The ever-victorious Army, a History of the chinese campaign under G. Gordon. XVIII, 163.

4723. *Winckler*. Griechenland im Zeitalter des Perikles. XXVI, 405.

4724. *Winkelmann*. Acta imperii inedita saeculorum XIII et XIV. XXVIII, 233, 466.

4725. *Winsor*. The memorial History of Boston including Suffolk county Massachusetts. XX, 169.

4726. *Winter (G.)*. Das Wiener-Neustædter Stadtrecht des 13 Jahrh. Kritik und Ausgabe. XVI, 158.

4727. — Beitræge zur Gesch. des Naturgefühles. XXVI, 416.

4728. *Wissowa (G.)*. De Macrobii saturnalium fontibus capita tria. XXII, 127.

4729. — De Veneris simulacris Romanis. XXVIII, 148.

4730. *Wislocki (L.)*. Acta historica res gestas Poloniae illustrantia. XVII, 156.

4731. *Witt (Mme de)*. Lettres de M. Guizot. XXV, 365.

4732. *Witt (P. de)*. Un patricien au XVIIe siècle. Louis de Geer. XXIX, 431.

4733. *Witte (C.)*. Not. nécrol. XXII, 237.

4734. *Wittert* (Journal de l'amiral). 1607-1610. XVIII, 130.

4735. *Wittich (Karl)*. Struensee. XV, 199.

4736. *Wœller (D.)*. Der Ursprung des Donatismus. XXVIII, 150.

4737. *Wœrner (E.)*. Die Sage von den Wanderungen des Aeneas bei Dionysios v. Halikarnassos und Vergilius. XXVII, 409.

4738. *Wœrnhart (L.)*. Figura Jeroso-

lymae tempore J. C. existentis. XXI, 245.
4739. *Weerth (E. Aus'm)*. Découverte de camps romains à Bonn et à Xanten. XXII, 115.
4740. *Woertman*. Notes. XX, 390.
4741. *Woksch*. Der Rœmische Lustgarten. XXVIII, 146.
4742. *Wolf (A.)*. Not. nécrol. XXIV, 244.
4743. *Wolf (G.)*. Œsterreich und Preussen, 1780-1790. XX, 432.
4744. — Le castellum de Deutz. XXII, 115.
4745. — Historische Skizzen aus OEsterreich Ungarn. XXII, 239.
4746. — OEsterreich unter Maria-Theresia, Josef II und Leopold II (1740-1792). XXIII, 401.
4747. — Das Rœmercastell von Gross-Krotzenburg. XXVII, 125.
4748. *Wolfram (G.)*. Friedrich I und das Wormser Concordat. XXVI, 459.
4749. *Wolffgram*. Nero's Politik dem Auslande gegenüber. XVII, 404.
4750. — Des Avidius Cassius Stellung im Oriente. XXVII, 423.
4751. — Der Unsterblichkeitsglaube bei den Griechen und Rœmern. XXVIII, 149.
4752. *Worsaae (J.-J. A.)*. Not. nécrol. XXIX, 484.
4753. *Wrampelmeyer (H.)*. Tagebuch über Dr. M. Luther, geführt von Dr. Conrad Cordatus, 1537. XXVI, 133.
4754. *Wratislaw*. J. Huss. XXII, 243. XXIII, 383.
4755. *Würdinger*. Beitræge zur Geschichte der Gründung und der ersten Periode des bayerischen Hausritterorden vom heil. Hubertus. XX, 428.
4756. — Die Rœmerstrasse von Scharnitz bis Partenkirchen. XXVII, 129.
4757. *Würthpaquet (F. X.)*. Not. nécrol. XXVIII, 230.
4758. *Wüstenfeld (F.)*. Die Geschichtschreiber der Araber. XXI, 245.
4759. *Wybrands (A.-W.)*. Gesta abbatum orti Sancte Marie. XVII, 144.
4760. *Wychgram (J.)*. Albertino Mussato. XVI, 436.
4761. *Wylie (Alex.)*. Notes on Chinese Literature. XVIII, 153.
4762. *Wylie (J. H.)*. History of England under Henry IV. XXIX, 396.
4763. *Wynne*. Étude sur la vérité historique de l'histoire de Charles XII de Voltaire. XXIX, 144.
4764. *Wyss (Fr. de)*. Leben der beiden Zürcherischen Bürgermeister David von Wyss, Vater und Sohn. XXVI, 461.
4765. *Wyss (G. de)*. Die Hochschule Zürich in den Jahren 1833-83. XXIII, 483.
4766. — Vortrag vor der Gesellschaft der Bœcke. XXIV, 159.

X

4767. *Xénopol*. Les Roumains au moyen âge. XXVII, 238. XXVIII, 383.

Y

4768. *Yanville* (comte *Constant d'*). Not. nécrol. XXI, 372.
4769. *Young (Al.)*. History of the Netherlands (Holland and Belgicum). XXIX, 128.
4770. *Yriarte (Ch.)*. Florence. XV, 171.
4771. — Un condottiere au xve siècle. Etude sur les lettres et les arts à la cour de Malatesta. XVIII, 396.
4772. — Vie d'un patricien de Venise au xvie siècle. XXIV, 374.
4773. *Yule* (colonel). The Book of ser Marco Polo. XVIII, 169.
4774. — Cathay and the way thither. XVIII, 169. XXI, 387.
4775. — Il beato Odorico di Pordenone. XXI, 389.
4776. *Yvan*. Voy. Callery.

Z

4777. *Zabiéline*. Istorija rousskoi jizni (Histoire de la vie russe dès l'époque la plus ancienne). XIX, 135.
4778. *Zagoskine*. Code du tzar et grand-duc Alexis Mikhaïlovitch et le zemsky Sobor de 1648-9. XIX, 140.
4779. *Zahn*. Die Entwickelung u. Erhebung d. Steiermark zum Herzogthume. XVI, 162.
4780. — Die Deutschen Burgen in Frioul. XXI, 384.
4781. *Zakrzewski*. Codex diplomaticus Majoris Poloniae. XVII, 163.
4782. — Voy. Hipler.
4783. *Zangemeister (G.)*. Die Periochae des Livius. XXVII, 389.
4784. *Zangemeister (K.)*. D. Martin Luther's Originalentwurf des Schmalkaldischen Artikel vom Jahre 1537. XXVI, 131.
4785. *Zeissberg* (D[r] *de*). Zur Geschichte der Karthause Gaming. XVI, 158.
4786. — Quellen zur Geschichte der deutschen Kaiserpolitik Œsterreichs. XXVII, 478.
4787. — Voy. Vivenot.
4788. *Zeller (Ed.)*. La philosophie des

Grecs, trad. par Boutroux. XXIX, 378.
4789. *Zeller* (*B.*). L'histoire de France racontée par les contemporains. XVIII, 259. XXVIII, 459.
4790. *Zeller* (*Jean*). La diplomatie française vers le milieu du XVIe siècle d'après la correspondance de Guillaume Pellicier. XVII, 129.
4791. — Quae primae fuerint legationes a Francisco I in Orientem missae 1524-1538. XVII, 241.
4792. *Zeller* (*Jules*). Histoire d'Allemagne. XVII, 364. XXIX, 101.
4793. — Italie et Renaissance. XXIII, 231.
4794. *Zenti* (*I.*). Notice nécrologique. XXII, 245.
4795. *Zevort* (*Edg.*). Histoire des temps modernes. XVII, 474.
4796. *Ziegler* (*Ad.*). Die Regierung des Kaisers Claudius. XVII, 404.
4797. *Ziegler* (*Th.*). Geschichte der Ethik. XXIII, 160.
4798. *Zielinski* (*Th.*). Die letzten Jahre des zweiten punischen Krieges. XVII, 400.
4799. *Zillner*. Zur Geschichte des Salzburg. Salzwesens. XVI, 161.
4800. — Busch u. Baum... Flur- und Ortsnamen. XVI, 161.
4801. *Zimmermann*. Ratpert der erste Zürcher Gelehrte. XXIV, 151.
4802. — Die Kirchlichen Verfassungskæmpfe im XV Jahrhundert. XXVI, 156.
4803. *Zippel* (*G.*). Die Losung der consularischen Prokonsuln in der früheren Kaiserzeit. XXVIII, 131.
4804. *Zivot*. Jana Augusty. XVI, 173.
4805. *Zost*. Opisanie Sibirskago Tsarstva (Description du royaume de Sibérie). XV, 515.
4806. *Zühlke* (*F.*). De Agaristes nuptiis. XXIII, 146.
4807. *Zurla* (*Pl.*). Di Marco Polo e degli altri viaggiatori Veneziani. Dissertazioni. XVIII, 169.
4808. *Zwiedineck* (*H. von*). Venetianische Gesandtschaftsberichte über die bœhmische Rebellion. XVI, 162. XXIII, 391.
4809. — Hans Ulrich Fürst von Eggenberg, Freund u. erster minister Kaiser Ferdinands II. XVI, 164. XXIII, 395.
4810. — Die Politik der Republik Venedig wæhrend des 30 jæhrigen Krieges. XXIII, 398.

IX. — DIVERS[1].

Agrégation d'histoire. Progr. pour 1882. XVIII, 256. — Pour 1883. XXI, 232. — Pour 1884. XXIV, 229. — Pour 1885. XXVI, 454. XXVII, 205.
Agrégation pour l'enseignement féminin (La leçon d'histoire des concours d'). XXIV, 458.
Allemagne (Fouilles en). XVII, 386. XXII, 114, 115. XXVII, 122.
Angora (Fouilles à). XIX, 500.
Assos (Fouilles à). XXIV, 476.
Autriche (Fouilles en). XXVII, 122.
Babelon (*E.*) et *S. Reinach*. Leur mission en Tunisie. XXV, 471.
Bateau du IXe ou du Xe siècle trouvé à Sandefiord (Norwège). Voy. Nicolaysen.
Benndorf. Ses découvertes à Tryssa. XXI, 247.
Berlin (Musée de). XXI, 244.
Berthier (papiers du maréchal). XV, 261.
Bibliothèque nationale. Les achats à la vente Firmin-Didot. XVII, 239. — Les mss. de Cluny lui sont cédés. XVIII, 495.
Bibliothèque royale de Berlin. Dernières acquisitions. XXVIII, 464.
Blavette. Fouilles d'Eleusis. XXIX, 376.
Bolivar (Centenaire de). XXIII, 243.
Boniface VIII (Chartes relatives à). XV, 263.
« Bonna » camp romain; travaux de déblaiements. XVIII, 501.
Braybrooke (Lord). Don au *Public record office* des papiers du marquis de Cornwallis. XV, 263.
British Museum. Acquisitions. XVII, 248, 482. XX, 248. XXIX, 237. — Catalogue of additions... in the years 1875-81. XX, 491. — Catalogue of ancient mss. XXIX, 237.
Buda-Pesth (Archives et exposition de). XX, 493.
Chambord (comte *de*). Bibliographie des écrits dont il a été l'objet. XXIII, 476.
Char romain trouvé en Hongrie. XVIII, 504.
Cluny (Manuscrits de) cédés à la Bibliothèque nationale. XVIII, 495.

1. Dans cette table sont indiquées certaines mentions qui ne pouvaient régulièrement trouver place dans les divisions précédentes.

Commission des archives diplomatiques (ministère des affaires étrangères). XXI, 232. XXVIII, 224.

Commission chargée de rechercher les documents relatifs à l'histoire de l'instruction nationale de 1789 à 1808. XVIII, 255.

Dauphiné. Publications relatives à son histoire. XV, 503. XVI, 248. XVII, 247.

Duncker (*M.*). Cinquantenaire de son doctorat. XXVI, 222.

École des chartes. Thèses. — Promotion de 1881. XV, 254. — Promotion de 1882. XVIII, 494. — Promotion de 1883, XXI, 231. — Promotion de 1884. XXIV, 229. — Promotion de 1885, XXVII, 217.

École du Louvre. Sa création. XXI, 234.

Étienne le Grand (Moldavie). Découverte de son portrait. XIX, 148. — Inauguration de sa statue. XXV, 374.

Faculté de droit de Paris. Concours et prix. XVI, 475. XVII, 239.

Fruin. 25e anniversaire de son professorat. XXVIII, 470.

Germer-Durand (Papiers de) acquis par la bibliothèque de Nîmes. XXIX, 229.

Grosskrotzenburg (Découverte à) de restes de pont romain en bois. XXIX, 236.

Guillaume le Maréchal (Poème sur) découvert en Angleterre par P. Meyer. XVIII, 265, 494.

Hamdullah Mustaufi. Sa chronique qu'on croyait perdue est retrouvée. XXVIII, 230.

Herbruger (*E.*). Découvertes archéologiques près de Mitla (Mexique). XXII. 248.

Holberg (*L.*). Deuxième centenaire. XXVII, 236.

Humann (*K.*). Sa mission en Asie-Mineure. XX, 485.

Institut d'études historiques fondé par l'archiduc à Rome. XXIII, 481.

La Croix (Le *P. de*). Ses découvertes près de Sanxay. XX, 238. XXIV, 230. XXV, 471.

Liévin Bauwens. Inauguration de sa statue à Gand et biographies auxquelles cette fête a donné lieu. XXIX, 482.

Limes. Travaux divers faits pour en déterminer la place. XXVII, 124-128.

Mansi (Conciles de). Réimpression par la librairie Palmé. XXVIII, 458.

Marine (Archives de la). Leur classement. XXVI, 455.

Maspero. Souscription pour les fouilles qu'il fait en Égypte. XXV, 470.

Matthew. Orthographe véritable du nom de Wyclif. XXV, 479.

Mayence. Découverte de monnaies d'or. XXI, 244.

Meyer (*P.*). Voy. Guillaume le Maréchal.

Michelet. Inauguration du monument élevé sur sa tombe. XX, 479. — Inauguration de son médaillon en bronze au Collège de France. XXV, 470.

Mickiewicz. Inauguration de son médaillon en bronze au Collège de France. XXV, 470.

Mirabeau (Papiers de) achetés par le ministère des affaires étrangères. XXVIII, 223.

Monod (*G.*). Est élu correspondant de la section historique de l'Académie des sciences de Munich. XXVI, 223.

Nicolaysen. Bateau du IXe ou du Xe siècle trouvé près de Sandefiord. XV, 515.

Olympie (Fouilles à). XVIII, 501. XXIII. 129.

Parkmann. Don de ses mss. à la *Historical Society* de Massachusetts. XXVII, 485.

Pergame. Découverte aux ruines de l'Acropole. XXV, 233.

Pottier et *Reinach*. Fouilles de Myrina. XXIX, 377.

Preston. Esquisse de ses libertés communales. XX, 491.

Puchstein et *Seister*. Découvertes à Nimroud-Dagh. XX, 486.

Quinet. Inauguration de son médaillon en bronze au Collège de France. XXV, 470.

Ratisbonne (Découvertes d'antiquités romaines à). XXVIII, 465.

Reinach (*S.*). Lettre sur les fouilles opérées à Carthage. XXVII, 483.

— Voy. Babelon.

— Voy. Pottier.

Renan (*E.*). Qu'est-ce qu'une nation? XIX, 227.

— Allocution prononcée au Collège de France à l'inauguration de trois médaillons de bronze de Michelet, Quinet et Mickiewicz. XXV, 470.

S. Les archives nationales à Buda-Pesth et l'exposition faite par la Société historique hongroise. XX, 492.

Saalburg (Découvertes de débris de chaussures romaines à). XXVII, 476.

Santini. Le Cod. Strozziano de la chronique attribuée à Brunetto Latini. XXIV, 476.

Schliemann. Ses fouilles à Marathon. XXV, 233.

Vatican (Archives du). Règlement promulgué par Léon XIII. XXVI, 226.
Wiclif. Orthographe véritable de son nom. XXV, 479.
Victor-Emmanuel (Affaire de la bibliothèque de). XX, 251.
Winchester (Les habitants de) décident la publication des documents relatifs à l'histoire de la ville. XXVI, 225.
Wurzbourg (Centenaire de l'université de). XX, 246.
Xanten. Découverte de monnaies romaines. XXI, 244.
Zwingli. Publications auxquelles a donné lieu son centenaire. XXIV, 478.

RÉPERTOIRE MÉTHODIQUE

I. HISTOIRE UNIVERSELLE.

A. *Histoire générale*. 7. 12. 258. 270. 351. 352. 353. 357. 359. 562. 704. 1287. 1386. 1439. 1493. 1617. 1690. 1863. 1877. 1941. 2075. 2141. 2203. 2605. 2611. 2959. 3042. 3247. 3264. 3381. 3389. 3609. 3611. 4028. 4392. 4654. 4702.

B. *Histoire des idées, mœurs, etc*. 202. 258. 504. 560. 568. 814. 815. 888. 1349. 1400. 1434. 1499. 1636. 1682. 1764. 1859. 1882. 1903. 1925. 2168. 2385. 2432. 2535. 2544. 2558. 2649. 2655. 2673. 2736. 3147. 3288. 3389. 3452. 3543. 3617. 3819. 3938. 3982. 4006. 4069. 4070. 4127. 4260. 4261. 4262. 4545. 4727. 4797.

II. ANTIQUITÉ.

A. *Histoire générale*. 1203. 1984. 2605. 2946. 3407. 3536. 4090. 4172. 4197. 4343. 4480.

B. *Histoire des idées, mœurs, institutions, etc*. 371. 389. 492. 568. 726. 949. 1255. 1418. 1647. 1761. 1925. 2052. 2294. 2418. 3115. 3116. 3397. 3503. 3504. 3654. 3796. 3819. 3982. 3997. 4086. 4091. 4387.

§ 1. **Orient.**

Histoire générale. 1483. 2391. 2605. 2609. 4465.

§ 2. **Égypte.**

Histoire, institutions, etc. 207. 384. 927. 1159. 1439. 1735. 1837. 1919. 2280. 2389. 2624. 2733. 2858. 2898. 3168. 3335. 3785. 4694.

§ 3. **Assyrie et Chaldée.**

Histoire, monuments, etc. 618. 914. 1035. 1439. 2390. 3917.

§ 4. **Mèdes et Perses.**

Histoire, sources, etc. 208. 623. 660. 738. 817. 1034. 1151. 1427. 1920. 1933. 2247. 2248. 2295. 2711. 3176. 3179. 3181. 3213. 3214. 3876. 4376.

§ 5. Hébreux.

Histoire, institutions, etc. 561. 914. 997. 999. 1083. 1370. 1383. 1747. 1930. 2294. 2561. 2605. 3150. 3685. 3760. 3894. 4132. 4172. 4404. 4738.

§ 6. Afrique. Carthage.

Histoire, institutions, etc. 400. 914. 1306. 1512. 1514. 1515. 2436. 2440. 2917. 3239. 3400. 4363. 4581. 4720. 4721.

§ 7. Inde.

Histoire, religion, etc. 1439. 2308. 2645. 3891.

§ 8. Troade.

Histoire, fouilles, etc. 428. 542. 901. 903. 2117. 2358. 3983. 3985. 3986. 4437. 4557. 4558.

§ 9. Grèce.

I. *Histoire.* 63. 206. 257. 423. 424. 429. 483. 582. 594. 614. 619. 654. 655. 656. 657. 658. 560. 661. 662. 724. 817. 965. 969. 1119. 1155. 1162. 1170. 1205. 1206. 1207. 1208. 1209. 1210. 1275. 1290. 1333. 1394. 1408. 1424. 1435. 1640. 1784. 1785. 1984. 2019. 2031. 2045. 2047. 2051. 2064. 2073. 2108. 2115. 2247. 2249. 2321. 2334. 2412. 2514. 2612. 2675. 2696. 2698. 2699. 2702. 2703. 2704. 2742. 2976. 3097. 3125. 3127. 3174. 3175. 3181. 3183. 3199. 3200. 3217. 3412. 3426. 3491. 3679. 3687. 3724. 3855. 3912. 3984. 4033. 4141. 4266. 4267. 4306. 4428. 4430. 4431. 4464. 4653. 4663. 4694. 4708. 4723. 4806.

II. *Colonies grecques, Sicile et Grande-Grèce.* 252. 858. 902. 967. 1171. 1397. 2604. 2652. 3107. 4248. 4337.

III. *Idées, mœurs, institutions, etc.* 366. 611. 761. 838. 841. 856. 874. 875. 927. 946. 966. 1062. 1125. 1160. 1308. 1341. 1407. 1473. 1505. 1669. 1670. 1671. 1688. 1724. 1746. 1761. 1767. 1806. 1824. 1825. 1826. 1857. 1905. 1914. 1915. 1928. 1949. 1980. 2002. 2004. 2009. 2046. 2109. 2116. 2128. 2144. 2172. 2289. 2294. 2357. 2697. 2735. 2745. 2836. 2911. 2922. 2979. 2992. 3015. 3024. 3119. 3126. 3325. 3504. 3683. 3757. 3768. 3806. 3870. 3871. 3960. 4004. 4023. 4043. 4159. 4182. 4192. 4196. 4200. 4201. 4273. 4354. 4421. 4662. 4696. 4751. 4788.

IV. *Sources et critique des sources.* 85. 132. 194 *bis*. 288. 300. 539. 544. 604. 659. 696. 742. 839. 873. 911. 912. 947. 993. 1056. 1107. 1108. 1120. 1141. 1274. 1282. 1307. 1338. 1361. 1362. 1472. 1505. 1621. 1672. 1725. 1762. 1763. 1842. 1892. 1907. 1939. 1946. 1948. 1962. 2010. 2035. 2069. 2070. 2071. 2072. 2074. 2270. 2320. 2329. 2330. 2354. 2356. 2383. 2392. 2494. 2498. 2513. 2521. 2930. 2941. 2942. 2977. 2992. 3020. 3035. 3091. 3115. 3116. 3123. 3124. 3176. 3179. 3201. 3315. 3573. 3776. 3777. 3778. 3812. 3854. 3904. 3913. 3937. 4000. 4008. 4012. 4018. 4019. 4131. 4212. 4254. 4265. 4420. 4422. 4426. 4427. 4429. 4580. 4589. 4685. 4707. 4806.

§ 10. Rome.

I. *Histoire générale.* 254. 283. 289. 482. 840. 1090. 1233. 1333. 1408. 1424. 1512. 1640. 1838. 1984. 2404. 2425. 2500. 2815. 2829. 2872. 3017. 3018. 3496. 3825.

II. *Histoire et antiquités locales.* 59. 253. 287. 290. 376. 400. 435. 450. 482. 606. 607. 626. 639. 896. 958. 960. 1014. 1195. 1782. 1783. 1787.

2125. 2223. 2224. 2225. 2241. 2344. 2439. 2873. 2943. 3023. 3025. 3252. 3286. 3350. 3351. 3435. 3552. 3868. 3964. 3965. 3966. 3996. 4149.

III. *République*. 170. 194. 313. 332. 377. 403. 637. 644. 959. 1089. 1252. 1339. 1393. 1486. 1515. 1591. 1592. 1708. 2040. 2042. 2213. 2298. 2340. 2440. 2879. 2908. 3009. 3177. 3210. 3622. 3686. 3725. 3726. 3727. 3746. 3867. 3907. 3969. 4011. 4072. 4209. 4250. 4317. 4434. 4590. 4658. 4676. 4798.

IV. *Empire*. 25. 89. 91. 92. 93. 374. 555. 640. 757. 764. 812. 813. 861. 962. 972. 1066. 1068. 1142. 1151. 1202. 1211. 1212. 1226. 1227. 1273. 1313. 1380. 1396. 1622. 1654. 1797. 1985. 1993. 2033. 2053. 2054. 2068. 2099. 2118. 2233. 2235. 2250. 2293. 2335. 2336. 2337. 2355. 2388. 2694. 2761. 2794. 2918. 2931. 2938. 2994. 3027. 3028. 3108. 3114. 3175. 3205. 3319. 3348. 3423. 3478. 3487. 3575. 3666. 3755. 3795. 3968. 4041. 4044. 4084. 4439. 4637. 4749. 4750. 4796. 4803.

V. *Idées, mœurs, institutions, etc*. 262. 307. 313. 367. 371. 375. 404. 426. 427. 482. 609. 610. 615. 622. 624. 652. 675. 741. 907. 959. 966. 1019. 1263. 1283. 1373. 1421. 1510. 1511. 1519. 1520. 1632. 1641. 1642. 1646. 1746. 1761. 1825. 1826. 1876. 1895. 1922. 1961. 1976. 1994. 1999. 2001. 2011. 2062. 2097. 2100. 2116. 2206. 2240. 2243. 2281. 2285. 2294. 2305. 2352. 2393. 2413. 2415. 2423. 2424. 2448. 2499. 2501. 2503. 2559. 2602. 2669. 2756. 2770. 2800. 2828. 2829. 2848. 2869. 2909. 2910. 2929. 2979. 2989. 2996. 3022. 3024. 3027. 3030. 3067. 3109. 3118. 3255. 3325. 3377. 3379. 3424. 3485. 3494. 3548. 3570. 3617. 3643. 3644. 3669. 3744. 3769. 3786. 3806. 3868. 3869. 3870. 3871. 3872. 3896. 3933. 3943. 3944. 3946. 3997. 4005. 4025. 4058. 4100. 4101. 4150. 4151. 4167. 4199. 4416. 4423. 4424. 4433. 4444. 4517. 4667. 4669. 4686. 4689. 4714. 4729. 4741. 4751.

VI. *Sources et critique des sources*. 42. 56. 142. 176. 209. 210. 219. 236. 241. 256. 274. 409. 419. 481. 589. 606. 608. 788. 862. 863. 873. 913. 945. 961. 973. 1022. 1067. 1107. 1120. 1141. 1245. 1307. 1340. 1521. 1639. 1700. 1708. 1736. 1744. 1762. 1794. 1841. 1854. 1900. 1989. 1998. 2003. 2012. 2016. 2049. 2105. 2137. 2173. 2266. 2270. 2288. 2307. 2339. 2348. 2364. 2365. 2391. 2400. 2401. 2402. 2403. 2475. 2497. 2656. 2671. 2754. 2890. 2930. 2939. 2948. 2949. 2960. 2998. 3016. 3019. 3026. 3029. 3031. 3032. 3195. 3208. 3393. 3406. 3408. 3409. 3651. 3811. 3846. 3850. 3859. 3916. 3918. 3935. 3937. 3945. 3958. 3967. 3971. 3981. 4010. 4015. 4017. 4057. 4104. 4116. 4154. 4210. 4253. 4281. 4400. 4425. 4432. 4591. 4592. 4593. 4709. 4720. 4728. 4737. 4783.

III. MOYEN AGE ET TEMPS MODERNES.

Histoire générale. 8. 1279. 1280. 1368. 1434. 1438. 1963. 2221. 2673. 2808. 3343. 4143. 4500. 4501. 4795. 3895.

§ 1. Europe.

I. *Histoire générale*. 181. 885. 1094. 1097. 1154. 1548. 1733. 1804. 1805. 2568. 2587. 3343. 3381. 4390.

II. *Moyen âge*. 8. 130. 278. 645. 1312. 1423. 1468. 1748. 1917. 1957. 2139. 2250. 2276. 2316. 2411. 2589. 3110. 3234. 3235. 3236. 3237. 3260.

3411. 3429. 3430. 3544. 3775. 3781. 3842. 3982. 4059. 4080. 4086. 4132. 4219. — *Sources et critique des sources*. 462. 490. 800. 1684. 1757. 1951. 2083. 2315. 2405. 2599. 3021. 3041. 3321. 3477. 3798. 4007. 4040. 4567. 4620. 4680.

III. *XVIe siècle. Renaissance et Réforme*. 157. 455. 479. 642. 681. 818. 1024. 1025. 1164. 1392. 1619. 1623. 1628. 1683. 1936. 2647. 2762. 2806. 3163. 3428. 3475. 3809. 3853. 3988. 4117. 4177. 4381. 4409. 4482. 4585. 4793. 4802. — *Sources et critique des sources*. 681. 1978. 2313. 2349. 3218. 3471. 3532.

IV. *XVIIe et XVIIIe siècles*. 938. 1374. 1478. 1482. 1584. 1680. 1681. 1683. 1807. 2454. 2492. 2524. 2708. 3221. 3531. 4501. 4613. 4705. — *Sources*. 1369. 2433. 3384. 3439. 3587. 3924. 4704.

V. *XIXe siècle*. 701. 703. 803. 860. 877. 939. 983. 1011. 1198. 1414. 1705. 1706. 2177. 2234. 2516. 2530. 2531. 2532. 2638. 2678. 2787. 2804. 2983. 3219. 3354. 3556. 3702. 3803. 3826. 3827. 3851. 3929. 4156. 4270. — *Sources*. 115. 984. 2309. 2379. 2616. 2934. 3302. 3584.

§ 2. France.

I. *Histoire générale*. 767. 811. 894. 916. 1166. 1230. 1612. 2034. 2568. 2577. 2642. 2710. 2963. 2968. 3047. 3103. 3451. 3483. 3592. — *Sources*. 79. 354. 849. 1047. 1048. 1050. 1214. 1345. 1411. 1942. 1944. 2037. 2039. 2088. 2154. 2603. 2833. 2865. 2913. 2914. 2944. 2945. 2999. 3226. 3227. 3623. 3634. 3674. 3761. 3833. 3849. 4789.

II. *Divisions ecclésiastiques (diocèses, abbayes, paroisses, etc.)*. 186. 275. 459. 692. 784. 925. 977. 1177. 1329. 1363. 1523. 1658. 1781. 2480. 2481. 2517. 2791. 2859. 3089. 3340. 3367. 3462. 3648. 3719. 4306. 4452. — *Sources*. 23. 24. 188. 267. 268. 495. 502. 586. 587. 674. 926. 1409. 1420. 2165. 2459. 2478. 2536. 3083. 3511. 3752. 4195.

III. *Église réformée*. 83. 337. 473. 474. 503. 507. 722. 882. 992. 1137. 1213. 1353. 1524. 1973. 2111. 2522. 3102. 3137. 3571. 3572. 4336.

IV. *Provinces et seigneuries*. 83. 171. 198. 200. 524. 664. 668. 672. 693. 712. 722. 754. 759. 792. 836. 845. 851. 882. 892. 895. 1072. 1197. 1213. 1215. 1216. 1217. 1218. 1239. 1264. 1265. 1352. 1431. 1474. 1651. 1658. 1676. 1740. 1755. 1921. 2112. 2183. 2184. 2442. 2464. 2562. 2582. 2583. 2586. 2725. 2775. 2782. 2803. 3038. 3062. 3063. 3148. 3399. 3433. 3445. 3450. 3457. 3484. 3495. 3502. 3515. 3516. 3538. 3566. 3746. 3759. 3815. 3882. 3923. 4068. 4187. 4309. 4310. 4312. 4313. — *Sources*. 61. 76. 77. 78. 185. 230. 233. 263. 414. 472. 494. 673. 768. 801. 1061. 1149. 1816. 1860. 1942. 1965. 1975. 2160. 2236. 2441. 2443. 2479. 2631. 2738. 2903. 2981. 3000. 4077. 4338.

V. *Départements*. 328. 521. 719. 843. 1070. 1129. 1827. 1835. 2564. 2661. 3342. 3460. 3639. 3892. 3914. 3915. 4332. 4361. — *Sources*. 77. 414. 1076. 1115. 1347. 1595. 1828. 2578. 2629. 2630. 3088. 3100. 3754. 3813. 3814.

VI. *Villes et villages*. 16. 106. 116. 118. 123. 180. 186. 243. 318. 373. 396. 408. 442. 458. 460. 477. 510. 511. 537. 546. 590. 671. 719. 763. 782. 783. 802. 852. 878. 889. 910. 963. 1015. 1032. 1038. 1075. 1085. 1086. 1116. 1235. 1240. 1325. 1328. 1360. 1410. 1433. 1449. 1462. 1494. 1606. 1649. 1651. 1694. 1696. 1796. 1836. 1943. 2106. 2151. 2182. 2229. 2230.

2451. 2452. 2467. 2473. 2525. 2526. 2528. 2529. 2551. 2560. 2594. 2596. 2610. 2627. 2646. 2663. 2774. 2778. 2840. 2902. 2919. 2940. 2958. 3102. 3137. 3223. 3290. 3291. 3404. 3530. 3541. 3550. 3586. 3602. 3665. 3756. 3866. 3886. 3893. 4296. 4302. 4333. 4336. 4383. 4384. 4388. 4401. 4503. 4650. — *Sources.* 267. 470. 471. 495. 497. 499. 512. 513. 514. 535. 574. 581. 600. 872. 898. 954. 991. 1020. 1023. 1040. 1060. 1165. 1224. 1379. 1573. 1607. 1697. 1830. 3152. 3888. 4295. 4340. 4344.

VII. *Paris.* 296. 1484. 2987. 3089. 3770. 3998. 4452. 4625. — *Sources.* 556. 557. 558. 1190. 1191. 1192. 1193. 2449. 3624. 4389. 4406. 4407.

VIII. *Colonies françaises.* 730. 731. 732. 733. 829. 908. 909. 1556. 1750. 1751. 1752. 1753. 1768. 1874. 1921. 2102. 2543. 2867. 4617.

IX. *Biographie.* 119. 165. 174. 175. 187. 232. 235. 250. 266. 305. 316. 321. 368. 380. 385. 397. 398. 425. 440. 441. 442. 449. 476. 478. 496. 506. 508. 529. 536. 537. 540. 541. 571. 579. 617. 621. 668. 685. 709. 716. 731. 733. 751. 754. 774. 779. 794. 804. 809. 810. 818. 822. 853. 886. 890. 931. 932. 1008. 1009. 1013. 1024. 1030. 1037. 1043. 1054. 1058. 1059. 1069. 1080. 1081. 1121. 1137. 1139. 1168. 1223. 1229. 1231. 1236. 1249. 1300. 1302. 1316. 1317. 1318. 1319. 1323. 1324. 1326. 1359. 1381. 1412. 1476. 1522. 1608. 1652. 1691. 1726. 1819. 1820. 1880. 1902. 1911. 1912. 1964. 2110. 2136. 2164. 2169. 2170. 2188. 2228. 2245. 2437. 2438. 2447. 2468. 2474. 2510. 2515. 2520. 2557. 2563. 2585. 2593. 2622. 2639. 2641. 2700. 2716. 2775. 2817. 2819. 2832. 2862. 2864. 2891. 2904. 2969. 2997. 3001. 3046. 3165. 3190. 3224. 3228. 3231. 3272. 3331. 3347. 3365. 3380. 3386. 3387. 3458. 3465. 3492. 3530. 3561. 3567. 3591. 3631. 3648. 3691. 3713. 3722. 3747. 3748. 3767. 3771. 3836. 3838. 3841. 3844. 3874. 3894. 3902. 3926. 3990. 4031. 4081. 4114. 4288. 4289. 4290. 4291. 4292. 4293. 4294. 4297. 4298. 4301. 4303. 4304. 4316. 4373. 4447. 4452. 4482. 4502. 4553. 4565. 4587. 4613.

Histoire des institutions.

I. *Histoire des institutions.* 448. 505. 767. 915. 1166. 1330. 1331. 1426. 1547. 1598. 1618. 1619. 2192. 2739. 3585. 3607. 3714. 4314.

II. *Histoire administrative.* 433. 434. 487. 687. 1879. 2737. 3008. 3038. 3039. 3563.

III. *États généraux et provinciaux.* 200. 231. 845. 1216. 1352. 2175. 3291. 3538. 4338.

IV. *Institutions municipales.* 460. 546. 671. 963. 1154. 1372. 1410. 1696. 1697. 1804. 1805. 1828. 2385. 3564. 3695.

V. *Institutions judiciaires.* 105. 226. 233. 434. 487. 687. 1299. 1413. 1466. 3562. 4306. 4309. 4310. 4311. 4312. 4313. 4348.

VI. *Institutions financières.* 395. 433. 686. 687. 697. 715. 780. 922. 1169. 2055. 3212. 3837. 4232. 4606. 4607.

VII. *Industrie et commerce.* 122. 124. 126. 265. 396. 443. 444. 445. 1154. 1328. 1342. 1484. 2851. 3185. 3190. 3290. 3390. 3453. 3454. 3455. 3456. 4383.

VIII. *Enseignement.* 29. 30. 117. 296. 534. 628. 1133. 1134. 1152. 1201. 1228. 1462. 1608. 1649. 2267. 2533. 2610. 2958. 3101. 3153. 3344. 3398. 3449. 4096. 4528.

IX. *Lettres, arts, sciences.* 98. 193. 225. 242. 265. 275. 285. 441.

453. 475. 498. 502. 503. 510. 564. 592. 593. 728. 729. 751. 886. 929. 930. 931. 932. 933. 934. 1047. 1051. 1052. 1078. 1104. 1179. 1255. 1305. 1315. 1325. 1445. 1522. 1608. 1694. 1707. 1755. 1763. 1764. 1902. 1911. 1964. 2037. 2124. 2470. 2535. 2558. 2593. 2603. 2682. 2738. 2902. 2944. 2945. 2946. 2947. 3002. 3045. 3101. 3135. 3136. 3235. 3330. 3332. 3396. 3415. 3441. 3446. 3515. 3531. 3589. 3605. 3623. 3635. 3723. 3747. 3748. 3760. 3762. 3828. 3900. 4014. 4112. 4138. 4286. 4290. 4291. 4292. 4294. 4302. 4330. 4359. 4388. 4567. 4613.

X. *Classes de la société, religion, mœurs, etc.* 32. 125. 203. 204. 264. 443. 505. 533. 591. 693. 776. 856. 1026. 1071. 1127. 1132. 1390. 1464. 1482. 1613. 1820. 1859. 1906. 2283. 2284. 2528. 3006. 3007. 3190. 3291. 3417. 3486. 3658. 3816. 3842. 3874. 4006. 4068. 4346. 4347. 4386. 4387.

Histoire par époques.

I. *Époque primitive (avant Clovis).* 70. 71. 72. 73. 74. 239. 403. 488. 529. 533. 980. 1330. 1331. 1396. 1580. 1791. 1822. 2099. 2451. 2452. 2557. 2905. 3755. 3867. 4133. 4330. 4347. 4348. 4576. 4577. — *Sources.* 928. 3032. 3753.

II. *Première et seconde races.* 397. 971. 1054. 1468. 1894. 1918. 1954. 3562. 4211. — *Sources.* 298. 728. 1918. 1951. 2366. 3041. 3075. 3563. 4032.

III. *Troisième race.* 227. 260. 261. 496. 794. 1008. 1059. 1316. 1317. 1318. 1544. 1737. 1938. 1954. 2563. 2628. 2739. 2793. 2832. 2875. 2998. 3001. 3098. 3135. 3178. 3375. 3421. 3446. 3453. 3842. 4081. 4452. 4618. — *Sources et critique des sources.* 229. 494. 770. 777. 778. 1027. 1028. 1044. 1049. 1053. 1319. 1381. 1534. 1944. 2039. 2160. 2315. 2709. 2740. 2964. 2965. 3000. 3060. 3589. 4554. 4680. — *Cartulaires.* 23. 574. 587. 673. 674. 926. 1409. 1420. 1830. 2165. 2236. 2459. 2478. 3083. 4195.

IV. *XVIe siècle.* 147. 216. 232. 401. 455. 864. 884. 1013. 1137. 1353. 1371. 1400. 1619. 1683. 2228. 2522. 3333. 3375. 3453. 3631. 3844. 3987. 4064. 4204. 4296. 4408. 4790. 4791. — *Sources.* 498. 600. 801. 1535. 1536. 2455. 2457. 2510. 2644. 2724. 2827. 2997. 3883.

V. *Henri IV et Louis XIII.* 111. 193. 198. 231. 441. 458. 685. 929. 1079. 1584. 1629. 1683. 1958. 2463. 2465. 2585. 2924. 2987. 3094. 3831. 4170. — *Sources.* 107. 600. 1106. 1121. 1139. 1537. 1650. 1868. 1878. 2644. 4603.

VI. *Louis XIV.* 440. 442. 449. 771. 774. 797. 798. 918. 1079. 1302. 1327. 1342. 1347. 1683. 1691. 1738. 1820. 2468. 2508. 2526. 2527. 2682. 2683. 2700. 2701. 2961. 3185. 3272. 3336. 3365. 3437. 3571. 3703. 3759. 3841. 3866. 4447. 4607. 4705. — *Sources.* 432. 721. 773. 897. 919. 1106. 1346. 1369. 1599. 1815. 1869. 2834. 2863. 3384. 3439. 3572. 3615. 3751. 3845. 3952. 4157. 4704.

VII. *Louis XV et Louis XVI.* 172. 264. 379. 380. 476. 570. 714. 795. 859. 1088. 1135. 1168. 1216. 1342. 1374. 1389. 1412. 1618. 1819. 2202. 2283. 2925. 3099. 3190. 3298. 3339. 3385. 3386. 3387. 3437. 3531. 3658. 3747. 4391. 4460. 4502. — *Sources.* 1417. 1959. 2621. 2834. 3587. 3623. 3839. 4114. 4157.

VIII. *Époque contemporaine. Histoire générale.* 2841. 3166. 3167.

3343. 3416. 4156. 4285. 4550. — *Sources.* 1991. 2154. 3514. 3584. 3637. 4731.

IX. *Révolution.* 108. 145. 386. 425. 445. 468. 500. 521. 664. 713. 772. 795. 889. 1001. 1058. 1080. 1081. 1084. 1127. 1129. 1228. 1229. 1295. 1456. 1516. 1581. 1620. 1781. 1872. 1923. 1997. 2152. 2231. 2245. 2278. 2460. 2473. 2474. 2550. 2556. 2564. 2595. 2596. 2640. 2641. 2785. 2967. 3046. 3090. 3228. 3378. 3449. 3482. 3495. 3500. 3606. 3688. 3766. 3767. 3843. 3892. 3893. 3915. 3998. 4051. 4096. 4110. 4111. 4112. 4158. 4270. 4338. 4365. 4503. 4565. 4599. 4625. 4672. — *Sources.* 720. 785. 899. 1416. 1574. 1969. 2244. 2246. 2449. 2511. 2512. 2620. 2686. 2903. 2962. 3088. 3588. 3740. 3903.

X. *Premier Empire.* 97. 228. 1084. 1099. 1180. 1249. 1344. 1589. 2550. 3263. 3942. 4673. 4683. — *Sources.* 120. 877. 1450. 2588. 2892. 3663. 3664. 4344.

XI. *Restauration et Gouvernement de Juillet.* 1002. 3165. 4355. 4361. — *Sources.* 1337. 1450. 3044. 3302.

XII. *Depuis 1848.* 320. 701. 763. 803. 908. 995. 1219. 1220. 1235. 1349. 1818. 1883. 2136. 2198. 2262. 2547. 2637. 2891. 3231. 3652. 3827. 4115. 4185. 4186. 4272. — *Sources.* 133. 1501. 1577. 1970. 2379. 2877. 2928. 2934. 2969. 3434. 3650. 3900. 4335.

§ 3. **Allemagne.**

I. *Histoire générale.* 37. 87. 217. 295. 331. 981. 1504. 2091. 2186. 2227. 2534. 2670. 2921. 3191. 3209. 4792. 4800. — *Sources.* 420. 1653. 1657. 1886. 1924. 2060. 2291. 3050. 3051. 3147. 4534. 4639.

II. *Prusse.* 145. 306. 569. 570. 1157. 1389. 1901. 2081. 3268. 3431. 4115. 4173. 4411. — *Sources.* 1443. 2103. 2158.

III. *Saxe.* 422. 985. 1294. — *Sources.* 1655.

IV. *Würtemberg.* 812. 1993. 3355. 3356. 3357. 4175.

V. *Bavière.* 297. 565. 2906. 3110. 3253. 3254. 3544. 3545. 3739. 4218. 4583. 4755. — *Sources.* 112. 338. 612. 1856. 3419.

VI. *États secondaires.* 298. 392. 550. 583. 813. 1264. 1932. 2330 *bis.* 2825.

VII. *Seigneuries et villes.* 214. 290. 422. 450. 781. 861. 1185. 1259. 1388. 1479. 1506. 1709. 1875. 1997. 2092. 2301. 2722. 2923. 2931. 2995. 3277. 3684. 3936. 4067. 4083. 4103. 4255. 4366. 4441. 4739. 4744. 4747. — *Sources.* 595. 819. 1656. 1855. 1924. 2098. 2365. 2599. 2907. 4021.

VIII. *Histoire ecclésiastique.* 246. 638. 1355. 1931. 2025. 2029. 2061. 2126. 2237. 2238. 2275. 2286. 2301. 2302. 2303. 2350. 2360. 2362. 2363. 2368. 2369. 2370. 2414. 2420. 2590. 2614. 2615. 2937. 3277. 4003. 4103. 4193. — *Sources.* 152. 1710. 1856. 2290. 2346. 2667. 3164.

IX. *Histoire des institutions, des idées et des mœurs, etc.* 533. 534. 595. 596. 597. 860. 1154. 1465. 1628. 1666. 1667. 1714. 1931. 2059. 2181. 2291. 2292. 2353. 2490. 2491. 2692. 2878. 2921. 2935. 3557. 3594. 3933. 3975. 4037. 4045. 4222. 4228. 4268. 4331. 4482. 4619.

X. *Histoire primitive (jusqu'à Clovis).* 220. 287. 533. 861. 879. 980. 1066. 1067. 1068. 1202. 1204. 1212. 1293. 1797. 2000. 2099. 2589. 2692.

2760. 2825. 2879. 2906. 2931. 2938. 2952 *bis*. 3028. 3140. 3156. 3238. 3354. 3355. 3356. 3558. 3820. 3933. 4020. 4084. 4374. 4438. 4516. 4517. 4576. 4577. 4678. 4739. 4747. 4756. — *Sources*. 1199. 2795.

XI. *Histoire du moyen âge (jusqu'au milieu du XIIIe siècle)*. 1293. 1468. 2271. 2287. 3642. 4211. 4418. 4614. — *Sources*. 420. 4097. 4098. 4099.

XII. *Histoire du moyen âge (du milieu du XIIIe siècle à la mort de Maximilien Ier)*. 155. 588. 1388. 2156. 2628. 3824. 4218. 4760. — *Sources*. 4724.

XIII. *Histoire moderne (en général)*. 2180. 2181.

XIV. *XVIe siècle; Humanisme et Réforme*. 131. 1163. 1291. 1893. 2061. 2179. 2286. 2303. 2360. 2362. 2363. 2368. 2369. 2370. 2372. 2414. 2420. 2614. 2647. 2937. 3113. 3189. 3266. 3490. 3602. 3750. 3823. 4003. 4067. 4003. 4067. 4103. 4145. 4177. 4193. 4207. 4327. 4395. 4408. 4615. 4695. 4711. 4748. 4753. 4784. — *Sources*. 152. 1710. 2346. 2371. 2399. 2613. 2667. 3940. 4582. 4629.

XV. *XVIIe siècle*. 633. 1259. 1584. 1680. 1681. 1972. 1987. 2041. 2056. 2318. 2601. 3117. 3619. 3749. 3949. 3950. 3999. 4560. — *Sources*. 1106. 1808. 2724. 2834. 4665.

XVI. *XVIIIe siècle (jusqu'en 1815)*. 306. 362. 569. 570. 740. 1143. 1810. 1901. 2260. 2278. 2566. 2708. 3265. 3610. 4110. 4111. 4391. 4597. — *Sources*. 1487. 2834. 3520. 3735.

XVII. *XIXe siècle*. 629. 939. 1096. 1264. 1351. 1414. 1818. 2804. 3263. 3420. 4115. 4394. — *Sources*. 218. 1158. 1543. 2900. 3637. 4206. 4263.

§ 4. **Alsace.**

Histoire, institutions, mœurs, etc. 88. 167. 287. 416. 979. 1247. 1395. 1533. 1851. 1921. 2061. 2237. 2239. 2396. 2635. 2668. 3010. 3093. 3094. 3139. 3163. 3546. 3688. 3689. 3691. 3692. 3693. 3694. 3695. 3696. 3697. 3774. 4001. 4002. 4016. 4029. 4071. 4194. 4225. 4236. 4240. 4670. 4696. 4697. — *Sources*. 581. 3095. 3690. 3752.

§ 5. **Autriche-Hongrie.**

I. *Histoire générale*. 245. 2409. 2755. 2994. 4258. 4743. 4745. — *Sources*. 4573. 4786.

II. *Histoire moderne*. 569. 1415. 2408. 2993. 3263. 3373. 3581. 3582. 3598. 4110. 4224. 4356. 4677. 4681. — *Sources*. 84. 1929. 2934. 3736. 4358. 4682.

III. *Autriche et pays héréditaires*. 205. 237. 665. 2268. 2304. 2375. 2387. 2407. 2423. 2780. 2881. 2883. 2884. 2885. 2926. 3128. 3188. 3276. 3371. 3372. 3436. 3497. 3794. 3840. 4022. 4636. 4693. 4695. 4726. 4746. 4779. 4799. 4800. — *Sources*. 129. 390. 2219. 2882. 3419. 3435. 3736. 4785.

IV. *Trentin, Istrie, Frioul*. 50. 51. 52. 238. 538. 1477. 1578. 2082. 2216. 2218. 2305. 2592. 2741. 3194. 3313. 3475. 3911. 4775. 4780. — *Sources*. 921. 1017. 1018. 2220. 3368. 3797. 4319.

V. *Hongrie*. 5. 1064. 1921. 2120. 4123. — *Sources*. 1475. 2814. 3157. 4247. 4275.

VI. *Bohême et Moravie*. 370. 527. 665. 749. 750. 1294. 1737. 1940.

2048. 2272. 2273. 2406. 2524. 2719. 2720. 2721. 2816. 2927. 3307. 3707. 4122. 4282. 4378. 4379. 4380. 4684. 4754. 4809. — *Sources*. 1242. 1270. 1271. 1272. 1442. 1721. 2654. 3706. 3736. 3980. 4137. 4403. 4804. 4808.

§ 6. **Espagne.**

I. *Histoire générale*. 868. 906. 1156. 1321. 1817. 1891. 3583. 4075. 4486. — *Sources*. 866. 1113. 2461. 3064. 4284.

II. *Histoire locale*. 1402. 2462. 4105. 4146. — *Sources*. 4284.

III. *Colonies*. 867. 3881.

IV. *Moyen âge*. 1321. 2276. — *Sources*. 1927.

V. *XVIe et XVIIe siècles (de Charles-Quint à la mort de Charles II)*. 1156. 1225. 1455. 1668. 1752. 2647. — *Sources*. 1549. 1551. 1554. 1927.

VI. *Depuis Philippe V*. 1448. 1891. 4075.

§ 7. **Grèce.**

Histoire (depuis le Ve siècle). 335. 689. 691. 786. 1446. 1785. 1786. 1986. 2484. 2485. 2486. 2702. 3092. 3673. 4442. — *Sources*. 3919.

§ 8. **Iles Britanniques.**

I. *Histoire générale, mœurs. institutions, etc.* 34. 35. 58. 177. 369. 547. 575. 620. 707. 739. 837. 955. 957. 986. 1144. 1266. 1267. 1278. 1314. 1385. 1437. 1563. 1586. 1588. 1699. 1702. 1773. 1774. 1776. 1804. 1864. 2036. 2251. 2386. 2543. 2546. 2730. 2763. 2861. 3275. 3283. 3346. 3352. 3501. 3576. 3647. 3780. 3885. 4202. 4324. 4412. 4622. — *Sources*. 20. 86. 244. 635. 647. 683. 1248. 1310. 1311. 1562. 1718. 1770. 1771. 1772. 1798. 1799. 1852. 1873. 1881. 1982. 2211. 2643. 2729. 2732. 2743. 2748. 3052. 3628. 3676. 3677. 3779. 4244. 4264.

II. *Angleterre*. 2. 260. 446. 526. 706. 1004. 1495. 1498. 1790. 2036. 2195. 2706. 3229. 3765. 3862. 3863. 3864. 4056. 4413. — *Sources*. 549. 648. 683. 1470. 1795. 1888. 2933. 3603. 4165. 4703.

III. *Écosse*. 247. 1364. 3269. 3860. 4082. — *Sources*. 20. 146. 647. 682.

IV. *Irlande*. 73. 74. 1467. 1673. 1990. 2006. 2685. 3149. 3721. — *Sources*. 1674.

V. *Iles normandes*. 3292.

VI. *Colonies*. 110. 461. 936. 1147. 2543. 2687. 3314. 3339. 3857. 3858. 4061. 4062. — *Sources*. 69. 683. 3884.

VII. *Époque bretonne et anglo-saxonne*. 905. 1266. 1760. 2097. 2099. 2122. 3319. 3348. 3709. 3932. 4189. 4190. 4439. — *Sources*. 1244. 4540.

VIII. *Moyen âge (de la conquête aux Tudors)*. 260. 369. 616. 1496. 1497. 1587. 1775. 2251. 2386. 3401. 3781. 4655. 4762. — *Sources*. 2008. 2658. 2776. 2964. 3459. 3604. 3764. 4109. 4243. 4245.

IX. *Les Tudors*. 451. 1513. 2311. 2456. 3145. — *Sources*. 1560. 1561. 1888. 2349. 2933. 3779. 4052.

X. *Les Stuarts et la République*. 247. 1583. 1585. 1801. 2454. 2731. 3037. 3059. 3145. 3149. 3442. 4205. 4650. — *Sources*. 1582. 2200. 2349. 4410.

XI. *Depuis la Révolution*. 96. 97. 249. 393. 650. 938. 1225. 1404. 1405.

1406. 1729. 1990. 2553. 2765. 2844. 3073. 3077. 3078. 3703. 4091. 4094. 4398. 4627. — *Sources*. 279. 580. 725. 1798. 1992. 2127. 2129. 2196. 2789. 2790. 3763. 4598. 4671. 4690. 4734.

§ 9. **Italie.**

I. *Histoire générale*. 56. 156. 189. 729. 736. 806. 1336. 1386. 1623. 1937. 2044. 2227. 2518. 2684. 2752. 3171. 3191. 3207. 3681. 4287. 4448. 4497. 4543. 4548. — *Sources*. 158. 190. 191. 346. 348. 350. 360. 361. 1111. 1660. 1927. 2038. 3048. 3321. 3323. 3513. 3661. 3708. 4032. 4074. 4512.

II. *Naples et Sicile*. 44. 45. 46. 47. 48. 523. 695. 826. 858. 1309. 1382. 1454. 1460. 1698. 1896. 2104. 2492. 2604. 2606. 2849. 2850. 3192. 3204. 3324. 3345. 3383. 3438. 3481. 4280. 4531. — *Sources*. 113. 481. 705. 717. 1112. 1685. 2984. 2986. 3369. 3480. 4088. 4107. 4181.

III. *États romains* (*Rome, Pérouse, Ravenne, etc.*). 13. 14. 82. 137. 199. 323. 415. 572. 745. 842. 1557. 1675. 1748. 2224. 2492. 2786. 2886. 3317. 3717. 3905. 3906. 4038. 4216. 4377. — *Sources*. 49. 277. 346. 636. 1447. 1539. 1540. 1601. 3054. 3055. 3341.

IV. *Florence, Sienne, Pise et Lucques*. 317. 339. 727. 746. 826. 1073. 1335. 1366. 2753. 3225. 3289. 3320. 3376. 3395. 3680. 3682. 3701. 3929. 4382. 4526. 4770. — *Sources*. 136. 159. 190. 191. 294. 1661. 1812. 2155. 2751. 3066. 3111.

V. *Parme, Plaisance, Modène, Ferrare, Bologne*. 699. 1742. 1743. 1756. 3808. 4519. — *Sources*. 65.

VI. *Venise* (*Vicence, Padoue, Udine, etc.*). 415. 452. 670. 694. 753. 756. 2822. 2851. 3013. 3014. 3081. 3151. 3225. 3311. 3312. 3581. 3582. 3911. 4357. 4537. 4772. 4807. 4810. — *Sources*. 748. 1269. 1536. 1633. 1701. 2153. 2219. 2653. 3341. 3476. 3590. 3660. 4299. 4319. 4342. 4808.

VII. *Lombardie et Milanais*. 62. 64. 324. 334. 457. 700. 734. 735. 808. 1451. 2345. 2772. 2835. 2973. 3547. 3731. 3927. 4169. 4287. 4449. — *Sources*. 879. 4542.

VIII. *Gênes*. 1126. 2505. 3171. 4541.

IX. *Savoie, Piémont et Sardaigne*. 340. 830. 832. 833. 834. 1175. 2626. 2798. 2817. 2860. 3206. 3250. 3297. 3730. — *Sources*. 341. 831. 2799. 3160. 3161. 3162. 3845. 4510. 4511.

X. *Moyen âge (jusqu'à la fin du XVe siècle)*. 278. 436. 479. 631. 825. 842. 907. 1033. 1686. 1719. 2139. 2755. 3076. 3256. 3289. 3717. 3718. 3731. 4059. 4596. 4760. 4771. — *Sources*. 179. 1057. 2217. 2751. 2855. 3021. 3477. 3875. 3962.

XI. *Époque moderne*. 38. 41. 157. 315. 340. 343. 401. 642. 734. 735. 737. 883. 1219. 1232. 1392. 1453. 1628. 1662. 1756. 1792. 1814. 2104. 2197. 2530. 2693. 2758. 2762. 2801. 2807. 2820. 2856. 2860. 2983. 3278. 3493. 3890. 3901. 4117. 4278. 4279. 4381. 4409. 4497. 4499. 4536. 4547. 4549. 4559. 4793. — *Sources*. 90. 179. 342. 343. 755. 805. 1365. 1813. 2802. 3048. 3303. 3555. 3962. 4307.

§ 10. **Pays-Bas.**

I. *Histoire générale* (*Renaissance, Réforme, Révolution, Séparation*). 39. 530. 559. 1012. 1237. 1527. 1528. 1732. 1733. 1800. 1956. 2226. 2263. 2311. 2314. 2373. 2426. 2427. 2428. 3096. 3233. 3293. 3294. 3295. 3534.

3961. 4027. 4085. 4322. 4485. 4486. 4490. 4496. 4600. 4601. 4602. 4604. 4657. 4732. 4769. — *Sources*. 1491. 1549. 1551. 1552. 1553. 1564. 1734. 2310. 2312. 2433. 3142. 3218. 2468. 3471. 3523. 3532. 3615. 3804. 3847. 3956. 4476.

II. *Flandre*. 573. 828. 1100. 1101. 1183. 1184. 1488. 2310. 2664. 2713. 2870. 3364. 3468. 3523. 3525. 3742. 4645. 4646. 4647.

III. *Hainaut*. 303. 602. 1092. 1870.

IV. *Brabant*. 517. 573. 1488. 1565. 3468.

V. *Namur*. 1146. 2666.

VI. *Frise*. 2076. 4126. 4759.

VII. *Utrecht*. 3144. 4527.

VIII. *Liège*. 417. 418. 996. 1938. 2043. 2431. 2659. 2660. 2788. 3282. 3473. 3553. 4484.

IX. *Diocèses et abbayes*. 27. 1716. 2167. 4125. 4352.

X. *Villes*. 184. 292. 304. 418. 485. 519. 1715. 1956. 2134. 2665. 3524. 3527. 4459. 4467. 4468. 4469. 4470. 4471. 4481. 4488. 4495. 4525. 4641. 4648. 4649. 4651. — *Sources*. 1375. 1635. 1677. 1678. 2707. 3364. 3523. 4489.

XI. *Biographie*. 552. 1634. 1766. 1956. 3466. 3467. 3800. 3802. 4184. 4470. 4491. 4493.

A. Belgique.

I. *Histoire générale*. 378. 952. 1489. 1634. 1952. 1957. 2000. 2095. 2472. 2598. 2760. 2779. 3158. 3159. 3285. 3521. 3522. 3526. 3528. 3533. 3720. 4087. 4242. 4456. 4457. 4477. 4478. 4479. 4522. 4523. 4630. 4643. 4647. — *Sources*. 347. 355. 454. 2466. 3463. 3470. 4474. 4475. 4644.

II. *Époque moderne (depuis la fin du XVe siècle)*. 248. 327. 1253. 1315. 1482. 1550. 1766. 1780. 2093. 2094. 2131. 2255. 2256. 2258. 2259. 3388. 3469. 3671. 4642.

III. *Royaume de Belgique*. 824. 948. 1124. 1238. 1566. 1695. 1704. 1779. 2057. 2132. 2133. 2252. 2253. 2254. 2257. 3474. 3733. 3791. 3934. 4176. 4184. 4487. 4525. 4713. — *Sources*. 345. 347. 355. 871. 953. 4483.

B. Hollande.

I. *Histoire générale*. 698. 1011. 1221. 1395. 1526. 1741. 1897. 2901. 3279. 3489. 4048. 4050. 4124. 4712.

II. *Moyen âge*. 406. 407. 698. 1490. 1529. 1870. 2022. 2935. 3121. 4125.

III. *Époque moderne (depuis la fin du XVIe siècle)*. 630. 681. 1529. 1624. 2063. 2107. 2130. 2171. 2214. 2570. 3043. 3120. 3155. 3414. 3924. 3953. 4603.

IV. *Colonies*. 601. 2215. 4463. 4473.

§ 11. Pays scandinaves.

Histoire générale. 975. 1297. 1321. 2066. 4256.

A. Danemark.

Histoire, institutions, etc. 387. 528. 531. 1296. 1448. 1507. 1668. 1985. 2065. 2205. 2351. 2690. 2691. 2715. 2749. 2912. 3012. 3143. 3309. 3318.

3411. 3657. 3810. 3865. 3936. 4129. 4130. 4140. 4187. 4188. 4189. 4190. 4230. 4350. 4509. 4515. 4679. 4687. 4735. — *Sources.* 1926. 3646. 4514.

B. **Norwège.**

Histoire, institutions, etc. 183. 625. 974. 2058. 2516. 3196. 3197. 3198. — *Sources.* 280. 2113. 2750. 4231. 4435.

C. **Suède.**

Histoire, institutions, etc. 19. 418. 421. 710. 1356. 1625. 1659. 1759. 2015. 2796. 3244. 3245. 3251. 3910. 4048. 4049. 4050. 4118. 4119. 4120. 4170. 4215. 4274. 4600. 4661. 4763. — *Sources.* 1114. 1457. 1758. 2013. 2338. 2421. 2620. 3308. 3861. 3972. 4106. 4704.

§ 12. **Pologne.**

Histoire, biographie, etc. 194. 412. 532. 1110. 2347. 2678. 2970. 3437. 3734. 4276. 4699. — *Sources.* 3. 365. 413. 585. 1243. 2026. 2084. 2343. 2679. 2734. 2747. 3053. 3326. 3366. 3443. 3444. 4053. 4623. 4700. 4730. 4781.

§ 13. **Portugal.**

Histoire, sources, etc. 293. 758. 2096. 2600. 2963. 4179.

§ 14. **Roumanie.**

Histoire, biographie, institutions, etc. 130. 153. 178. 344. 551. 703. 793. 1063. 1683. 1885. 1898. 1899. 2085. 2086. 2121. 2138. 2523. 2781. 2823. 2915. 2916. 3169. 3246. 3261. 3262. 3440. 3498. 3616. 3817. 3928. 3970. 4123. 4233. 4234. 4369. 4575. 4767.

§ 15. **Russie.**

I. *Histoire générale.* 281. 295. 363. 364. 940. 1304. 1722. 1807. 2140. 2269. 2636. 2804. 3499. 4128. 4148. 4402. 4498. 4569. 4571. 4772. — *Sources.* 333. 358. 627. 1429. 2319. 2579. 2662. 3509. 3510. 3537. 3565. 3632. 3633. 4370. 4371. 4532. 4579.

II. *Histoire locale.* 943. 1908. 2380. 2980. 3202. 3305. 3410. 3508. 3636. 3930. 4112. 4160. 4374. 4568. 4805. — *Sources.* 22. 75. 627. 669. 820. 2331. 2381. 3232. 3636. 4362. 4364. 4372. 4541.

III. *Moyen âge (jusqu'aux Romanof).* 3446. 4144. 4569.

IV. *Époque moderne.* 583. 708. 1713. 1807. 1981. 2377. 2453. 2588. 2636. 3080. 3418. 3447. 3880. 4042. 4460. 4570. 4584. — *Sources.* 3230. 3448. 4778.

§ 16. **Serbie.**

Histoire générale et locale. 1627. 2972. 3612. 4047.

§ 17. **Suisse.**

I. *Histoire générale, etc.* 140. 310. 491. 988. 990. 1103. 1194. 1350. 1351. 1611. 1727. 1728. 2007. 2080. 2299. 2657. 2744. 2793. 2936. 2982. 3242. 3248. 3249. 3273. 3622. 3788. 3831. 3942. 4054. 4060. 4063. 4064. 4065. 4177. 4251 *bis.* 4366. 4505. 4506. 4508. 4533. 4609. 4612. —

Sources. 21. 309. 1186. 1188. 1568. 2265. 2574. 2955. 3832. 3833. 4046. 4098. 4206. 4238. 4367. 4507.

II. *Histoire locale*. 17. 138. 139. 213. 214. 215. 302. 311. 312. 410. 639. 641. 989. 1174. 1175. 1176. 1187. 1292. 1353. 1354. 1377. 1569. 1570. 1571. 1626. 1950. 2322. 2323. 2571. 2591. 2953. 2954. 3241. 3472. 3782. 3783. 3787. 4226. 4239. 4373. 4610. 4634. 4764. 4765. 4766. 4801. — *Sources*. 139. 308. 309. 464. 465. 466. 791. 821. 1189. 1441. 1714. 1789. 1951. 2572. 2573. 2575. 2950. 2951. 2952. 2956. 3599. 3909. 4246. 4251. 4436. 4561. 4562. 4563. 4633.

§ 18. **Orient.**

I. *Orient byzantin (Empire grec, Bulgarie, Arménie)*. 743. 1010. 1398. 1425. 1597. 1614. 1631. 1788. 1894. 1988. 2028. 2194. 2288. 3079. 3284. 3710. 3807. 3817. 3959. 4375. 4442. — *Sources*. 463. 1503. 2193. 2579. 3921. 3951. 3992. 3994.

II. *Orient latin (les Croisades, Chypre)*. 395. 1039. 2417. 2582. 2832. 2853. 2966. 3065. 3178. 3569. 3699. 3711. 4269. 4299. 4326. — *Sources*. 80. 128. 847. 848. 2852. 2947. 2978. 3065. 3111. 3991. 3993. 4342.

III. *Arabes et Sarrasins*. 1849. 2545. 2576. 4710. — *Sources*. 44. 4758.

IV. *Syrie, Palestine et Mésopotamie*. 141. 271. 893. 2201. 2966. 3574. 3700. 3712. 3877. 4180. 4738.

V. *Empire ottoman*. 1285. 1849. 2030. 2032. 2342. 2469. 3111. 3418. 3612. 3773. 3925. 3974. 4455. 4461. 4791.

VI. *Afrique*. 164. 1759. 2509.

VII. *Égypte*. 384. 1919. 2717. 2858.

VIII. *Régence d'Alger*. 196. 1750. 1751. 1752. 1753. 3451.

IX. *Perse et Afghanistan*. 1000.

X. *Asie centrale. Turkestan*. 1140. 1604. 1648. 1723. 1833. 2619. 2847.

XI. *Siam*. 2508.

XII. *Inde*. 731. 732. 733. 936. 1768. 1874. 2215. 2308. 2645. 3215.

XIII. *Extrême Orient. Histoire générale*. 2759.

XIV. *Chine*. 1. 54. 382. 383. 553. 554. 653. 688. 823. 855. 881. 908. 935. 1006. 1031. 1128. 1250. 1251. 1458. 1459. 1590. 1602. 1603. 1604. 1605. 1687. 1723. 1769. 1793. 1803. 1831. 1832. 1833. 1843. 1844. 1845. 1846. 1847. 1848. 1858. 1861. 1871. 2142. 2178. 2324. 2325. 2326. 2328. 2333. 2548. 2555. 2580. 2581. 2632. 2728. 2771. 2777. 2845. 2846. 2887. 2888. 2894. 2896. 2897. 2899. 2920. 3084. 3106. 3168. 3180. 3187. 3257. 3274. 3300. 3327. 3335. 3358. 3359. 3360. 3361. 3362. 3363. 3549. 3728. 3835. 3976. 3977. 3978. 3979. 4076. 4079. 4080. 4171. 4349. 4402. 4520. 4521. 4588. 4660. 4688. 4717. 4722. 4760. 4774.

XV. *Japon*. 1257.

§ 19. **Amérique.**

Histoire précolombienne. 234. 1600. 1862. 4095. 4638.

§ 20. **États-Unis.**

I. *Histoire générale*. 9. 134. 160. 161. 437. 603. 1005. 1093. 1109. 1117.

1261. 1268. 1277. 1739. 2017. 2163. 2430. 2477. 2688. 2689. 2723. 2866. 3069. 3542. 4026. 4691. 4715.

II. *Histoire locale.* 10. 11. 101. 150. 182. 509. 577. 666. 904. 1262. 1387. 1432. 1461. 1730. 1862. 1865. 2078. 2145. 2209. 2482. 2764. 2839. 2857. 2880. 3058. 3621. 4092. 4328. 4446. 4635. 4652. 4725. — *Sources.* 67. 99. 563. 578. 684. 769.

III. *Époque coloniale.* 6. 667. 867. 920. 1147. 1739. 1862. 1865. 1890. 2687. 3382. 4621. 4666.

IV. *Guerre de l'Indépendance.* 149. 765. 1150. 1615. 1887. 2189. 2207. 2208. 2688. 2689. 4214. — *Sources.* 398. 667. 3154. 3735. 4135.

V. *Histoire de la Confédération.* 31. 632. 964. 1007. 1530. 1531. 1679. 1730. 2020. 2067. 2078. 2089. 2768. 3085. 3086. 3087. 3193. 3328. 3329. 3519. 3539. 3793. 3805. 4089. 4203. 4259. 4305. — *Sources.* 978. 2317. 3082. 3403. 4414. 4631. 4656.

§ 21. Canada.

Histoire générale. 2210. 3068. 3336. 3337. 3339. 3698.

§ 22. Amérique du Sud.

A. Mexique.

Histoire générale, archéologie. 162. 163. 3881.

B. Pérou.

Histoire générale. 1303.

C. République argentine.

Histoire générale. 2714. 2991. 3258.

§ 23. Océanie.

A. Australie.

Histoire générale. 3857.

B. Indes néerlandaises.

Histoire, religion. 601. 3630. 4473.

C. Nouvelle Zélande.

Histoire générale. 3858.

IV. HISTOIRE RELIGIEUSE.

I. *De la religion en général.* 1281. 1705. 1706. 2432. 2673. 2674. 4334. 4528. 4529.

II. *Religion aryenne.* 999.

III. *Religion des Perses.* 2087.

IV. *Brahmanisme et Boudhisme.* 2087. 2308. 2759.

V. *Paganisme grec et romain.* 26. 814. 815. 841. 874. 1320. 1541. 1746. 1767. 1806. 2009. 2011. 2222. 2289. 2432. 2745. 2756. 2996. 3503. 3504. 3548. 4200. 3751.

VI. *Religion celtique*. 74. 1822.

VII. *Religion des Scandinaves*. 625. 974.

VIII. *Judaïsme ancien et moderne*. 561. 997. 998. 1344. 1508. 2267. 3285. 3509. 3566. 3655. 3882.

A. Christianisme.

I. *Histoire primitive (jusqu'à Constantin)*. 33. 109. 456. 555. 640. 1142. 1153. 1181. 1358. 1711. 1712. 1910. 1916. 1934. 2204. 2293. 2416. 2761. 2794. 3072. 3173. 3432. 3551. 3667. 3737. 3792. 4038. 4039. 4133. 4417. 4581. 4664. 4669. 4686.

II. *Église catholique. Histoire générale*. 36. 43. 131. 148. 451. 680. 787. 1025. 1026. 1134. 1260. 1422. 1968. 1995. 2018. 2025. 2394. 2495. 2504. 2539. 2540. 2590. 2637. 3072. 3074. 3110. 3451. 3505. 3544. 3620. 4134. 4802. — *Sources*. 4. 109. 453. 490. 869. 871. 1579. 2174. 2366. 2541. 2618. 2932. 3203. 3306. 3425. 3798. 4227.

III. *Histoire du clergé séculier*. 1232. 2376. 4051. 4306.

IV. *Histoire du clergé régulier*. 55. 172. 1133. 1557. 1983. 2148. 2151. 2152. 2716. 2809. 3662. 4306. 4692. — *Sources*. 870. 2090. 3049. 3479.

V. *Jésuites et Jansénistes*. 1401. 1542. 2147. 2187. 2261. 2525. 2575. 3715. 4152. 4153.

VI. *Ordres religieux et militaires*. 2998. 3518. 3568. — *Sources*. 783. 1041. 1042.

VII. *Histoire de la papauté et des papes*. 941. 1558. 2101. 2617. 2856. 2961. 3597. 3775. 4655. 4675. — *Sources*. 282. 636. 1757. 1967. 2397. 3645.

VIII. *Hérésies et hérésiarques. Inquisition*. 322. 882. 1132. 1237. 1239. 1240. 1299. 1676. 1906. 1917. 1979. 2237. 2238. 2272. 2275. 2359. 2434. 2721. 2819. 2868. 3005. 3006. 3007. 3241. 3421. 4368. 4736. 4754.

B. Église grecque.

Histoire générale et locale. 1504. 1722. 2783. 3509. 3510. 4161. 4571.

C. Protestantisme.

Histoire générale et locale, biographies, etc. 83. 337. 473. 474. 503. 507. 601. 638. 883. 942. 1156. 1187. 1213. 1298. 1353. 1354. 1360. 1524. 1568. 1569. 1800. 1931. 1973. 2025. 2029. 2093. 2111. 2360. 2362. 2363. 2368. 2414. 2420. 2463. 2495. 2614. 3102. 3113. 3490. 3571. 3572. 3941. 4144. 4177. 4193. 4327. 4336. 4691. — *Sources*. 152. 2371.

V. HISTOIRE DU DROIT.

I. *Droit grec et romain*. 307. 596. 743. 961. 993. 1169. 1463. 1669. 1684. 1824. 1980. 1994. 2023. 2191. 2206. 2424. 2755. 2911. 2929. 3946. 3960. 4159. 4273. 4513. 4586.

II. *Droit canonique*. 585. 679. 680. 1299. 1466. 4513.

III. *Droit germanique et scandinave*. 595. 596. 597. 1357. 1465. 1666. 1667. 1699. 2092. 4142. 4143. 4222. 4331. 4513.

IV. *Droit flamand.* 1695. 2487. 2488. 2489. 3934.

V. *Droit italien.* 278. 1684. 1719. 2769.

VI. *Droit français.* 70. 278. 369. 1088. 1288. 1403. 1413. 1463. 1464. 1502. 2874. 3008. 3234. 4142. 4143. 4311. 4346. 4412. 4551. 4554. 4555.

VII. *Droit slave (bohémien et russe).* 363. 2269. 2331.

VI. HISTOIRE DE L'ART.

I. *Art oriental.* 1785. 1920. 3397.

II. *Art grec et romain.* 284. 318. 428. 429. 483. 838. 1082. 1118. 1688. 1783. 1826. 1976. 2344. 2697. 2975. 2990. 3126. 3397. 3627. 4616.

III. *Art du moyen âge et des temps modernes.* 143. 195. 222. 284. 324. 339. 436. 502. 642. 643. 746. 758. 837. 878. 879. 929. 930. 931. 932. 933. 934. 1029. 1073. 1223. 1616. 1829. 1934. 1936. 2131. 2470. 2535. 2757. 2786. 3002. 3045. 3129. 3130. 3131. 3132. 3133. 3134. 3135. 3136. 3347. 3492. 3515. 3592. 3765. 3799. 3801. 4038. 4388. 4497.

VII. GÉOGRAPHIE ET VOYAGES.

Récits, études, atlas, etc. 63. 67. 100. 154. 293. 545. 631. 634. 723. 865. 895. 920. 923. 968. 1074. 1087. 1123. 1167. 1172. 1383. 1492. 1555. 1570. 1648. 1651. 1664. 1759. 1776. 1837. 1889. 1890. 2030. 2032. 2162. 2242. 2507. 2509. 2538. 2710. 2718. 2813. 2822. 2826. 2831. 3122. 3182. 3186. 3344. 3362. 3407. 3427. 3574. 3809. 3853. 4012. 4121. 4179. 4363. 4574. 4580. 4773. 4775. 4807.

VIII. BIBLIOGRAPHIE. CHRONOLOGIE.

Histoire générale, locale, etc. 7. 61. 67. 345. 349. 562. 566. 800. 991. 1221. 1287. 1421. 1631. 1732. 1734. 1895. 2135. 2146. 2162. 2274. 2395. 2411. 2466. 2578. 2670. 2675. 2799. 2854. 2872. 2981. 2986. 3015. 3071. 3170. 3203. 3270. 3369. 3377. 3654. 3737. 3758. 3790. 3849. 3954. 4288. 4638.

IX. NÉCROLOGIE.

I. *Allemagne.* 81. 135. 240. 269. 291. 301. 314. 336. 391. 411. 542. 584. 598. 649. 900. 970. 1021. 1055. 1065. 1098. 1130. 1161. 1246. 1332. 1334. 1399. 1430. 1485. 1509. 1518. 1572. 1643. 1665. 1720. 1731. 1745. 1749. 1867. 1904. 1963 *bis.* 1996. 2005. 2021. 2079. 2119. 2176. 2277. 2279. 2296. 2297. 2341. 2367. 2410. 2419. 2429. 2496. 2502. 2519. 2625. 2650. 2651. 2677. 2746. 2797. 2830. 2957. 3057. 3112. 3141. 3172. 3184. 3222. 3259. 3287. 3304. 3353. 3405. 3559. 3578. 3596. 3638. 3641. 3678. 3738. 3818. 3822. 3852. 3878. 3897. 3898. 3939. 3947. 3948. 3955. 3973. 3995. 4034. 4036. 4168. 4178. 4191. 4221. 4223. 4229. 4405. 4419. 4659. 4674. 4698. 4701. 4719. 4733.

II. *Autriche-Hongrie.* 94. 95. 169. 987. 1945. 2264. 3267. 4136. 4198. 4492. 4742.

III. *Belgique et Hollande.* 273. 613. 663. 1102. 1254. 1525. 1567. 1638.

1645. 2212. 3011. 3281. 3296. 3464. 3535. 3668. 3705. 4213. 4323. 4458. 4462. 4472. 4578. 4605.

IV. *Danemark*. 1809. 1947. 3310. 3963. 4351. 4752.

V. *États-Unis*. 66. 1105. 1471. 1778. 2157. 3070. 3301. 4716.

VI. *Espagne*. 151. 3821.

VII. *France*. 60. 173. 201. 325. 330. 372. 380. 394. 438. 514. 522. 678. 744. 760. 762. 766. 775. 789. 796. 844. 846. 854. 857. 887. 951. 994. 1016. 1046. 1077. 1091. 1138. 1196. 1200. 1234. 1241. 1256. 1284. 1384. 1419. 1428. 1559. 1594. 1609. 1610. 1630. 1689. 1692. 1693. 1703. 1765. 1811. 1823. 1850. 1913. 1974. 2027. 2143. 2282. 2444. 2445. 2446. 2450. 2458. 2476. 2483. 2549. 2552. 2554. 2569. 2584. 2608. 2648. 2681. 2712. 2792. 2810. 2818. 2821. 2843. 2971. 3056. 3211. 3216. 3220. 3271. 3299. 3334. 3370. 3391. 3394. 3488. 3529. 3593. 3625. 3626. 3640. 3649. 3672. 3830. 3889. 3922. 4078. 4315. 4339. 4360. 4451. 4453. 4466. 4504. 4535. 4608. 4626. 4668. 4768.

VIII. *Iles Britanniques*. 247. 399. 548. 576. 646. 651. 711. 799. 850. 937. 950. 1003. 1145. 1480. 1777. 2161. 2199. 3240. 3138. 4093. 4318.

IX. *Italie*. 166. 259. 439. 489. 525. 747. 827. 880. 917. 924. 1367. 1391. 1452. 1538. 1596. 2824. 2985. 3392. 3512. 3601. 3614. 3716. 3732. 4163. 4415. 4454. 4564. 4594. 4595. 4794.

X. *Luxembourg (Duché de)*. 4757.

XI. *Pologne*. 2767. 4277.

XII. *Russie*. 501. 599. 1286. 2382. 2384. 2784. 4538.

XIII. *Suède*. 1532. 2014.

XIV. *Suisse*. 211. 2123. 2327. 2871. 3040. 3580. 3595. 3743. 3784. 3789. 4252.

ADDITIONS ET CORRECTIONS.

P. 14. *Ajouter à* Mélanges d'archéologie, XVI, 394. XVII, 218.
— Nº 398. *Au lieu de* voyage, *lire* campagne.
P. 39. Nº 604. — oratorum quaestiones, *lire* oratorum atticorum quaestiones.
P. 48. Nº 1057. *Ajouter* Voy. Lungo (Isid. del).
P. 50. Nº 1183. *Au lieu de* bourgeoises, *lire* brugeoises.
— Nº 1532. — Fryxetl, — Fryxell.
P. 58. Nº 1618. — XXIX, — XIX.
P. 60. Nº 1718. *Ajouter* Bibliotheca curiosa.
P. 61. Nº 1738. — XVIII, 442.
P. 67. Nº 2090. — XXI, 482.
— Nº 2096. *Au lieu de* XVI, *lire* XVII.
P. 80. Nº 2751. *Ajouter* XV, 514.
P. 83. Nº 2914. — Voyez Mélanges d'archéologie dans la Table des recueils périodiques, p. 14.
P. 94. Nº 3563. *Au lieu de* XVII, *lire* XVIII.
P. 99. Nº 3723. — *Richon,* — *Richou.*
P. 103. Nº 3953. — Browne, — Brown.
P. 108. Nº 4189. — XXVIII, — XXVII.
P. 119. Nº 4768. — 372. — 472.
P. 120. Nº 4804. — *Zivot* Jana, — Zivot Jana.

TABLE DES MATIÈRES.

	Pages
Liste des collaborateurs	3
Table des articles	8
Table des documents	10
Bulletins historiques	11
Recueils périodiques et sociétés savantes	11
Chronique	27
Bibliographie	28
Divers	120
Répertoire méthodique	122

FIN.

Nogent-le-Rotrou, imprimerie Daupeley-Gouverneur.

LA REVUE HISTORIQUE

PARAIT TOUS LES DEUX MOIS PAR FASCICULES DE 15 A 16 FEUILLES
ET FORME TROIS VOLUMES DE 500 PAGES ENVIRON PAR AN.

Abonnements et Administration : librairie FÉLIX ALCAN, Paris.
N.-B. — *Bureau de la Rédaction*, 108, boulevard Saint-Germain (librairie FÉLIX ALCAN). Il est ouvert le vendredi, de 2 heures 1/2 à 5 heures.

CONDITIONS DE LA SOUSCRIPTION :

Un numéro . . . . 6 fr.
Un an pour Paris . . . . 30 fr.
— pour les départements et l'étranger . . . . 33 fr.

Il sera rendu compte de tous les ouvrages et publications périodiques dont il sera envoyé un exemplaire au bureau de la REVUE.

Nogent-le-Rotrou, imprimerie DAUPELEY-GOUVERNEUR.

www.ingramcontent.com/pod-product-compliance
Lightning Source LLC
LaVergne TN
LVHW080537160826
845677LV00008B/1496

* 9 7 8 2 3 2 9 7 6 5 0 4 4 *